江苏高教评论 2012

JIANGSU GAOJIAO PINGLUN

江苏省高等教育学会 编

苏州大学出版社

图书在版编目(CIP)数据

江苏高教评论.2012/江苏省高等教育学会编.—苏州：苏州大学出版社，2013.8
ISBN 978-7-5672-0594-9

Ⅰ.①江… Ⅱ.①江… Ⅲ.①高等教育-江苏省-文集 Ⅳ.①G649.285.3-53

中国版本图书馆CIP数据核字(2013)第181860号

书　　名：江苏高教评论2012

作　　者：江苏省高等教育学会　编
责任编辑：李　兵
封面设计：吴　钰

出版发行：苏州大学出版社(Soochow University Press)
社　　址：苏州市十梓街1号　邮编：215006
印　　装：苏州工业园区美柯乐制版印务有限责任公司
网　　址：http://www.sudapress.com
邮购热线：0512-67480030
销售热线：0512-65225020

开　　本：787mm×960mm　1/16　印张：22.5　字数：364千
版　　次：2013年8月第1版
印　　次：2013年8月第1次印刷
书　　号：ISBN 978-7-5672-0594-9
定　　价：48.00元

目 录

综 述

大学文化理论研究

大学文化传承与创新

地方高校文化研究

校园文化建设研究

校企文化研究

高等教育管理研究

人才培养研究

中西教育文化比较

高教成果展示

综 述

以文化创新引领高教强省建设

——在2012“高等教育现代化:大学文化的传承与创新”学术研讨会上的讲话

沈　健

同志们:

胡锦涛总书记在庆祝清华大学建校100周年大会上的重要讲话,第一次鲜明地把文化传承创新作为高等学校的重要职能,明确提出全面提高高等教育质量,必须大力推进文化传承创新。党的十七届六中全会描绘了建设社会主义文化强国的宏伟蓝图,其中,作为保存、传承、传播和创造先进文化的重要场所,高校承担着光荣而艰巨的历史使命。如何以文化创新来引领高教强省建设,需要我们每一个高等教育工作者、研究者深入思考,并不断地探索和实践。

一、文化创新是高等教育实现自身飞跃的历史必然

回顾世界高等教育发展的历史长河,我们看到了这样一幅清晰的发展脉络:从近代大学在欧洲诞生至今,高等

作者简介: 沈建,男,浙江奉化人,工学博士,江苏省教育厅厅长、党组书记、省委教育工委书记。

教育历经了从单一的人才培养扩展到科学研究、社会服务和文化传承创新四大职能。高等学校从一个游离于社会之外、被动依赖社会和政府的组织，逐渐成为经济社会发展的加速器和服务站，如今已步入社会发展的中心，成为经济发展的孵化器、发动机。

19 世纪以前，培养人才是大学的主要职能。近代大学肇始于中世纪的欧洲。最早产生的中世纪大学是意大利的博洛尼亚大学、萨拉尔诺大学和法国的巴黎大学，随后，有西班牙的萨拉曼加大学，德国的海德堡大学，法国的奥尔良大学，英国的牛津大学、剑桥大学等。到 14 世纪末，西欧办起了 40 多所大学。最初的大学设有文、法、医、神四个学院，神学院是大学的核心。此时的大学崇尚自由教育，排斥任何功利性、实用性的教学内容，人们形象地将此时的大学称之为“象牙塔”。大学教授蛰伏于封闭的“象牙塔”中，致力于研修精深学问，探求万物真谛，培养社会高雅之士，很少直接解决经济、技术等各种社会实际问题。中世纪大学对社会的贡献主要体现为对政治、宗教和文化的影响以及对统治人才的培养。

19 世纪初，德国的大学开始发展科学研究职能。洪堡在担任德国教育部长期间，着力改革德国高等教育，建设新大学，提出了“教学与科研相统一”、“学术自由”两条基本原则，从而发动和领导了对德国大学的一场广泛而深刻的变革，开创了高等教育史上的“洪堡时代”。洪堡将这些具有现代意义的高等教育思想，在新建的柏林大学中进行了成功的实践，并由于柏林大学的成功而得到广泛传播，由此确立了高等学校的第二职能——科学研究。19 世纪中叶以后，德国大学高居世界大学之首，为德国成为当时的“世界科学中心”奠定了坚实的基础。

20 世纪初，英美高等教育开始拓展服务社会职能。从 19 世纪末开始，受社会经济发展的驱动，英国和美国率先发起了一场具有里程碑意义的高等教育变革，其核心是推动地方大学服务地方经济社会发展，使社会服务成为高校的第三项职能，将世界高等教育的发展带入了一个新的历史阶段。首先拉开这场改革序幕的是英国的新大学运动。为了推动城市经济的发展，英国一些工商业城市纷纷捐资创办自己的大学，如伦敦大学、曼彻斯特欧文斯学院、伯明翰梅森学院、利物浦大学、谢菲尔德大学等。这些大学为适应当地工业发展的需要，吸引并回报工业界的支持，都主动为当地工业发展服务。这些学校的教授和科研人员紧紧围绕对当地工业发展具有积极意义的项目进行革新研究，同时为地方经济发展培养实用人才。1862 年，美国总统林肯签署了著名的《莫里尔法案》，69 所“赠地学院”应运而生。威斯康星大学就是得益于赠地基金而获得迅速发展的一所州立大学。1904 年，校长范海斯总结了威斯康星大学的办学实践，在肯定培养人才和发展科学职能的基础上，明确了高等学校的第三项职能，即直接为地方经济社会服务。从此，“威斯康星思想”遂成为高等学校三大职能确立的标志，载入了高等教育发展的史册。社会服务的大学理念也跨过大洋传播到欧洲、亚洲和世界其他地方，成为具有世界影响的大学理念。

中国确立高等教育文化传承创新职能。2011 年 4 月 24 日，胡锦涛总书记在庆祝清华大学建校 100 周年大会上的重要讲话中，第一次鲜明地把文化传承创新作为高等学校的重要职能，明确提出全面提高高等教育质量，必须大力推进文化传承创新。这是高等教育思想和大学职能的新发展，是新时期我国高等教育与时俱进的新任务。任何一个科学技术创新活跃、生产力发展的时代，都需要文化创新来激荡和引领。大学作为创造并培育新文化的中心，始终辐射、影响、引领着社会文化的更新和发展。从世界范围看，近代大学是文艺复兴和宗教改革的产物，它彻底摆脱了中世纪宗教神学的统治。近代科学的创立是近代大学对人类文明进步最大的贡献，由此形成的科学文化更是人类文明的重要特征。近代科学奠基人伽利略、牛顿等，都是在继承和综合人类文化成果的基础上作出改变历史进程的重大贡献，并引发近代科学革命的。历史经验表明，科学技术上的重大突破几乎总是和精神文化的拓展联系在一起。随着科学精神与方法推广应用到人文、社会等其他领域，人类文化实现了由神学文化到科学文化、经学文化到人文文化的历史性转变。这个时期也是近代大学形成的重要阶段，无论是自然科学、工程科学，还是社会科学、人文科学的兴起、发展、传承和创新，大学无疑都是无可争议的引领中心。在现当代，大学传承创新人类文化的功能比以往任何时候都更为明显地体现出来，直接推动了人类文明进程。在建设创新型国家的伟大历史进程中，大学不仅要提供全面的人才支持、强大的知识贡献，更要推进文化传承创新。只有切实履行文化传承创新职能，大学才能为文化软实力的提升和创新型国家的建设作出积极贡献。

二、文化创新在推进江苏高等教育科学发展中发挥了重要作用

目前,江苏省共有普通高校128所、在校学生179.4万,均位居全国第一。高等教育毛入学率达45%,比全国平均水平高18个百分点。高等教育主要内涵建设质量指标跃居全国第二。在推进全省高等教育科学发展的进程中,文化既是重要的组成部分,又是重要的引领力量,通过长期不断地摸索和总结,江苏高等教育形成了具有自身特点的文化传统与文化特色。

(一) 坚持率先发展的高等教育文化传统

20世纪80年代,随着江苏乡镇企业的迅速崛起和大学适龄人口的急剧增加,省内一些经济比较发达的中心城市下决心自己集资创办高等学校。1980年8月,国内第一所地方性职业大学——金陵职业大学在南京诞生,主要面向地方中小企业培养人才。随后,在经济发达的常州、无锡、苏州也相继建立了职业大学。中心城市举办地方职业大学,突破了中央和省级政府两级办学体制,对发展江苏地方高等教育,加速人才培养起到了重要作用。职业大学办学实践中所积累的经验,不仅为自身发展打下了基础,也为高等教育体制改革提供了有益经验。

20世纪90年代,为适应邓小平南方谈话后改革开放和现代化建设的新形势,江苏从1996年开始每年扩招1万人,率先迈出了高教大众化的步伐。这一率先扩招的举措,比1999年全国高等教育大扩招要早三年。到2000年,全省高等教育毛入学率已达到15%,在全国各省、区中率先实现了高等教育大众化的历史性跨越。扩招不仅使江苏高等教育的规模得以快速增长,而且引发了高等教育的深层次变革和结构的巨大变化,改变了高等教育的发展方式。

新世纪以来,江苏高标准地兴建了一批高教园区,极大地拓展了高等教育办学空间。仅2001至2006年间,就有45所省属高校建设了新校区,新增校园土地面积11万亩,新增校舍面积2640万平方米,高校办学空间显著扩大。南京仙林、江宁,常州,南通,淮安,苏州等地高教园区迅速崛起,全省高校生均校舍面积、生均教学用房、生均教学仪器、生均图书册数等办学资源明

显改善。这些高教园区功能布局合理、设备设施先进、育人环境优美，高校彻底摆脱了小规模、简陋型办学局面，实现向大规模、高标准办学的新跨越。

（二）坚持改革创新的高等教育文化特色

1978年5月，南京大学哲学系青年教帅胡福明以光明日报“特约评论员”的名义，发表了《实践是检验真理的唯一标准》，奏响了改革开放的第一声春雷。20世纪90年代后期，我国实施高等教育管理体制大调整，江苏克服各种困难，先后承接了33所中央部委院校划归江苏省管理，是承接中央部委院校最多的省份之一。近年来，江苏省在举办普通高校民办二级学院、推进股份制合作办学，在探索以学校贷款、政府贴息为主要特征的高校建设投融资模式，在大力创办职教园区、职业教育集团等方面的做法，都在全国引起了强烈反响。

2008年，在学习实践科学发展观活动中，江苏首次提出在建设教育强省、率先基本实现教育现代化的过程中，大力推进高等教育的发展转型，将以往以外延发展、规模扩张为主转向内涵建设、质量提升。2010年中长期教育改革和发展规划纲要颁布以来，为适应高教改革形势的新变化，江苏省又审时度势，确立了以综合改革推进高教转型发展的总体思路。江苏省明确提出，推进高等教育改革必须实现“两个转变”：即在改革的方向、内容和目标上，必须实现由以往的那种零星式、碎片化、“头痛医头，脚痛医脚”的单项改革，向整体化、综合性、全方位的改革转变；在改革的路径和方法上，必须实现由以往的“摸着石头过河”为主的经验性、自发性改革，向更加注重顶层设计，更加注重上下协调、左右协同，更加注重依法、理性的改革转变。作为全国高教综合改革三个试点省之一，江苏高教综合改革的有力有序有效推进，引起各界关注与支持。国家教育咨询委员会专家组多次莅临江苏调研，国家教育体制改革简报在2011年第10期以《江苏大力推进高等教育综合改革工作》为题对江苏教改工作进行了专门介绍。2011年7月，教育部在京召开教育规划纲要颁布实施一周年座谈会，江苏专门就推进高教综合改革、提高高等教育质量作了大会交流发言。在2011年第二届全国教育改革创新奖的评选中，江苏省教育厅“高等教育综合改革试验区”项目获得了特别奖。

(三) 坚持追求卓越的高等教育文化品位

历经“九五”期间的大扩招、“十五”期间的大建设,“十一五”期间,江苏高等教育步入大提高阶段,江苏高等教育迎来比精英教育向大众化教育转变时更为复杂的又一次深刻转型,即由外延发展向内涵建设、由规模扩张向质量提升转变。“十一五”以来,江苏省委、省政府坚持把科教与人才强省战略作为全省经济社会发展的主战略,着力转变高等教育发展方式,取得了令人瞩目的成绩。

一是高等教育内涵建设成绩突出。全省高校现有国家一级学科重点学科 29 个,占全国 10% 以上,特色专业 233 个、精品课程 341 门、双语示范课 45 门、实验教学示范中心 38 个、人才培养模式创新实验区 51 个、教学团队 86 个、教学名师 48 名、第六届国家教学成果奖一等奖 8 项、入选全国百篇优秀博士论文年均 10 篇以上、重点实验室 23 个、大学科技园 11 个、工程研究中心 16 个、科技成果奖 123 项,总数均位居全国最前列,高等教育内涵和质量建设各项指标均跃居全国第二。

二是高等教育服务能力显著增强。“十一五”以来,全省高校积极参与政产学研合作、服务经济发展主战略,高校知识创新、技术创新、理论创新成果在全国名列前茅。全省高校 1960 项科技成果获奖,其中国家级科技成果奖 123 项。全省获得的国家自然科学奖、技术发明奖和科技进步奖一半以上出自高校。总计获得科研经费投入突破 400 亿元,承担国家和省部级课题 9.75 万项。高校科技服务地方的主要指标大幅度提升,服务经济社会发展能力明显增强。

三是师资队伍水平不断提高。“十一五”以来,全省高校引进的高层次人才中,有 41 人入选“千人计划”,30 人入选长江学者讲座教授,有江苏特聘教授 70 人,目前正面向海内外招聘第三批江苏特聘教授 50 人。首批选聘 111 名科技企业家到高校担任产业教授。全省高校现有两院院士 80 人、长江学者特聘教授 120 人;普通高校专任教师达 10.2 万人,其中高级职称比例达 38.9%,博士学位比例达 17.8%;全省高职院校的专业教师中,“双师型”教师比例平均达 64%,国家示范院校的“双师型”教师比例达 75%。

（四）坚持开放和谐的高等教育文化风格

从文化渊源上看，在江苏占主导地位的各种地域文化，无论是吴文化、金陵文化还是维扬文化，都是黄河流域的中原文化与长江流域的江南文化相互碰撞、相互交流和融汇创新的产物，由此形成了开放和谐的江苏地域文化风格。这种开放和谐的文化风格，在江苏高等教育发展中也得到了充分的体现，形成了江苏高等教育的包容式发展新模式。

一是统筹国际国内两种教育资源。江苏高等教育对外开放起步较早，1983 年南京大学就和美国霍普金斯大学合作创办了中美文化交流中心，这是经国务院批准成立的新中国第一个中外合作办学机构。近年来，江苏高校积极借鉴国际高等教育先进办学理念和管理经验，积极利用国内国际两种资源、两个市场，扎实推进中外合作办学，江苏高等教育对外开放的层次和水平不断提高。2006 年西交利物浦大学在苏州正式成立并招生，到目前全省已与 17 个国家和地区合作建立高等教育办学机构 4 个、合作项目 158 个。为打造留学江苏品牌，从 2010 年起，省政府设立"茉莉花留学江苏政府奖学金"，并逐年扩大奖学金总量，到江苏留学的外国学生规模以年均 13% 的速度递增。

二是统筹不同区域高等教育发展。目前，全省 13 个省辖市均设有本科高等院校，国家示范（骨干）高职院校在苏南、苏中、苏北均有布点，省示范高职院校覆盖全省 11 个省辖市，新增立项建设的 2 个博士单位、2 个硕士单位中有 3 个地处苏北、苏中。结合教育部 26 号令的贯彻落实，积极支持南京中医药大学翰林学院进驻泰州中国医药城，实现高校与企业紧密互动。南京林业大学南方学院搬迁至淮安市，将更多的优势和成果转嫁到苏北地区特色林业发展上。南京医科大学康达学院搬迁至连云港市，南京邮电大学通达学院搬迁至扬州市，江苏科技大学南徐学院搬迁至张家港市，为当地经济社会发展提供了人才和科技支撑。

三是统筹公办和民办高等教育发展。认真贯彻落实《民办教育促进法》，搭建公办和民办高校平等发展平台，在招生录取、教学科研项目评审、评先评优等方面向民办高校倾斜，促进民办高校健康发展。目前，全省独立设置的民办高校 25 所，普通高校举办的独立学院 25 所、民办二级学院 15 所，全省民办机制高等学校在校生 42.4 万人，占全省普通高校在校生的 23.6%，民办教育已经成为江苏建设高教强省的重要力量。

三、文化创新是推进高教强省建设的重要支撑

当前,全省教育系统正在深入贯彻落实教育中长期规划纲要,大力推进教育强省建设,加快实现教育现代化。高等学校必须准确把握高等教育发展的新趋势,以提升服务能力为支撑,以加强内涵建设为重点,充分发挥高等学校人才培养、科技创新、社会服务和文化引领的作用,以文化创新引领高教强省建设,为推动江苏经济社会又好又快发展提供强有力的人才支撑和智力支持。

(一) 高教强省的内涵与表征

高教强省的衡量指标包括高等教育理念、功能、结构、规模、师资队伍、学位授予数、高水平大学和学科数、人才数量与质量、国际化程度、经费投入等诸多方面,但其核心要素体现在三个方面:一是国际可比,就是要以同期世界中等发达国家为参照系,达到或接近中等发达国家的水平;二是国内领先,全省高等教育整体水平和综合实力要位于全国前列;三是社会公认,就是要在人才培养、科学研究、社会服务和文化传承创新方面取得社会公认的成就,在评价标准上更加符合人民群众意愿。这三个要素突出体现在与高教功能直接相关的"四个度"上,就是要着力提升人才培养的满意度、高教结构与社会需求的吻合度、科学研究和社会服务的贡献度以及高等教育的开放度。

一是要提升人才培养和教育服务的满意度。所谓满意度,是指学生、社会等不同主体对高等教育相关服务的心理满足程度,主要包括学生、社会对高校的满意度,学校、社会对政府管理和服务的满意度。省中长期教育规划纲要提出,到2020年,这两个满意度都要达到90%以上。根据江苏高校招生就业指导服务中心与麦可思(MCOS)人力资源咨询公司合作完成的调研报告,2009届江苏省高校毕业生对母校的满意度为77%,2010届高校毕业生对母校的满意度已达85%,高于全国平均水平6个百分点。调查发现,本科教学中最需要改革的是实习和实践环节不够,占46%,其次为课程内容不实用或陈旧(占20%)和无法调动学生学习兴趣(占17%)。高职高专院校毕业生

的调查结果基本与此一致。

二是要提升高等教育结构与社会需求的吻合度。吻合度指区域高等教育的布局结构、类型结构、学科专业结构、人才培养结构与区域经济社会发展的适应程度。目前,江苏高等教育体系结构与经济社会发展需求总体上是相互适应的。作出这一判断的重要依据就是,江苏高校毕业生的初次就业率和年终就业率,都已经超过教育规划纲要的目标值。但同时也有一些值得我们关注的问题,例如,层次结构有待进一步优化。据统计,2011 年江苏每 10 万人口中在校研究生仅 157 人,在校研究生、本科生、专科生的比例为 7∶53∶40,研究生占在校生的比例低于北京、天津、上海、辽宁、湖北等省份。此外,部分学科专业供求失衡,供大于求的现象也不容忽视。例如,本科专业中的信息工程、生物工程、材料科学与工程、环境科学、光信息科学与技术等,专科专业中的国际商务、艺术设计、法律事务等。此外,一些高校近年来新建的部分应用性学科专业内涵不足,未达应有水准,缺乏竞争力。

三是要提升高等教育的贡献度。贡献度是指高等教育功能的实现程度。江苏省教育规划纲要提出的人才培养贡献指标是,到 2020 年全省新增劳动力人均受教育年限要达到 15 年。据调查,2010 年江苏省已达到 13.5 年,实现程度为 90%;接受高等教育主要劳动年龄人口比例目标值是 25.8%,2010 年已达到 14.5%,实现程度为 56.0%。与科研创新和成果转化相关的指标主要有三个。第一,每万劳动力中的研发人员数,目标值为 100 人,2010 年已达到 66.5 人,实现程度为 66.5%;第二,每万劳动力中高技能人才数,目标值定为 600 人,已达 230 人,实现程度 38%;第三,高校应用研究开发成果转化率,目标值是 80%,目前值为 50%,实现程度 63%。此外,按照《中国区域创新能力报告(2011)》从知识创造、知识流动、企业创新、创新环境、创新绩效 5 方面所进行的评价,2011 年江苏区域创新能力综合排名继续位居全国各省域之首,成为全国创新能力最强的地区,这其中高校的贡献功不可没。上述数据表明,近年来江苏高等教育自主创新能力确有很大幅度的提升,但如果放眼全球,与发达国家和地区相比,我们的差距依然很大。在 2010 年世界大学排行榜中,江苏尚无进入前百强的高校。另据上海交通大学世界大学学术排名,在工程、理科、生命、医科和社科 5 大学科领域中,江苏无一学科进入前百名。

四是要提升高等教育的开放度。高等教育开放度是指一个国家或地区高等教育对外开放的程度,主要包括人员流动、教育活动和各类资源的跨境或跨国互动。开放度也是衡量文化软实力的重要指标,开放是文化自信的表现,开放的文化才有竞争力。建设高教强省,关键是敢于向国际教育的先进标准看齐,勇于学习国际教育领域的一切先进东西,有志于把教育迅速提高到国际先进水平。到2020年,江苏全省高校外籍教师的比例要达到10%,2011年达0.8%,实现程度仅8%,差距较大。高校教师留学访学比例应达30%以上,现值为9%,实现程度30%。留学生占普通本科院校的比例应达5%以上,现值为1.2%,实现程度24%,尚有较大差距。

(二)文化创新是推进高教强省建设的重要支撑

广义的文化是指人类在社会历史发展过程中所创造的物质财富和精神财富的总和。从管理的角度看,高等教育文化类似于一个由外层、中间层和内层组成的同心圆,其最外层是由硬件设施及其效益所构成的物质文化,中间层是高等教育的制度文化,最内层则是高等教育的精神文化。三层之间相互作用,有机地结合为高等教育文化整体,深刻影响着高等教育的发展方式和发展形态。建设高教强省,需要创新高等教育精神文化、制度文化和物质文化。

一是要加强高等教育精神文化的创新。高教精神文化是高教文化的核心和灵魂,主要包括办学理念、价值追求、发展观等内容。高等教育质量和水平的提升,不仅有量的增长,更有质的变化。实现由量变到质变的飞跃,关键在于高教体系结构的重组和发展模式的更新。而要实现这种重组和更新,前提是更新办学理念,创新高教发展观。为此,全省高校必须从文化的高度进行整体反思,深入研究提高教育质量、深化人才培养体制改革、推进协同创新和加强高校应用研究开发成果转化等重大问题,积极探索高等教育内涵式发展的新思路、新办法和新途径。

二是要加强高等教育制度文化的创新。高教制度文化是对人们在特定条件下应当怎样行动、思考、感受的规范和期待,它对人与物、人与各类高等教育要素的结合方式产生规制和导引作用。实现由高教大省向高教强省的跨越,最终要靠制度变更来推动。制度变更的结果及其先进程度,是衡量高教强省建设成败的主要依据。制度是否先进,是否具有旺盛的生命力,关键要看其是否体现了先进文化的发展方向和要求。只有承载着先进文化"基因"的制度,才是真正先进的制度。从这一意义上讲,要保证高教制度建设的先进性,就必须加强高教文化对制度建设的引领,依据"四个有利于"原则,即有利于实现高教与社会协调发展、有利于保障公民高教权利的全面实现、有利于促进教育有序竞争和提高人力资源的配置效率、有利于动员全社会对教育资源的供给,大力推进高教制度文化的创新。

三是要加强高等教育物质文化的创新。高教物质文化是制度文化和精神的基础和保障,是各类办学硬件条件的集中体现。"工欲善其事,必先利其器。"人、财、物的保障水准,直接影响高教强省建设的进度。为此,要根据高教强省建设目标,确保经费投入、改善硬件基础、提高使用效益,不断提高师生员工的工作和学习环境,这对于决定资源配置方式的高教物质文化创新提出了新要求。

(三)文化创新引领高教强省建设的主要着力点

以文化创新引领高教强省建设,就是要以创新省域高等教育发展理念为导向,以文化育人为中心,以文化科技创新为动力,以制度创新为保障,着力提升高等教育服务文化大省建设和文化产业发展的能力与水平,在与世界先进高等教育文化的交流中,推动江苏高等教育文化精品走向世界,不断提升江苏高教的国际影响力和竞争力。

一是以理念创新引领高教内涵质量提升。胡锦涛总书记在清华大学百年校庆讲话中强调,"要把提高质量作为教育改革发展最核心最紧迫的任务",这对高等教育改革发展提出了新要求,也为高等教育科学发展指明了方向。全省高校要牢固树立以提高质量为核心的教育发展观,支持和引导高校合理定位,注重内涵发展、特色发展,克服同质化倾向,形成独具特色的办学理念和风格,推动高校进一步强化教学工作的中心地位、教学改革的核心地位、教学质量的首要地位和教学投入的优先地位,把教学作为教师考核的首要内容,把教育资源配置和高校工作重点集中到强化教书育人、提高教育质量上来,大力促进学术发展与社会需求的结合,把促进人的全面发展、适应社会需求作为衡量教育质量的根本标准。要牢固树立人人皆可成才的观念,面向全体学生，以学生为主体，以教师为主导，充分发挥学生的主动性，尊重教育规律和学生身心发展规律，为多样化、个性化、创新型人才成长提供良好环境和机制。要牢固树立有利于教育发展水平整体提升的教育质量观，围绕提高质量来制订规划、确定规模、优化结构、深化改革、推进建设、设置专业、设计课程，围绕提高质量来引进培养师资、改进教学方法、更新教学手段、转变培养方式，围绕提高质量来加强教育管理、改进教育评价、强化教育督导，确保教育改革发展的各种要素都能有效服务教育质量提高。

二是以文化育人推动人才培养模式多样化。要坚持以学生为中心，尊重学生的主体地位和首创精神，把满足学生文化需要作为文化育人基本任务，在此基础上使其个性进一步凸显，人格进一步升华。一要提升文化育人品位。坚持用社会主义核心价值体系引领大学生成长，积极探索科学基础、实践能力和人文素养相结合的培养模式，提高大学生公民意识、全球化素养和批判性思维能力。要加强高校文化建设，积极发挥哲学社会科学在高校文化建设中的引领作用，激励师生投身文化创新创造，立足当代中国改革开放的伟大实践，大胆探索，勇于创新，不断推出更多经得起实践和历史检验的精品力作，为社会提供更好更多的精神食粮，同时也使学生在文化创造中提升人文素养和精神品格。二要发展学生文化个性。本科院校要大力推进以学分制为核心的人才培养模式改革，扩大学生自主学习的选择性，为多样化培养创新人才奠定坚实基础。要通过推行主辅修制、双专业制、证书制等途径，建立跨专业、跨学校、跨区域的学分互认机制，为学生跨专业、跨学校、跨地区学习提供支持。高职高专院校要加强对专业课程模块的开发，通过模块化，大面积提升同类专业的办学质量。有条件的院校要建立教学咨询和学分转移信息服务中心，与其他院校合作，为学生跨校学习提供帮助。三要提高文化育人质量。加强文化育人课程群建设，努力开设跨学科、跨专业的文化综合课程，完善大学生文化素质教育体系。健全教授为大学新生上基础课的制度。加强高职教育文化育人，培养源于工业文明、信息文明的职业精神。大力加强实践教学，加快建立一批开放共享的文化育人基地。四要优化文化育人环境。环境育人是文化育人的重要内容和方式。要破除各种人为的壁垒，积极造就全方位整体育人的文化环境，努力挖掘和唤醒“沉睡”的文化资源，让各种文化资源联成一体，活起来、转起来、用起来，共同为高校育人服务。

今年,全国美术馆、图书馆、文化馆年底前将全部免费开放,高校博物馆、专业性文化馆、校史馆等也要对学生全面开放。

三是以文化科技创新推动高校文化产业发展。要充分发挥高等学校既是文化高地,又是科技创新基地的双重优势,以高等教育先进文化引领和催生新兴文化业态,加快发展文化创意产业,为文化强省建设作出应有的贡献。一要加强高校文化科技创新。要大力推动科技与文化的融合,着力构建支撑文化发展的科技保障体系,以现代科技手段提升公共文化服务水平。要以金陵文化、吴文化、楚汉文化、维扬文化和徐淮文化等区域文化为重点,建设一批集产学研为一体、具有江苏文化特点、服务江苏文化产业发展的研究基地和大学文化精品讲坛。要推进高校文化教育资源向社会开放,组织好"高校名师大讲坛"、"高校理论名家社会行"等主题活动,推进优秀文化教育资源的普及和共享,为丰富群众文化生活、提升国民素质作出新贡献。二要着力构建文化产业协同创新体系。要加强文化领域共性支撑技术的研究,用高科技手段创新文化的内容、表现形式和传播方式,打造具有国际竞争力的原创品牌和高科技含量的拳头产品。要以高新技术改造提升传统文化产业,给文化产业插上科技的翅膀,促进传统文化产业转型升级。要依托高校科技园区,培育一批科技与文化融合的新品牌、新业态。三要大力促进文化创新成果转化。要面向文化产业发展,深入实施产教合作计划,以产学研结合为载体,促进高校哲学人文社会科学人才队伍建设、文化创新成果转化和文化产业发展三方面联动,支持高校哲学人文社会科学人才带着创意、技术和项目加盟各类文化产业园。

四是以制度创新推动高等教育协调发展。要在深入总结高等教育办学制度、管理制度和学校制度改革经验的基础上,大力推进高等教育制度文化的创新,以引领和推动省域高等教育协调发展。一要大力支持民办教育。要以解决民办高等教育发展面临制度缺失和公平"壁垒"问题为重点,推进民办高等教育与公办高等教育协调发展。根据江苏省政府办公厅印发的《关于进一步促进民办教育发展的意见》,有国有资产参与举办的民办学校,可以登记为事业单位法人,登记为事业单位的民办学校教职工可参加事业单位保险。目前这项规定已经获得了省有关部门的支持,进入实质性操作阶段。今后要进一步落实对普惠性民办学校的人才鼓励政策和财政扶持政策,落实促进民办教育发展的金融、产权政策,完善民办学校教师社会保障制度。要依法对非营利性民办高校和营利性民办高校的办学行为进行明确界定,建立规范的民办高校办学准入和退出机制。二要转变政府管理职能。要以横向分权为重点,促进管办评分离,形成政事分开、权责明确、统筹协调、规范有序的省域高教管理体制。所谓横向分权,就是在转变政府职能的基础上,把管理权分给学校、市场和社会。省域内的横向权,主要在两个层面上进行。一个层面是推进政校分开、管办分离,克服行政化倾向,重点是依法落实和扩大高校办学自主权,减少和规范对学校的行政审批事项,综合运用法律、规划、经济、行政等多种手段管理学校。另一个层面是完善高校内部治理结构,重点是推动高校依法制定学校章程,依照章程管理学校。三要加强分类指导。要将推进分类管理与完善高校分层制度结合起来,逐步建立依照四大“基本层级”管理省域高等教育的制度。所谓四大“基本层级”,就是以最高学位授权为标准,将高等院校分为具有博士学位授权的院校、具有硕士学位授权的院校、具有学士学位授权的院校、高职高专院校四个层级分类管理,这是世界众多国家对高等教育体系进行管理的基本做法。在对高等教育体系的分类管理中,逐步淡化上述四大层级之内的其他“圈层”,促进同层次学校之间公平竞争和共同发展。

五是以国际文化交流塑造江苏高教对外品牌。坚持以创新为基础,以平台为支撑,以人才为保证,积极拓展江苏高等教育国际文化交流领域,不断提高交流的层次和水平。一要依托各类重点学科,加快筹建一批国际化、高水平的教学科研基地和平台。长期以来,南京大学的中美文化研究中心、南京师范大学外国语言文化研究所、苏州大学中意语言文化交流与研究中心、南通大学中韩文化研究中心等,与海外一流同类型高校或学术组织之间建立了紧密的合作关系。新形势下,要进一步提升江苏高等教育文化软实力,增强高等教育国际话语权,必须充分利用我省开放程度高、高校对外交流合作广泛的优势,加快筹建一批中外合作的区域、国别及国际组织研究中心,深入开展国际合作研究和跨文化研究,搭建跨文化交流对话合作平台。二要培养和造就一支规模宏大的具有国际视野的高水平学者队伍。要进一步完善高端国际型人才培养与引进机制,努力扩大高校特聘教授计划,支持和鼓励高校吸纳世界优秀学者来校工作,支持高校学者在国际学术组织中任职和参加重要的国际学术会议。要不断扩大海外教师培训规模,继续坚持、不断改进江苏政府出国留学奖学金项目和高校中青年教师校长海外研修计划,着力培养具有国际学术眼光和海外学术背景的各学科专家。积极创造条件,更大规模地选送教师和研究生出国考察访问、专题研修、攻读学位,加快推进基于学分互认的教育和培训国际化进程。三要大力推动江苏高教文化精品走向世界。近年来,江苏高等教育"走出去"步伐明显加快,继老挝苏州大学之后,最近南京大学在新加坡的办学项目也取得重要突破。目前,苏州大学的吴文化国际研究中心、扬州大学的中国文化研究所、南京中医药大学的中医文化研究中心等一批高校跨文化研究基地,积极开展中华文明、地方文化的国际合作研究,开展多渠道、多形式、多层次的对外文化交流,已在日、韩等国及东南亚地区具有一定的影响。当前,贯彻落实十七届六中全会精神,推动江苏高等教育文化精品"走出去",关键是要坚持中国灵魂、世界眼光,以国际视野规划传统文化、区域文化的研究,建立高起点、开放式、国际化的研究平台,在做好译介推广的同时,强化应用对策研究,打造有影响的咨询智库。同时要进一步健全机制,把握国际学术交流合作的主动权,积极筹办不同类型的高层次国际学术会议,增强江苏高校的国际影响力和学术话语权。

同志们,推进文化传承创新,既是中央和省委要求,也是高等学校的历史使命。我们要进一步增强高教发展的文化自觉和文化自信,在继承传统、总结经验、借鉴外来先进文化的基础上,探索形成具有中国特色、江苏特点和世界先进水平的高等教育新文化,以文化创新引领高教强省建设,为建设教育强省、率先实现教育现代化作出新的更大的贡献。

(江苏省高等教育学会2012年学术年会主旨报告,2012年8月20日常熟理工学院东湖校区逸夫图书馆报告厅)

大学文化的传承创新是时代赋予大学的重要使命

——2012“高等教育现代化:大学文化的传承与创新”学术研讨会综述

孟 克 孙 婷

摘 要:现代化进程中的高等教育创新发展需要发挥大学的文化创新职能。没有一流的文化就没有一流的高等教育。大学文化的本质在于“化”人,是大学文化的价值理性与工具理性的统一。大学文化是大学的灵魂所在,在新的历史时期,大学文化的传承创新是时代赋予大学的重要使命,是高教强省建设的重要内容,在此进程中,要建设各具特色的大学文化,包括高职院校的特色文化建设。将文化传承创新拓展为大学的第四职能是建设中国特色的大学与高等教育现代化的必然要求。

关键词:现代化;大学文化;传承与创新

由江苏省高等教育学会主办、常熟理工学院承办的

作者简介:孟克,男,安徽寿县人,南京大学教育研究院博士研究生,主要从事高等教育管理研究。孙婷,女,江苏淮安人,南京信息工程大学公共管理学院硕士研究生,主要从事思想政治、高等教育原理研究。

2012“高等教育现代化:大学文化的传承与创新”学术研讨会于2012年8月19日至21日在常熟理工学院隆重召开。江苏省教育厅厅长沈健出席大会并做主旨报告,江苏省教育厅副厅长、省高教学会会长丁晓昌主持开幕式。华中科技大学杨叔子院士、南京大学党委副书记朱庆葆教授、厦门大学教育科学研究院王洪才教授和常熟理工学院院长朱士中教授等作特邀学术报告。省高等教育学会成员、有关高校专家和常熟理工学院的部分中层干部等近300人参加了会议。与会代表围绕“大学文化的概念界定”、“大学文化的传承与创新”、“大学文化的育人功能”、“大学文化建设的探索”以及“大学文化创新与现代化大学建设的关联”等主题展开了广泛而深入的交流与研讨,形成了丰富的研究成果。与会学者认为大学文化的本质就是“人”化,使人“文”化,使物“人”化。在新的历史时期,在大学文化的传承与创新中要体现大学新使命的时代意义,建设中国特色的大学是高等教育现代化的必然要求。

一、“大学文化”的内涵解析

大学是培养高素质人才、开展科学研究的文化高地,是科学知识最为丰富、最为集中的场所。作为一所高校的特色和灵魂,大学文化是大学思想、制度和精神层面的一种过程和氛围,是理想主义者的精神家园,是大学里思想启蒙、人格唤醒和心灵震撼等因素的结合体。[①]大学文化有着丰富的内涵,对大学文化内涵的解析是讨论大学文化传承创新的逻辑前提。与会学者从哲学、管理学、文化学及大学管理实践等不同层面提出对大学文化的多样性阐释,深化了人们对大学文化本质内涵的理解。

华中科技大学杨叔子院士认为,文化就是以“文”化人,使人“文”化,使物“人”化。文化的内涵至少包含五个层面:知识、思维、方法、原则和精神。他认为知识是文化的载体,思维是关键,方法是根本,原则是精髓,精神是灵魂。他提出教育是文化传承的主要形式,是文化创新的必要基础。社会靠教育的存在得以延续,社会靠教育的发展才能进步。因此,教育的实质和主要内容就是文化教育。文化有双重理性,所以教育也具有双重属性,即首要的本体性和重要的工具性。上升到国家建设的层面,教育可以全面提高国民素质,是促进人的全面发展的根本途径,它寄托着亿万家庭对美好生活的期望。所以,强国必先强教,以“文”来化人具有重大的实践意义。

苏州大学教育研究院院长周川教授认为,对任何问题探讨和研究的出发点都应该回归根本,要对概念进行准确的分析和掌握。他提出在研究大学文化的传承和发展问题之前,一定要对何为“大学文化”有一个明确的理解。在他看来,大学文化应该是大学的文化,而不仅仅是那些存在于大学里的文化,对于大学文化的界定不能单纯地用大学的地域范围来限定。真正的大学文化是在高校的建设过程中积累起来的校园风貌、精神理念、制度建设,尤其是反映在学习方面的某些思维方式、价值取向等。它主要体现为一种精神面貌,陶冶着师生的情感和学习氛围。周川教授指出,“中国大学文化”按时间要素可分为近现代阶段和当代阶段两个部分。在近现代的“中国大学文化”中存在着从西方引入而非中国自创的大学自治和学术自由两个基因;在当代的“中国大学文化”中,校园里流行的都是“非大学文化”而非“大学文化”。这是目前大学文化的一种发展误区,将社会中的流行元素简单地引入大学,并将发展大学文化等同于文化形式的多样性,试图用多样化的艺术形式来掩盖空虚的实质,造成了当代“大学文化”形式丰富、内涵空洞的现状。

南京大学教育研究院院长张红霞教授从当前高等教育的问题和高等教育哲学两个层面,间接地阐述了大学文化应有的内涵。在高等教育问题层面,她以南京大学的案例,分析了在南京大学近期开展的 SERU 调查、新生研讨课调查和通识课程等方面存在的问题。调查发现,与国际学生相比,国内学生的学习进步梯度小,中国大学教育中普遍存在着学生缺乏批判性思维,这在一定程度上表明,在大学文化中的科学文化教育方面还存在着较大的缺陷。在高等教育哲学层面,从中西方教育哲学渊源比较中,她指出要强调定义对知识的探究作用,提倡用问号、对话、逻辑、反推等手法让学生认识研究的重要性。中国思想文化历史源远流长,百家争鸣百花齐放,但是缺乏西方思想具有的传承和发扬路径。因此,关于大学文化的内涵,应该提倡“大科学+大民主”的教育目标。“大科学”是指科学在21世纪仍然是第一位的,但它是包含异质文化的人和普通人参与的科学,如果不重视普通人的科学普及,科学家队伍将受到更大破坏;“大民主”是在全球视野下包含异质文化的人和普通人参与的民主,它需要超越理解之上的宽容、忍让。“大科学+大民主”

的教育目标也预示着大学文化创新的发展方向。

与会学者认为，文化是一个知识体系涵盖面广、理论知识寓意深刻的概念。而大学文化作为文化的下位概念，也应该是一种社会精神现象的体现，是高校教育工作者和大学生精神状态和精神目标的汇集；是在知、情、意等精神层面的归属感和陶醉感。对大学文化的概念进行全面而准确的认知和理解，就必须系统地梳理文化在高校的发展历程中的作用，将文化的理论知识融入大学建设的步伐中，用理论去指导实践，用实践检验理论。大学文化是大学作为社会创新型组织的本质属性，是大学人特有的活动和存在方式。众所周知，现代大学承担着人才培养、科学研究和社会服务这三种职能，这三种职能说到底都属于文化功能。育人，本质上是以文化人，是文化的传承提升活动；科研，本质上是发现或验证新知识，是文化创造和创新活动；社会服务，就大学来说最主要和最根本的也是为社会提供文化服务。所以，大学在本质上是功能独特的文化机构，大学的本质属性是文化性。大学的本质在于文化的传承、文化的启蒙、文化的自觉、文化的创新。

综合上述来看，大学的本质归根结底仍在于文化。文化属性是大学的本质属性，是大学赖以存在、经久不衰的根本所在；文化功能是大学的基本功能，大学不能没有文化，没有文化的大学不是真正意义上的大学，没有文化的大学永远不可能成为卓越的大学。

二、大学文化传承创新的时代使命

大学文化是在大学这个特定的地域范围内融合了部分社会文化以及自身发展而形成的一种特殊的文化形态，是教育管理者在从事教育活动中整理、汇集和创造的精神文明财富。“现代化”是相对于“古代”、“当代”而提出的一个时间概念，是对“现代”社会发展态势的进程和要求的阐述。教育现代化就是用现代的教育理念、教育方式来发展教育事业，更新教育思想、教育设备等，以培养出一批高素质高技能的综合应用性人才。按照这种理解，“文化创新”则成了现代化高等教育和大学文化建设的最好结合点。杨叔子先生在大会主题报告中指出，大学文化的传承创新要依靠文化发展来实现，要发展就是三点：要继承、借鉴和实践，继承科学制度，借鉴以往的经验和成功之处，当然不可或缺的还有实践。民族文化在精神层面包括:做人、有德,升华理念、陶冶情操;操作层面包括:做事、有才,启迪思维、锤炼能力。之所以要学文化,是因为它不管是在精神层面还是操作层面都是不断创新的,进一步体现了民族的根本,也加深了智慧和才能的培养。民族精神的根本应该是在人,这应该是一种普世价值。创新的灵魂与根本是责任感。责任优于智慧和才能,排在培养人才的首位。在高等教育现代化的基础上,高等教育的文化使命就是要实现文化价值的本体性和工具性的统一,高等教育的根本宗旨和首要任务是提高国民素质,实施与采取的手段是以文化育人。

三、大学文化传承创新与高教强省建设

江苏省教育厅厅长沈健在大会上作了题为《以文化创新引领高教强省》的主旨报告。他结合胡锦涛总书记在清华大学建校100周年大会上的重要讲话和高等教育发展的历史脉络,指出高等教育历经了从单一的人才培养扩展到科学研究、社会服务和文化传承创新四大职能。作为高等教育强省,江苏省在推进高等教育科学发展的进程中,文化既是重要的组成部分,又是重要的引领力量。通过长期不断地摸索和总结,江苏高等教育形成了具有自身特点的文化传统与文化特色:坚持率先发展的高等教育文化传统、坚持改革创新的高等教育文化特色、坚持追求卓越的高等教育文化品位和坚持开放和谐的高等教育文化风格。优秀的传统文化是高校发展的源动力,而特色文化则是指引高等教育发展的前进方向。在创新完善传统文化建设的同时,高校还要坚持开放和谐的高等教育文化风格,合理地统筹国际和国内的教育资源、统筹不同区域高等教育发展、统筹公办和民办高等教育发展。沈厅长还指出文化创新是推进高教强省建设的重要支撑,而高教精神文化是高教文化的核心和灵魂。为此,各高校须依此为关键,深化人才培养体制改革,推进协同创新和加强高校应用研究开发成果转化。除此之外,省高校还要以国际文化交流塑造江苏高教对外品牌,坚持以创新为基础,以平台为支撑,以人才为保证,积极拓展江苏高等教育国际文化交流领域,不断提高交流的层次和水平。

任何一个科学技术创新活跃、生产力发展的时代,都需要文化创新来激

荡和引领。大学作为创造并培育新文化的中心,始终辐射、影响、引领着社会文化的更新和发展。当下,大学传承创新人类文化的功能比以往任何时候都更为明显地体现出来,直接推动了人类文明进程。在建设创新型国家的伟大历史进程中,大学不仅要提供全面的人才支持、强大的知识贡献,更要推进文化传承创新。只有切实履行文化传承创新职能,大学才能为文化软实力的提升和创新型国家的建设作出积极贡献。

四、大学文化传承创新与大学特色文化建设

随着高等教育进入大众化阶段,高校扩招带来的不仅是大学生数量猛增,还有校园规模的不断扩大、各色建筑的拔地而起,而大学文化作为高校软实力建设的重要方面却被淡化和遗忘。大学文化,尤其是精神文化,是一代代办学者思绪凝结的菁华,是大学创立的根基和生命力。特色文化是大学的立校之本,正因为具有了不同特色的大学文化,才形成了我国高等教育繁荣的景象。[②]每一所大学都是一个独立存在的小社会,没有任何两个大学的背景和环境是完全一样的,趋同性过强的大学文化缺乏新元素的加入,没有持久的生命力,严重阻碍到大学文化的建设和高校的良好发展。每一所大学都应该在充分认清自身特色的基础上,形成并发展体现本校特色的大学文化。只有找对了正确的发展方向,才能达到成功的彼岸,才能最终完成文化传承和文化创新的时代使命。在本次论坛中,许多学者结合本校的实际介绍了特色大学文化建设的经验。

常熟理工学院院长朱士中教授向与会代表介绍了常熟理工学院大学文化建设的探索和实践经验,坚持以校园文化为基础、以创业文化为动力、以质量文化为核心、以合作文化为保障,建立了富有特色的大学文化。首先,建设特色的校园文化。校园文化是大学文化的重要组成部分,也是大学文化的显性表达和直接体现。在营造校园文化方面,常熟理工学院将其细化到校园的标识系统、建筑物命名和文化氛围等方面,都极力体现学校特色,以让学生在潜移默化中得到文化熏陶。如教学楼都以“道”命名,寓意传道授业解惑;实验楼都以“行”命名,旨在强调动手实践能力等。其次,形成行业文化。常熟理工学院大学文化建设的过程中突出了差异化发展和错位发展的理念,规避

同质化，走可持续发展的差异化竞争路线。强调专属的特色文化，尤其在人才的培养方面，建立跨学科跨专业的“行业学院”，紧贴区域产业经济发展需求，培养出行业建设真正需要的专业型人才。同时，在科学方面实现了跨越发展，在信息化建设方面打造了一条实用、科学、绿色的基础建设之路。这些都为常熟理工学院带来了较强的行业竞争力和社会影响力。第三，提升质量文化。在常熟理工学院的特色文化建设中，学校还成功地引入了质量文化的概念，质量是衡量高等教育和大学文化建设的生命线。常熟理工学院引入大学质量文化并使之成为大学文化的核心内容，自觉保证教学、服务和管理等各项工作的质量，使其成为人才培养质量的根本保证。在与当地企业的合作中，常熟理工学院提出并形成了要以服务求支持、以贡献求发展、以合作谋共赢的理想局面。

盐城师范学院成长春教授也指出发展特色文化在大学文化创新中的重要性。他认为高校首先要在人才培养中打造特色文化，以社会需求和学生就业为导向，以提高学生实践与创新的发展能力为根本，创造出具有特色的教学体系，并能联系地方性、突出本科性、重视应用性，以达到全面建设综合型人才的培养目标，且依此来检测发展特色文化的实效。他还提出在科学研究中打造特色文化要面向社会的发展，要找准文化与社会服务的对接切入点，面向科技发展前沿，做到“顶天”，抢占学科前沿阵地；也要面向社会发展需求，做到“立地”，使科研有用武之地，以促进文化与服务社会两者之间的有效对话与合作，进一步促进产学研的紧密结合。

从宏观的角度看，大学文化具有深厚的共性理论基础，是每所学校和每门学科都必须遵循的文化原则，是可以共同探讨、研究和学习的；从微观的角度说，成长在不同的教育背景和教育理念之下的大学文化自然被赋予了诸多的个性和特性，也是高校生存和发展不可或缺的内在支柱和动力。因此，大学特色文化的构建需要在传承的基础上力求创新。

五、大学文化传承创新与高职院校文化建设

高职教育相对于普通本科教育具有起步晚、起点低的特点，两者在办学理念和人才培养目标上也存在着较大的差异。高职教育的办学内涵和办学

模式虽在近几年试行的改革中得到不断地创新和完善,但与西方先进成熟的职业化教育相比仍存在差距。中国高职教育过分注重职业教育而忽视人文精神教育的现象比较严重,缺乏人文精神熏陶的高职教育不利于培养高质量的专业技术人才。因此,高职院校的校园文化的传承与创新建设就显得尤为重要。

大学文化包括精神文化、制度文化、物质文化和环境文化等几个方面,其中的制度文化是大学文化建设的重要内容。而内部治理结构作为现代大学制度建设的核心,在一定程度上又集中体现了大学的文化特性。南京铁道职业技术学院党委书记王虹教授结合本校的办学实践说明了大学文化的内涵和特点,指出高职院校的校园文化是一种"实践文化",具有很强的包容性:在精神文化方面,要实行人文与技术的并重处理;在物质文化的建设方面,要将学习融入行业,实现学习与工作的有效结合;在制度文化方面,要追求效率,注重校企等的合作。她重点介绍了南京铁道职业技术学院以内部治理结构的探索为主要内容的大学制度文化建设,强调内部治理结构的顶层设计,体现大学制度的学术文化精神,在党委的统一领导下,坚持以人为本的服务原则,从而实现保持特色,权力制衡。在完善党委领导下的院长负责制、规范决策程序的同时创新性地建立了教授治学体系,即在学术委员会和教学委员会下成立了二级院系教授委员会,负责本院系改革与发展中的重大问题和学术、教学、职称评审事务等方面的咨询、审议与决策工作。

江苏食品职业技术学院党委书记赵炳起教授认为,高职院校文化的传承与创新必须始终坚持大学文化、行业文化和地域文化的互融发展,立足当下和区域发展。在面对社会需求和学生全面发展的同时,用大学文化来提高学生的职业素养,从而在人才培养中体现文化传承和创新的职能。高职院校文化建设的指导思想要更加联系行业和企业的特色,实现大学文化和行企业文化的全面融合。例如,该校将构造大食品文化体系作为文化建设的内核,在此指导思想下设立淮扬菜烹饪学院,在传授学生就业技能的同时继承和发扬了淮扬菜的传统和文化。走校企合作、产学研相结合的发展之路是高职院校改革的必然选择。在这个过程中,高职院校的大学文化和企业的文化也必定会发生碰撞、擦出火花,为高职院校文化的创新提供新的资源与契机。

五、大学文化传承创新与大学职能拓展

胡锦涛总书记在清华大学100周年校庆的讲话中以及十七届六中全会均对文化的传承和创新作出了重要的指示,将其确立为高等教育的第四大职能。中国高等教育学的奠基人、著名高等教育家潘懋元先生指出:“文化功能是大学的基本功能,大学的一切工作其实就是为了文化的发展。文化功能是所有的学校包括大中小学都具有的,中小学具有传承文化的作用,而大学不仅具有传承文化的作用,还具有选择文化、批判文化的作用,更重要的是创造文化、引领文化的作用。”人类社会的每一次转型,社会生产力的每一次跃升,都伴随着相应的文化变革,并由文化变革所催生、成型。当前,中国正处在经济社会发展的关键时期,同时,也处在经济社会转型的关键时期,中国进入了全面建设小康社会的关键时期和深化改革开放、加快转变经济发展方式的攻坚时期,“文化越来越成为民族凝聚力和创造力的重要源泉、越来越成为综合国力竞争的重要因素、越来越成为经济社会发展的重要支撑”。正如杜威所说,教育是社会进步和革新的根本。大学作为教育的最高机构应自觉处在社会改革和文明进步的前沿。为此,大学要勇于担负起国家赋予的历史责任和使命,大力推进文化的传承,尤其是创新文化的发展,推动并引领社会文化的良性发展,为国家顺利实现社会转型、为中华民族伟大复兴贡献自己的一份力量。

作为现代大学的一项重要功能,文化传承与创新二者相互影响,传承是创新的前提,创新是传承的动力。只有在对传统文化进行批判性的基础上建立起来的知识积淀才能为文化创新提供扎实的基础,也只有在对创新文化包容性接纳的情况下才能为文化的发展提供绵延不绝的无穷生命力。正因为如此,大学文化的传承与创新才有着重要的现实意义。它在提升大学品位,推动高等教育质量的跃升,促进不同文化间的沟通交流,扩大中华文化的世界影响力,培育创新文化,推动创新型国家的构建等多方面发挥着重要功用。

杨叔子教授在演讲中指出,高校的治学就是文化传承的一种选择,是对文化创新的升华,是文化交流的传播,是文化服务的储存。文化也是高校素质教育的基础,是一切教育教学活动顺利进行的思想保证。文化的传承与创

新是一个温故知新的过程，是高校强大生命力的内在支撑和灵魂。加强大学文化传承与创新建设是顺应时代和高校发展需求的必要选择。

对于大学文化传承创新的职能贯彻落实存在着许多亟待克服的障碍，需要认真分析和解决。教育评论家熊丙奇先生就指出高校的行政化、功利化、同质化和空心化是当前阻碍大学文化发展的四大困境。南京大学朱庆葆教授指出当前中国大学文化建设面临的主要问题是将大学文化建设简单地等同于意识形态的改变以及在此过程中奉行的功利主义和实用主义。他认为不能将大学文化贴上地域性的标签，要用开放性的眼光不断地探索新的发展思路。不同地域、不同学科的文化只有在相互交融和碰撞的过程中才能产生新的火花，而这些文化元素经过实践的历练之后将成为一种崭新的文化发展趋势。大学文化是一个复杂的多面体，不能与具体的意识形态等同。在高校的人才培养理念中，实用性成了最终的发展目标，而人文精神的缺失没有引起足够的重视。这种单一的方式只能培养出一批急功近利的“人才”，如此恶性循环，永远无法完成教育的真正使命。因此，在大学文化的建设过程中要时刻强调社会主义核心价值观的作用，不能简单地认为多样化的艺术形式就是对文化的传承和发扬，要注重高等教育文化的内涵和实质建设，尊重科学的价值，立足实际搞科研，打造特色文化产业；在捍卫中国传统文化的同时要开眼看世界，用谦虚谨慎的态度学习西方优秀的文化；高校在大力发展科研创新的同时，也要坚持文化育人的基本方针，以达到科研和文化互促互进、共同繁荣发展的良好效果。

参考文献：

① 吴勇. 大学文化：理想与现实的冲突[M]. 广州：中山大学出版社，2010：1.

② 任祥华，林鹏. 大学文化建设存在的问题与对策[J]. 辽宁科技学院学报，2011(3).

大学文化理论研究

教育:以“文”化人,提高素质

杨叔子

摘　要:文化不仅关系着教育,也关系着素质和素质教育。我国高等教育中存在的重知识传授和技能训练,忽视人文素质培养和心灵教化问题,使得大学生素质降低。因此,培养具有强烈的民族精神、社会责任感和历史使命感,具有较高文化品位、审美情趣、人文素养和科学素质的综合型、创新型人才,已成为高等教育的当务之急。

关键词:教育;文化;传承;素质

文化,与教育相伴而生,相随而长,文化给教育以社会价值和存在意义,教育给文化以生存依据和生机活力,两者缺一不可。文化不仅关系着教育,也关系着素质和素质教育。我国高等教育中存在的重知识传授和技能训练,忽视人文素质培养和心灵教化问题,使得大学生素质降低。因此,培养具有强烈的民族精神、社会责任感和历史使命感,具有较高文化品位、审美情趣、人文素养和科学素质的综合型、创新型人才,已成为高等教育的当务之急。

作者简介:杨叔子,男,江西省湖口县人,中国科学院技术科学部副主任,中国科学院院士,机械工程专家,教育家,曾任华中理工大学(现华中科技大学)校长。

一、文化的概念和属性

文化的概念包括两个方面:文化的内涵和文化的类型。文化的内涵至少包含五个层面:知识、思维、方法、原则和精神。文化最基本的类型主要包括人文文化和科学文化等。因此,我想在对文化的内涵和类型方面,主要讲一句话,就是知识是文化的载体。胡锦涛总书记讲过一切创新都是从文化开始的,所以首先要学习知识,知识的基础是文化的载体,没有知识就没有文化,没有知识就没有力量。思维是文化的关键,文化的形成不能脱离思维的支持,只有有了思维的支持才能有了文化的发展和创新。还有就是方法是文化的根本,知识和思维对不对要通过试验和实践来检验,实践就是方法,因此方法是文化的根本;原则是文化的精髓,科学知识是有原则的,科学思维是有逻辑的,科学思维是真的,是要遵守原则的,所以,原则是文化的精髓;精神是文化的灵魂,融入四者,统帅四者。韩愈讲得好:“古之学者必有师,师者,所以传道授业解惑也。”授业就是传授知识,解惑就是对思维方法的理解,一定是在知识方面所进行的解惑,所提出的疑问。最重要的传道就是对原则、精神的表达。只有这样,才是真正地走入了文化。所以,没有知识,一定没有文化,只有知识,也是没有文化。因为文化不仅仅是知识,还包含着其他方面。所以,知识包含原则,升华成为精神,而精神统帅着思维和方法。这是讲的文化的内涵。

从属性来说,科学文化和人文文化可以从三个方面来讲,从起源方面讲、从介质方面讲以及从形而上方面讲。科学文化和人文文化都来源于实践,都来源于人的大脑,是同源共生的,你作用于我,我作用于你。对于形而中而言,从介质方面来分析,它则是功能不同、形态各异的。科学文化来自客观实践,讲的是规律,对社会来说是文明的源头;而人文文化揭示的是为人的资本,是文明的基础,是从社会性、人文性的角度来阐述的,具有强烈的价值理性。因为功能不同,所以形态不同。科学文化是抽象的、定量的、客观的,人文文化是精神世界,一般是定性的、具象的,是更特殊的。虽然两者不同,但却是相互作用的,你中有我,我中有你。从形而上的角度来说,它们都有共同的追求,有对共有材料的学习、继承、反思、怀疑和批判。因此,不管是科学文化还是人文文化都是人文的基础,质相同,互相容,同追求。因此,科学文化和人文文化是不可分割的事情。所以,我认为没有科学的人文,是残缺的人文,人文中有科学的基础与珍璞,社会科学更是如此。科学文化强调的是工具理性,而人文文化强调的是价值理性。

2006 年,胡锦涛总书记在全国作协代表大会上就讲了一段话,指出了文化的重要性。他讲一部人类的社会发展史是一部物质文明史,更是一部精神文明史。很显然,这里强调精神文明比物质文明还要重要,即物质文明不等同于精神文明,精神文明更优于物质文明。人类社会的每次跃进,人类文明的每次升华都镌刻着文化进步的烙印。很多文献和讲话都谈到了文化的重要性。十几年前,一名经济学家在纽约开了一次经济发展与社会转型的学术研讨会,这个会议上的学者都有一个统一的认识,就是经济的起源是文化,终点是文化,过程的背后也是文化,把经济看透了就是文化。所以,文化是非常重要的东西。温家宝同志在省部级主要领导干部会议上也指出文化的重要性。他指出,一个国家,当文化表现出比物质和货币资本力量更强大的时候,当经济、产业和产品体现出文化品格的时候,这个国家的经济才能进入更高的发展阶段,才能具有可持续发展和持续创造财富的能力。经济和文化是紧密联系的,文化体现出来的是财富,而且是更高级的财富。所以,文化是非常重要的东西,自然创造了人类,人类创造了文化和文明。人类以自然作为生存与发展的基础,以文化文明作为生存与发展的方式。因为有了文化,人才从动物人变成了社会人。因为文化净化了人,使人从野蛮人变成了文明人,也升华了人,人才从一般的文明变成了高级的文明。人类社会是靠文化的传承来延续,是靠文化的创新来发展的。所以,人类社会的延续靠文化,人类社会的发展靠文化,人类的社会文化就是人类的社会基因。如果人类社会没有文化,就不能称之为人类社会。那么,人类社会究竟是不是文化?探索得知,文化就是“人”化。使人“文”化,使物“人”化。所以,如果人类社会没有文化,就不是人类社会。只有人类社会才会有文化,才是人化。文化的本身和文化的实践这两个概念不能搞混。我们的教育是文化实践,不等于就是文化。人的各种实践活动不等于文化,人是在文化活动实践中体现出文化这个丰富的概念的。

二、教育是文化传承的途径和有效方式

文化传承的主要形式是教育，文化传承的前提是教育，没有教育文化传承就不能得以完成，没有教育文化创新就没有基础。同样，社会靠教育的存在得以延续，社会靠教育的发展才能进步。教育在国家建设中具有基础性、全面性、先导性的作用，占有优先发展的战略地位。因此，教育就是文化教育，教育也和文化一样具有双重性，其中本体性是首要的，工具性则是重要的。教育就是要全面提高国民素质，加快社会主义现代化进程。同时，教育又是民族振兴、社会进步的基石，是提高国民素质、促进人的全面发展的根本途径，寄托着亿万家庭对美好生活的期望。因此，强国必先强教育。文化的本体性和工具性是紧密联系、不可分割的，没有人的素质的提高，就无法发挥人的创造潜能，去有效提高生产力。同样，如果没有生产力的提高，就无法创造条件，去有效提高人的素质，发挥人的潜能。本体性引导着工具性，工具性在支持着本体性。当代的高级人才必须在学会做人的同时学会做事。德才兼备才是王道。这也再次验证了本体性和工具性是不可分割的，所以，国民素质是第一国力，教育的根本宗旨和首要任务是提高国民素质，实施与采取的手段是以文化育人。

素质有两方面因素，包括先天因素和后天因素，先天因素即基因，是后天所无法更改的。而后天因素是非常重要的，包括环境因素和个人因素的影响。正如一句俗语所讲："龙生龙，凤生凤，老鼠的儿子打地洞。"这句话还是非常有道理的。因此，后天的环境对素质的形成有着比较重要的影响。人的素质应该综合先天因素和后天因素两者的影响，后天的影响力如家庭、学校和社会则更大些，但最关键的还是要靠自己学习、思考和实践。因此，教育就是要启发学生的学习自觉性，使学校真正承担起育人的责任，要将教育、文化和素质相结合。钱学森先生的一句话暗藏了学习的机理，"教育工作的最终机理在于人脑的思维过程"。学习是知识的积累，而且一定要勤学思考。在《国家中长期教育改革和发展规划纲要（2012—2020 年）》战略主题中指出，要以坚持以人为本，全面实施素质教育为主题，以培养什么人、怎样培养人为核心，最重要的是提出了要以面向全体学生，促进学生全面发展，着力提高学

生服务国家服务人民的社会责任感以及勇于探索的创新精神、善于解决问题的实践能力为重点,这个是非常正确也是值得肯定的事情。

当今国力竞争是高科技竞争,是高级人才竞争,是高级人才素质竞争,更是高等教育的竞争。竞争的关键是科学技术,核心是人才,而这些经济的基础却都是素质教育。高等学校的素质教育很重要,因此高等学校开展素质教育首先就应该是科学文化的素质教育。高校学生的素质包括:思想道德素质、业务素质、身心素质和文化素质。业务素质是骨干,要是不懂真正的业务,就不能称其为真正的人才,所以高等教育、高等学校主要的任务是要培养学生的专业素质;思想道德素质是灵魂和方向,正因为是高级人才,所以才对思想道德提出更高的要求;身心健康的重要性主要体现在它是条件和保证;前三者的基础则都是文化素质,文化素质是基础素质,是其他素质的基础。文化教育的是价值取向的问题,不管是文科教育还是理科教育,重点都是灵魂教育,而这往往要通过文化素质来体现。《科学时报》首席评论员王中宇说过,“今天危及人类持续生存的问题,没有一个是工具理性(科学)不够发达造成的,相反,追根溯源,它们的根源都是价值理性问题”,“而今价值理性的贫乏已经威胁到人类的整体生存。继续回避价值理性问题,指望靠工具理性就能将我们引出困境,其结果必然是‘文明史’将以‘无明’而告终”。因此,我们绝对不能忽略对理性价值的学习和研究。文化,尤其是中国灿烂的古文化以及各种有价值的参考文献都对我们文化素质的培养和理性价值观的选择具有重要的意义,是以往智慧和才能的结晶,更是当代传承和创造的基础。

三、高等教育要弘扬民族文化,培养具有爱国主义的高素质人才

学校是施行教育的机构,高等学校是实行高等教育的机构,培养的是高等人才。习近平同志曾经讲过:大学,尤其是重点大学有两个任务,一是培养社会人,怎么培养人;二是怎么办大学,怎么办好大学。高等学校的高等不只是育人的问题,还有治学的问题。高等学校不仅仅是育人的机构,还是一个学术机构。所以,综合一下,高等学校的首要任务是育人,固有特性是治学,树立学生强烈的价值观。治学首先服务于育人,育人必须立足于治学。育人、治学均服务于社会,在服务社会中育人、治学。治学就是要建设多学科的

学术生态环境,环境中各因素各自独立,彼此相依。高职院校也要致力搞科研,因为高职院校是教育的半边天。治学讲得透一点就是文化传承的选择,选择文化、传承文化和文化教学,是高等教育存在的基础,没有这一点,高等教育将缺少育人的武器。文化的研究、创新和升华是发展的方向和关键,文化的交流和传播是发展的前提,最后文化的服务和储存,主要是服务社会是办学的宗旨。高等教育是科技第一生产力与人才第一资源的结合点。归纳成一句话就是文化传承创新是高校的灵魂。

《走向新的巅峰》的评论中所指出的文字、文献和尊重祖先是对中国走在时代巅峰原因最好的诠释。要发展就是三点:要继承、借鉴和实践,继承科学制度,借鉴以往的经验和成功之处,当然不可或缺的还有实践。民族文化在精神层面包括:做人、有德,升华理念、陶冶情操;操作层面:做事、有才,启迪思维、锤炼能力。之所以要学文化,是因为它不管是在精神层面还是操作层面都是不断创新的,进一步体现了民族的根本,也加深了智慧和才能的培养。民族精神的根本应该是在人,这应该是一种普世价值。创新的灵魂与根本是责任感。责任优于智慧和才能,排在培养人才的首位。天下兴亡,匹夫有责。1998 年全世界首届高等教育大会发表的宣言中提出高等学校的首要任务是培养高素质和负责任于一体的毕业生。1999 年全世界科学家大会上包括杨振宁先生在内的诸多学者都认为中华民族文化的核心价值就是国家重于家庭,家庭重于个人,把集体放在前面。责任感在精神层面表现出的是对世界观、人生观、价值观的一种精神追求;在实践层面这是一切社会活动的伦理基础和行为准则。再谈到创新的智慧与才能,创新的基础是学习;思维是要寻求不同,这才是创新的切入点;方法是顺天致性;原则是实事求是;重点是创新的精神要自强不息。中国的文化包含了很多思维和智慧,因此,我感到民族文化是民族的精髓,要有文化自觉才有文化自尊,有了文化自尊才有民族自尊,也才会有民族自强。高等教育就是要培养爱国创新的人才,民族才能自强。一个国家要是没有高科技和先进的科学就会落后,一打就垮,受人宰割;如果没有自己的灵魂的话,就没有民族传统,没有人文文化,就会异化,不打自垮,甘愿受人奴役。简单概括就是中国文化的特色就是背靠五千多年,坚持“三个面向”。

(江苏省高等教育学会 2012 年学术年会特邀学术报告)

大学的文化使命

朱庆葆

摘　要：当今时代，文化传承创新已成为大学的第四大职能和使命。当前，我国的大学文化面临着把大学文化建设简单地理解成实用主义、功利主义和把大学文化简单地等同于意识形态化这两大问题。大学文化是一个动态系统，主要包含相互关联的四个层面的文化，即国家文化、作为整体的大学组织文化、大学自身的特定文化和大学校园文化。在当今社会转型时期，我国大学要切实履行自己的文化使命，就要坚持理想主义，进行理论创新，坚持文化综合创新，实施文化育人，服务好社会。

关键词：文化传承创新；大学文化；大学文化使命；社会主义核心价值体系；功利主义

高等教育是新文化的载体也是新文化的源泉。胡锦涛总书记在庆祝清华大学建校100周年大会上的讲话，充分肯定了高等教育是优秀文化传承的重要载体和思想文化创新的重要源泉，明确将文化传承创新作为大学的主要工作，作为提高高等教育质量的重要方面，并深刻阐述了

作者简介：朱庆葆，男，江苏句容人，南京大学党委副书记，南京大学历史系教授、博士生导师，中国太平天国史学会副会长，主要从事太平天国与晚清史、中国禁毒史及中国近现代城市史研究。

高等教育质量和大学文化传承创新的关系，集中体现了大学在社会主义先进文化建设实践中形成的新的重要认识，标志着我们对大学建设规律、人才培养规律、高等教育发展规律有了进一步的认识和把握，对提高我国高等教育质量、建设人才强国，具有十分重要的指导意义。

自从党的十七届六中全会召开以来，中央提出要实施"文化强国"、"文化大发展大繁荣"、"文化走出去"的文化发展之路。提高中国的文化软实力，问题的关键是如何来落实。众所周知，大学是创造新文化、创新知识的源头。那么，大学文化到底该怎样建设？该怎样来引领国家的文化、民族的文化？同时，大学该怎样来汲取全世界全人类的优秀文明成果和优秀文化？该怎样创造现代中国人自己的先进文化？这些问题需要我们用实践来回答。

一、引领思想文化是大学的本质特征

自从人类出现大学以来，其最显著的特征就是通过思想文化引领推进社会进步。大学推动社会进步的两大形态：一是通过科学技术发明推动社会进步；二是通过思想文化引领推动社会进步。两者相互呼应、相互影响。纵观大学发展史，从近代偏重教学的英国式大学到偏重研究的德国式大学，再到集教学、研究与服务为一体的美国式大学，无论何种大学理念和教育模式，引领思想文化都是大学的本质特征。大学之所以能够引领思想文化是和大学的理想主义密不可分的，理想主义是大学精神的火炬。在康德看来，这种理想主义就是一种"非功利性"。他强调指出，非功利性是一切终极价值的条件，大学和学者不能以功利性的态度来从事学术研究。

历史和实践证明，大学通过思想文化引领和理想主义精神促进了社会的进步。欧洲文艺复兴时期，意大利博洛尼亚大学率先打破中世纪神学的桎梏，掀起人文主义教育思潮，为欧洲历史的进程揭开了崭新的一页。1810 年诞生的柏林大学，在近现代德国风起云涌的改革运动中，积极推行新人文主义教育，面向德国市民进行文化启蒙和观念教育，在德国崛起和现代化过程中发挥了重要作用。对中国大学而言，一百多年来，每逢国家民族面临关键时刻和转折时机，这种思想文化引领作用显得尤为突出。20 世纪初期，北京大学在中华民族面临向何处去的关键时刻，高举民主和科学的大旗，发起了新文化运动和五四运动，推动了中国思想文化的现代转向，对中国历史进程产生了深远影响。1978 年，当中国面临又一次重大转折之时，南京大学一位青年教师，以特约评论员名义在《光明日报》发表了《实践是检验真理的唯一标准》一文，揭开了新时期思想解放运动的序幕，加快了改革开放和现代化建设的步伐。

由此可见，大学在人类历史发展过程中，通过思想文化引领，成为社会的灯塔，理想的高地，促进文明的进步。当今时代，文化越来越成为民族凝聚力和创造力的重要源泉，大学越来越成为综合国力竞争的重要因素。大学如何与文化相结合，更好地推进文化传承创新越来越成为一个重要问题。当前，经过 30 多年的现代化建设，中国经济已经实现了高速增长，物质财富也极大增加，但精神文明、政治文明并没有得到同步发展，社会发展许多方面失衡，表现出思想贫乏、信仰危机、道德失范、诚信缺失等，可以说，中国再次处在新的历史关头。作为理想和理性的倡导者、思想和智慧的聚集地、正义和良知的表率，中国大学必须肩负起引领思想文化的历史责任和时代使命。

一是要弘扬民族文化。德国学者赫尔穆特·施密特曾说，大学应该成为在全球泛滥的伪文化的压力面前捍卫自己文化特性的主要源泉，不能把本民族的伟大文化和价值继承抛进受忽略的角落。面对世界范围内各种思想文化的相互激荡，中国大学要以高度的责任感和紧迫感，通过各种方式，努力发扬民族精神，弘扬民族文化，提高民族自信心、凝聚力，向世界展示中国的文化软实力，促进中华民族复兴与世界和平发展。

二是要积极构建现代文明。科学精神、民主意识等都是现代文明的重要内涵。科学精神是一个社会的灵魂，为社会进步提供强大动力。中国大学要大力弘扬求真务实、勇于创新的科学精神，并将其推广运用于社会生活和一切事业中，努力在全社会形成讲科学、爱科学、学科学、用科学的良好风尚，提高全民族的科学文化素质。民主是现代政治文明的标志。中国大学要继续解放思想，持之以恒地营造和创建民主制度实践和发展的文化环境，为发展社会主义民主、推进政治体制改革作出更大贡献。

三是要守护社会正义。对大学而言，首要的是培养具有社会公正意识和法治人格的学生，培育一流的现代国民。一流大学的毕业生不仅要成为知识精英，也要成为道德精英，成为维护社会公正的楷模。德国哲学家费希特说，学者的职责就是永远树立提高整个人类道德风尚这个最终目标，当他在社会上做一切事情时都要首先想到这个目标。一流大学及其知识分子应更加重视社会的公平正义,不断彰显对人的精神世界的关注,不断追求人的解放与自由。

当代中国正在发生广泛而深刻的变革。文明的提升、信仰的选择、心灵的净化、公平的诉求等,都是事关当代中国发展的重大问题,迫切需要中国高等教育界展现人文关怀,通过思想文化引领促进人的全面发展和社会的全面进步,从而更好地承担大学应有的文化使命。

二、当前我们国家大学文化发展面临的主要问题及原因分析

目前,大学文化建设是高等教育界关注的焦点之一。特别是对于大学文化内涵以及如何建设大学文化,存在着不同的观点与看法。例如,大学要有独立思想,要有社会主义的传统大学文化,要重视校园文化建设,大学文化要开展丰富多彩的校园文化活动等。但是,这些观点只注重关注大学文化的共性,而忽视大学文化的个性。大学是一个特殊的行业,这个行业的文化应该更特殊,其特殊性体现在哪些方面，为什么大学要强调独立思考、独立思想、学术自由等。事实上,现在的高等教育界缺乏更为深入的思考与研究,因此对这些问题也难以讲清楚、说明白。从整体上来看,我认为中国大学文化发展当前面临两大问题:一种是以实用主义、功利主义为视角来解读大学文化建设,另一种是将大学文化简单地等同于意识形态化。这两种观点对大学文化的理解存在偏差,也必然影响大学文化建设的深入开展。

就当前大学文化建设而言,最为明显、最为负面的是功利化趋向,体现在文化上和学术风气上,就是“功利主义”大行其道、过于泛滥。在思维方式上,不断强调实用主义,支配大学研究和思考问题的是传统形态的“经世致用”的学术价值观。在科学研究上,将“科学”与“技术”这两个原本不同性质的东西笼统地合称为“科技”,过于强调“急用先学”,过于偏重应用研究,对基础研究重视不够。在学术风气上,一些学者不能潜心研究、刻苦治学,喜欢追风潮、赶时髦、朝三暮四,很多年轻人只是瞄着怎么评上一些重要奖项,如何拿到一些重点课题,而不是追求发现科学真理时带给自己内心的愉悦和舒畅。

在人才培养上，抱有功利主义人才观，片面注重人力资源“开发”而非人才“养成”，片面注重依据产业行业短期需要而非依据教育长期规律培养人，培养具有创新能力的人才问题在中国大学还没有得到很好的解决。简而言之，就是存在着急功近利地培养人进而导致培养急功近利的人这样两种现象。在社会服务上，不同程度地存在重科技成果转化“显服务”、轻原始创新和人才培养“潜服务”，重物质经济支撑“硬服务”、轻文化引领“软服务”，重一时之需的“当前服务”、轻百年大计的“长远服务”等诸多问题。

这些风气浮躁、急功近利的各种乱象，其本质上就是“功利主义”。所以，“钱学森之问”提出了一个深刻而重大的问题：“我们中国的大学为什么培养不出拔尖的创新型人才?”改革开放30多年来，在诺贝尔奖、菲尔兹奖等国际大奖中，中国本土培养的人才无人获奖，这也是一个不争的事实。对此，有人归咎于中国大学历史较短。但是，事实并非如此。虽与美国哈佛大学、耶鲁大学，英国剑桥大学等世界大学悠久的历史相比，中国大学的办学时间相对较短，但与美国芝加哥大学等一大批新兴大学相比，中国大学的办学时间也不短。然而，美国芝加哥大学在短短100多年内，已经培养出81位诺贝尔奖获得者，其发展势头如此迅猛、办学成绩如此显著，在知识创新领域为全人类作出了重大的贡献。环顾四周，与邻国日本、俄罗斯等国相比，中国大学在创新人才培养方面仍然有着较大差距。对此，中国高等教育界有着各种不同的原因分析。我认为，近些年来我国大学在硬件建设上的急功近利、超越常规的发展模式虽然取得了较大的成绩，但是这种浮躁风气与跨越式发展的急切心态也对知识创新、人才培养、科学研究等方面产生极大的负面影响，这不利于潜心学术、求知求真等良好校风、踏实学风的塑造和养成。

三、大学文化建设的内涵及其层次

所谓内涵发展，不仅包括学科建设、人才队伍建设，还包括大学文化建设。对于建设什么样的大学文化，人们的认识还有待于深化。在这个讨论中，梳理大学文化系统内部的构造，厘清大学文化系统蕴含的层次，继而分析几个层次之间的关系，对于建设什么样的大学文化、如何建设这样的大学文化具有首要意义。

大学文化可以说是一个由若干要素组成、有一定的结构、自成体系的动态系统,内容丰富,包罗万象。如果根据由高至低、从抽象到具象的分析方法和逻辑原则,大致归纳起来,主要包含相互关联的四个层面的文化,即国家文化、作为一个整体的大学组织文化、每一所大学自身的特定文化和大学校园文化这四个层次。

第一个层次是蕴含着国家文化。虽然从欧洲大学的起源来说,欧洲大学诞生之初就具有许多鲜明的超国家、超民族的国际化特征,但是随着民族国家的崛起,大学的国家特征也越来越多地展现出来。例如,意大利的文艺复兴、德国哲学的理性思维能力、法国的思想启蒙运动,都决定和熏陶了本国大学的发展目标、研究方向和学生个性,都奠定和锤炼了学校文化。同样,在西学东渐过程中诞生的近现代中国大学,一方面在学校设置、学科设立中身受西方文化的影响,但中国文化传统中的中庸、大同与和谐的理念,刚健有为、自强不息和崇德利用的精神也塑造了中国大学的性格特质与内在气质。为此,中国的大学应当秉承文化自觉,努力弘扬民族文化。同时,在当代中国,大学文化也是中国特色社会主义的重要组成部分,因此,建设大学文化首先就是坚持社会主义先进文化前进方向,自觉践行社会主义核心价值体系,建设中华民族共有精神家园。

第二个层次是大学自身的组织文化。大学是一个社会组织,相对于政府、企业等其他组织而言,具有自己独特的组织文化。在马克斯·韦伯看来,政府组织的文化特性是官僚科层制。一个"理想型"的科层制组织具有明确的权威等级、严格而缜密的规则、明晰的分工、管理权力依附于职位等。现代企业是资本主义大生产的产物,企业的本质是一种资源配置的机制,遵循等价交换原则,具有明显的管理性、纪律性和利润性。而大学作为一种社会组织,其特性与政府组织和企业组织就完全不同。大学是学术共同体和知识生产地,崇尚和遵循学术自由、教授治校和学校自主,强调差异和开放,反对管束和压制,不迷信权力,不追求利润,仅仅以研究学术、造就人才为第一原则。因此,大学文化建设必须围绕求真、育人两个方面来展开。在此过程中,鉴于求真、育人这种独特的文化氛围,必须遵循高等教育的特点和规律,适应以人为本的要求,认认真真教书,扎扎实实治学,身体力行地去行政化、去市场化,而不能偏离正常轨道,迷失正确方向。

第三个层次是具体大学的特定文化。大学作为一个整体，拥有自己的组织文化；同时作为一个个体，由于每一个大学的历史传统、办学理念、学科特色和所处环境不同，每一个大学又有每一个大学自己的文化。可以说，每一个学校都形成了自己固有的校风、学风。例如，北京大学是新文化运动的中心和五四运动的策源地，在长期发展和斗争历程中形成的自由、民主、科学的办学传统，生动地体现了北京大学兼容并包、思想自由的精神。又如，在近110年的发展过程中，南京的一些大学可以说都探索形成了自己的人才培养特色，两江师范学堂提出“嚼得菜根，做得大事”，国立东南大学倡导“通才与专才平衡、科学与人文平衡”，国立中央大学强调“诚朴雄伟”，这些都充分彰显了南京大学自身特有的文化。在这个意义上，我们建设大学文化，要在遵循大学文化基本共性和普遍规律的前提下，凝练优势，追求特色，表达个性，千万不能坠入千篇一律、千人一面的窠臼。

第四个层次是校园文化活动。思想政治、学术科技、文娱体育等校园文化活动是大学文化的外在表现和直接载体，是大学文化系统的终端和窗口，同时也是整个社会思潮和社会文化的感应器和晴雨表，非常直接和生动地体现了大学文化的性质和魅力。

大学文化系统内部四个层次之间是逐级递进、逐渐延伸的。明确这四个层次之间的关系，对我们观察和判断纷繁复杂的大学文化现象具有一定的帮助，对我们分层次推进大学文化建设、牢牢把握大学文化发展主动权具有重要的意义。当前，有部分学校仅仅片面注重校园文化活动这个层面的文化建设，而没有深入推进到更高层次的文化建设，这是浅显的，也是非常不够的。

上述四个层次的文化都能够在具体的校园文化活动中找到依据和影子，因此必须充分注重校园文化建设。在当代中国，由于青年大学生都经受了改革开放的洗礼，能够紧跟科技发展步伐，积极主动地学习新知识新技能，意识更加自主，追求更加多样，个性更加鲜明。因此，校园文化活动要能够紧跟时代步伐，紧扣青年脉搏，充分展现出鲜明的时代特征和朝气蓬勃的青年特点，为不断丰富和发展整个大学文化营造好环境，创造好氛围。

四、大学如何履行文化使命

坚守理想主义是大学引领思想文化的根本内涵。大学要凝练具有大学特色的价值文化,这就是大学精神。大学精神是大学区别于其他组织的根本所在,它是在长期的办学过程中形成的,指的是科学的批判精神,自由的主体意识,平等的多元理念,终极的人文关怀,以及非功利的价值追求。大学精神的精髓是理想主义。一要尊重科学价值,心无旁骛地"求真"。从科学史上看,科学的诞生有几个条件:对自然界的惊异而产生的好奇心、有思考这些好奇心的闲暇时间、有不受束缚的思想自由。因此,就其本原来说,科学是只问真理、不计功利的学问,工具理性只是它的一种自然延伸和外在表象。著名科学史家乔治·萨顿认为,科学的主要目的和它的主要报酬是对真理的发现,而科学已经产生的和正在产生的无穷无尽的财富只不过是它的副产品而已。一个民族有一些关注天空的人,他们才有希望;一个民族只是关心脚下的事情,那是没有未来的。二要秉承学术伦理,将学术作为一种志业。著名社会学家马克斯·韦伯在《以学术为业》的演讲中指出,学术所带来的实用性、技术进步等一般来说只对应用者有意义,因此不可能从这里找到学术工作的精神动力,利用学术获得商业上的成功也不是学者要关心的问题。学者要认清自身的使命,将献身学术作为安身立命之本。学生读书同样如此,要以追求知识、研究学术为天职,不应当以读书为升官发财的阶梯。

理论创新是大学引领思想文化的首要任务。理论创新是对关系到人类生存和发展重大问题的认识突破和观念超越,包括对原有理论认识的修正和完善,对新问题的科学理解等。近现代科技进步史和社会发展史早已充分证明,一切新思想、新发明、新创造,它的产生、发展和完善,都需要大学的理论创新作为必要条件和重要先导。可以说,理论创新,是大学发展的关键,也是大学能对社会做出重大贡献的首要原因 。实践发展永无止境,认识真理永无止境,理论创新永无止境。中国大学尤其是一流大学,作为基础研究和理论创新的重要源泉,一定适应如今世界发生的重大变化,顺应当代中国发生的重大变化,不断强化理论创新。强化理论创新,必须繁荣发展哲学社会科学。要瞄准学术发展前沿,打开认识视野,拓展思维空间,推进学术观点创新、学科体系创新和科研方法创新，建设具有中国特色、中国风格、中国气派的哲学社会科学。

文化综合创新是引领思想文化的主要方式。高等教育是优秀文化传承的重要载体，也是现代思想文化创新的重要源泉。文化综合创新就是对中西文化进行辩证地理解、分析和综合，既坚持文化主体性，高扬文化自觉意识，又在以我为主、为我所用的基础上，吸收借鉴世界一切先进文化发展的有益成果，积极构建现代文明。建设优秀传统文化传承体系是文化综合创新的前提。著名历史学家和教育家、曾任中央大学校长的罗家伦先生认为，民族文化的寄托，以国立大学为最重要。大学若不负起创立民族文化的使命，便根本失掉大学存在的意义，更无法领导一个民族的文化复兴。因此，当代中国大学要敢于面对全球背景下的文化多元化趋势，要善于应对价值多样化的浪潮冲击，要坚持弘扬中华民族优秀传统文化，不断增强本国、本民族文化的影响力和感召力。学习借鉴世界先进文化是文化综合创新的应有之义。真理是人类的共同追求。要大胆吸收和借鉴包括当今西方文明在内的人类社会创造的一切文明成果，广泛开展文明对话和文化交流，积极构建现代文明。中国要有光明的未来，必须发挥大学尤其是一流大学追求真理的积极性，让科学家、哲学家、文学家、艺术家在更为自由、民主的学术气氛中，探索自然界的奥秘、社会的法则和人生的真谛。

文化育人是大学引领思想文化的根本途径。当前，功利化的人才培养违背了人才成长的基本规律，使我们培养的人难成大器，而且它又迷失了人才成长的正确方向，使我们培养的人在品质上出了大问题，不能最终实现造就德才兼备人才的历史任务。文化育人就是要反对人才培养的功利性、暂时性和工具性，强调以高度的文化自觉和教育意识，弘扬理想主义，重视人文关怀，不断塑造学生的高尚人格，促进学生的全面发展。在当前条件下，大学文化育人要正确处理知识育人和道德育人的关系，做到学以立德、学以增智；还要正确处理通识育人和专业育人的关系，实现人的全面发展和适应社会需要相结合。对于当代中国，人才培养问题还有一个培养现代公民这一时代课题。联合国教科文组织 1998 年世界高等教育大会倡导提出，21 世纪的高等教育不仅仅是培养科学家、工程师和企业管理精英，相反，主要是培养“负责任的公民”。公民意识和公民精神是拔尖创新人才要具备的首要素养。在现代社会，应该要立足于推进公民教育，培养现代公民，在此基础上才有可能培养出拔尖创新人才。当今中国正处于一个社会转型期，其重要特征就是从制度上、法律上解决国家发展中带有根本性、全局性、稳定性和长期性的问题将成为一个主要方向。这对当代国人能否适应和引导转型社会的有序前进提出了新的更高的要求，也把国人能否成为现代公民尖锐地摆在了我们面前。因此，大学公民教育的另一个使命就是要培养具有法律意识、维护个人合法权益、承担社会使命的人才。从大历史的眼光看，这是立国兴邦、长治久安的人才根基。

繁荣社会文化是大学引领思想文化的重要职责。推动社会主义文化大发展大繁荣，关系中华民族伟大复兴，在这一过程中，大学不可或缺。实践证明，大学在办学过程中坚守大学文化、秉承大学精神、高扬大学理想，始终是中国特色、中国风格、中国气派的文化建设中的重要组成部分。在当前社会条件下，大学追求教育公平进而倡导社会公平对繁荣社会文化具有重要的现实意义。因而，中国大学要实现教育公平以及自身内部的公正，更要传播、呼吁、提倡社会公正观念，促进大众的社会公正意识的养成和健全，努力促进整个社会的公平正义，弥补在公平正义问题上的政府失灵和市场失灵。中国大学还应该加快构建大学文化服务体系，推进图书馆、博物馆、艺术馆、出版社等文化工程建设，服务社会公共文化均等化；要加强文化产业研究，培养文化产业领军人才，培育新的文化业态，促进社会文化产业发展；要推出更多思想性、艺术性、观赏性相统一的文化精品力作，提高我国文化国际竞争力。

（江苏省高等教育学会 2012 年学术年会特邀学术报告）

大学文化推进高等教育现代化的路径研究

成长春

摘　要：大学文化是推进高等教育现代化的重要力量。大学文化促进高等教育现代化的路径在于：以大学文化自觉，增强文化责任，担当高等教育现代化的使命；以大学文化创新，打造特色文化，推进高等教育现代化，即打造"能力为本、重在应用"的应用型人才培养文化，"两个面向"、"顶天立地"的科学研究文化，"对话、合作"的服务社会文化；以大学文化自强，形成品牌文化，即以战略规划推动品牌文化建设，以文化名片点亮品牌文化，实现大学从特色文化到品牌文化的跨越，从文化创新到文化自强的突破，全面提升高等教育质量，促进高等教育现代化。

关键词：高等教育现代化；文化自觉；文化创新；文化自强

大学文化建设既是高等教育现代化的重要组成部分，又是推进高等教育现代化的强劲动力。高等教育现代化是以科学发展观为指导，运用现代先进的教育思想、科学

作者简介：成长春，男，江苏省盐城市人，盐城师范学院党委书记、教授、博士生导师，主要从事高等教育管理和区域经济学研究。

技术和管理方法,使教育理念、教育目标、教育内容、教育方法、教育手段、教育制度和管理逐步提高到现代的世界先进水平,从而不断提高教育质量,促进人与社会的现代化。高等教育现代化的过程包括物质、制度、精神三个层面。物质条件的改善,为高等教育现代化奠定物质基础。大学制度的完善和现代大学制度的建立是高等教育管理现代化不可或缺的。精神层面的发展则关乎大学的办学理念、价值取向,并深层次地作用于办学的实践路径,影响大学"四大职能"的实现。这种精神层面的影响正是大学文化力量的集中反映。那么如何发挥大学文化的力量,促进高等教育现代化?本研究构建"大学文化自觉、文化创新、文化自强"的理论框架,阐释如何以大学文化的力量,推进高等教育现代化。

文化自觉、文化创新是实现文化自强的基础和先决条件。只有充分的文化自觉,我们才能知道我们需要什么样的文化;只有通过文化创新,我们才能建设高质量的文化,实现文化自强,从而实现高等教育现代化。以大学文化自觉、文化创新、文化自强实现高等教育现代化的实践路径在于:以大学的"文化自觉",增强文化责任,激发大学人担当高等教育现代化的使命;以大学的"文化创新",打造特色文化,推进高等教育现代化;以大学的"文化自强",形成品牌文化,实现高等教育现代化(参见图1)。

一、以大学文化自觉,增强文化责任,担当高等教育现代化的使命

1997年费孝通先生提出了"文化自觉"的命题,认为文化自觉是指生活在一定文化中的人,对自己的文化有"自知之明",即明白它的来历、形成过程、特色和发展趋向,从而增强自身文化转型的能力,并获得在新的时代条件下进行文化选择的能力和地位。[①]张楚廷教授认为"大学独特的文化,当然需要独特的文化自觉,自觉其文化之深邃,自觉其文化之独特,自觉其文化之意义与价值,从而,自觉到大学之为大学"[②]。大学的文化自觉首先意味着大学人对大学文化的起源、形成、演变、特质和发展趋势的理性把握。冯骥才先生认为,"文化自觉首先是知识分子的自觉,即知识分子应当任何时候都站守文化的前沿,保持先觉,主动承担",大学是知识分子最集中和最活跃的地方,理应保持"先觉"。大学如果缺乏文化自觉,就容易陷入迷茫、杂乱无序、良莠不

分、失去自我,这与高等教育现代化相背离。

文化自觉不是一个抽象的理论概念,具有鲜明的实践品质。大学文化自觉的实践,重在培育文化责任。首先应是大学使命意识上的自觉,勇于担当大学在新时期的责任,才能更好地培养人才和服务经济社会发展;其次,从大学办学实践规律来看,必须在质量建设和特色发展上高度自觉,质量是大学的生命线,没有质量的大学,迟早是要消亡的大学;特色则是大学提升核心竞争力和获得可持续发展能力的根本所在。

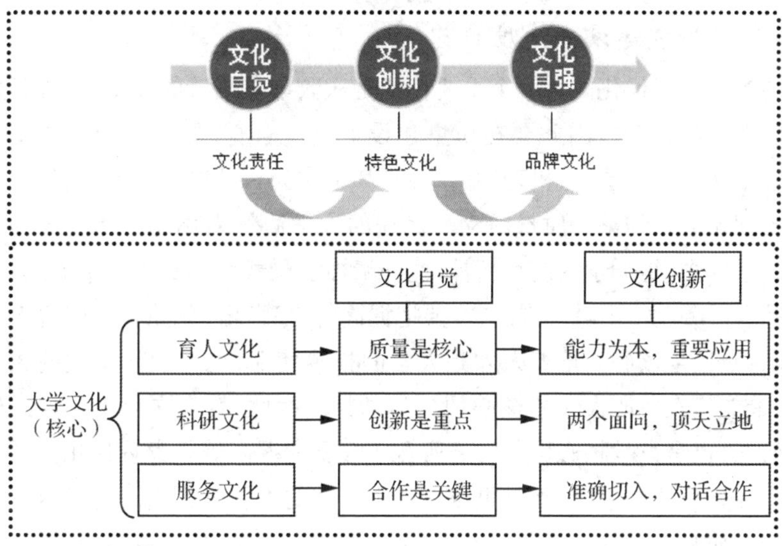

图1 高等教育现代化路径下的大学文化自觉、文化创新、文化自强的内在关系

(一) 发展使命上高度自觉

文化自觉不只是内在意识上的自觉醒悟,还应当是实际行动上的责任担当。大学作为文化传承创新的重要载体,必须对文化有一种担当,有一种责任,有一种使命。一要自觉地承担起用先进文化引领社会进步的责任。当前,传统与现代、雅致与庸俗、一元与多样、本土与外来相互交织、相互影响。因此,大学必须以社会主义核心价值体系为引领,在各种文化交流交融交锋中把握先进文化的前进方向。二要自觉地承担起传承与创新优秀文化的责任。传承与创新优秀文化包含对大学文化的历史与传统的自觉维护,包含对大学文化传统的主动发展和创造。这种主动发展和创造,体现在对自身文化品位、文化价值追求的实践之中,体现出文化对学生潜移默化的教育作用,体现在对当地文化建设、文化发展的关切和贡献之中。三要自觉地承担起提高国家文化软实力、维护国家文化安全的责任。文化安全是国家的深层次安全问题。西方的文化霸权对我国的文化安全造成影响,因此大学应坚守民族文化立场,维护民族文化基本元素,以战略的意识、世界的眼光、创新的思维,大力繁荣发展中国特色、中国风格、中国气派的文化精品,不断彰显中华文化强大的生命力和核心竞争力。[③]

(二) 质量建设上高度自觉

高等教育现代化的另一个重要特征是从数量向质量的转型,从外延发展向内涵发展的转变。因此要在质量建设上高度自觉,形成一种新的质量文化。质量文化是深层的、机理性的东西,甚至成为一种群体性的心智模式,在背后支配着大学的整个质量活动。优秀的大学质量文化能够体现大学的使命与办学理念,是大学的内在精神,这种精神统摄着大学的人才培养、科学研究和社会服务(见图1)。因此,一要把握高等教育现代化路径下的育人文化的要求:质量是核心。培养人才是大学的根本使命,也是大学文化的独特基础,它最能代表一所大学的核心理念与精神。因此,育人文化是大学的生命力之所在,也是大学核心竞争力之所在。二要把握高等教育现代化路径下的科学研究文化的要求:创新是重点。科学研究的本质是创新。建设科学研究文化的本质是进行创新文化建设,要努力营造潜心科研、执着追求、勇于创新的文化氛围。三要把握高等教育现代化路径下的服务社会文化的要求:合作是关键。服务社会文化的特点是进行大学与社会之间的文化对话,关键是培植合作文化,以合作的理念,开放的机制,搭建政产学研合作平台,实现大学科技成果的转移和人力资源作用的发挥。(见图1)

(三) 特色发展上高度自觉

大学缺乏个性,千校一面,在目标定位、人才培养模式等方面的同质化现象严重,困扰着高等教育现代化。一项针对国内256所高校的调查显示,有192所学校的校训为“四词八字”的口号式,比例高达75%。校训中带有“勤奋”、“求实”字样的分别有68所、65所。校训普遍存在“重复多、特色少、视野窄、起点低”的问题[④],重要原因是一些高校缺乏对自身传统文化的深入挖掘。一方面,办学特色是形成大学核心竞争力的关键。不同类型的大学要清醒地分析竞争主体,找准竞争优势,采取错位竞争的策略,如地方院校要与“学术型大学”、“重点大学”注重培养“学术型”、“精英型”人才的发展模式相错位,走“应用型大学”之路。另一方面,要以大学特色文化凸显办学特色。一种大学文化是否有活力,是否有竞争力,最关键的方面在于其是否凸现了学校的优势。大学特色文化所具有的精神熏陶、思想引领等功能对办学特色的发展具有重要作用。英国牛津、剑桥的博雅之风,德国柏林、海德堡的研究之气,美国哈佛、耶鲁的引领潮流,巴黎高师激荡灵魂的“高师精神”⑤,都是以特色文化支撑学校特色发展的典范。

二、以大学文化创新,打造特色文化,推进高等教育现代化

创新是大学文化的灵魂与生命,是大学文化的存在之本和发展之源。高等教育现代化需要建设富有特色、个性鲜明的大学文化,走出当前“千校一面”的困境。要以文化创新,打造特色文化,彰显办学特色。大学的文化创新是一个体系,关键是要抓住高等教育现代化路径下的育人文化、科学研究文化、服务社会文化的本质要求。

(一)在人才培养中打造特色文化

新形势下,地方本科院校应与研究型大学或重点大学错位发展,坚持“地方性、本科性、应用型”的人才培养改革方向,突出“能力为本、重在应用”的人才培养改革特点,形成独特的应用型人才培养文化。

坚持“地方性、本科性、应用型”。突出“地方性”,与地方政府、企业、农村紧密合作,与科技、产业、文化相互对接。突出“本科性”,坚持本科教育的基本规律,不随意降低本科人才的培养规格和质量,也不刻意追求人才培养的高大全,比如盲目申报硕士点,扩张学科、专业等。突出“应用型”,以应用型人才培养模式的改革深化,培养地方所需且用得上的人才;以应用科学研究为重点,提升学校科技创新能力,支撑地方产业转型升级。

突出“能力为本、重在应用”。“能力为本”,以提高学生的实践、创新与可持续发展能力为核心,增强学生的综合能力,改革人才培养模式。盐城师

范学院确立“六具有”人才培养目标,使学生具有远大的人生理想、深厚的人文底蕴、牢固的专业知识、扎实的实践能力、强烈的创新意识、宽广的国际视野,更好地适应未来职业和社会发展的需要。“重在应用”,贯彻以社会需求和学生就业导向为主的原则,创建独具特色的实践性教学体系,实现专业技能的迁移与应用。盐城师范学院于 2010 年启动了卓越教师培养实验班工作。几年来,以生涯规划设计为卓越教师培养引“航”,以教育技能培养为卓越教师培养夯“基”,以农村教育研究为卓越教师培养定“位”,以新疆实习支教为卓越教师培养明“路”,形成了“叠加式培养、模块化训练、项目型推进、分阶段考核、与基础教育零距离对接”的培养路径。学校毕业生就业率年年达 97% 以上,连续四次获得“江苏省高校毕业生就业工作先进单位”称号。

(二) 在科学研究中打造特色文化

目前,大学的科研存在上不着天,与科学前沿发展水平相距甚远;下不着地,与社会的实际需求关系不大的问题。因此,要以“面向科技前沿,面向社会需求”为主线,打造“顶天立地”的创新文化。

面向科技发展前沿,做到“顶天”,抢占学科前沿阵地。一是培植崇尚科学的学术追求。营造追求真知、崇尚科学、激励创新的学术制度环境和宽松和谐的学术研究氛围。英国剑桥大学的纸片文化,对培植学术追求具有特殊意义。在剑桥大学的校园里,随处可见一叠叠摆放整齐的白色小纸片,餐厅、走廊、过道……甚至连厕所里都有。这些小纸片是为教授、学者们摆放的,以方便他们随时记录突然冒出来的灵感,这也成就了许多伟大的作品、思想、创造、发明和发现。[⑥]二是建立跨学科的组织文化,进一步激发以学科交叉促进学术创新的内在动力。高度重视学科交叉和团队之间的协同攻关,对有组织的跨学科的重大科研、团队合作、交叉学科研究、产学研一体化等进行倾斜支持,形成具有影响力的学术流派。

面向社会发展需求,做到“立地”,使科研有用武之地。在科研选题上,要“水土相服”。学校要深入广大农村地区,真正摸清当地风土人情、产业结构等特点,不出现科研与地方发展需要相“排斥”的现象。地处湘西的吉首大学是地方民族院校,结合办学地域和办学历史的特殊性,明确提出了“北大、清华要解决的是‘卫星上天问题’,吉首大学要解决的是‘湘西老百姓脱贫致富问题'",努力建设"平民大学",[7]做到"水土相服"。在学科建设上,更加注重与地方经济社会发展的契合度。盐城师范学院积极寻求学科专业建设与沿海开发的契合点,设立了海洋资源开发利用、生物制药、汽车物流、光伏工程、物联网工程等专业和专业方向,不断实现学科专业建设与沿海开发需求的"双轮驱动"。

(三)在社会服务中打造特色文化

通过大学的学术文化与社会的创业文化的交融发展,把办学之根深深扎在当地经济社会发展的需求之中,以争创服务地方的出色业绩实现高校的自身价值,走校地协同创新之路。

在服务地方政府决策中找准切入点。在高等教育现代化过程中,大学应密切关注、主动跟踪政府重大战略部署,超前积累成果,打牢基础,扎实开展深度探索。盐城师范学院的江苏沿海开发研究院是省级哲社研究基地和省级决策咨询研究基地,为江苏沿海开发提供了一批高层次决策咨询成果,多次得到省委省政府主要领导的充分肯定和国家有关部门及领导的重视。最近,全国政协原副主席、中国工程院院士钱正英为江苏沿海开发研究院《关于建设江苏滨海港打通中原新通道建议》作出重要批示。学校的商学院、城市与资源环境学院等二级学院,先后为盐城市政府及相关部门主持制定了盐城现代服务业、滩涂围垦工程、国家级生态农业市、新能源汽车产业发展规划,展示了地方高校服务政府决策的实力和优势。

在推动地方产业发展中找准支撑点。与各级政府、行业、企业开展多种形式合作,推动传统产业改造、支柱产业发展与新特产业崛起。盐城师范学院与盐城经济技术开发区共建新能源与化学储能动力电源研究中心,成为省级工程实验中心,多位省部领导视察并予以高度评价。与50多家企业建立战略合作关系,与盐城建湖县共建江苏省电光源产品检测,与阜宁合作共建光伏产业研发中心,与大丰合作共建海洋生物制药研发中心,努力为地方新特产业助力加油。

在服务地方文化中找准着力点。充分挖掘地方资源,在盐城"四色文化",即红色新四军文化、蓝色海洋文化、白色海盐文化、绿色湿地文化建设中充分发挥辐射与示范作用。在东台富安茧丝绸特色旅游、大丰上海知识青年纪念馆、建湖九龙口风景区等 50 多个文化、旅游项目中,高校专家充分发挥智力优势,输出思想,输出人才,输出成果。

三、以大学文化自强,形成品牌文化,实现高等教育现代化

大学文化自强与文化自觉、创新是一个整体。大学文化自强,是大学增强文化软实力,扩大文化影响力,提升文化竞争力的必由之路,也是文化自觉、文化自信的最终目的,使大学的文化具有强大的吸引力影响力、强大的活力创造力、强大的实力竞争力。文化自强的典型表征是大学品牌文化的凸显,从而实现大学文化从特色发展向品牌发展的跨越。为实现文化自强,大学可以战略规划推动品牌文化建设,以文化名片点亮品牌文化。

(一) 以战略规划推动品牌文化

构建文化自觉—文化创新—文化自强的战略框架。文化自觉是基础,是为了激发高等教育现代化的使命意识与责任担当;文化创新是手段、方法,是为了实现文化自强;文化自强的目的是要实现高等教育现代化。三者辩证统一,相互影响,相互促进。在文化自觉阶段,要注重责任意识上的高度自觉、质量建设上的高度自觉和特色发展上的高度自觉;在文化创新阶段,要在育人过程中创新文化,在科学研究中创新文化,在服务社会中创新文化。(参见图 2)

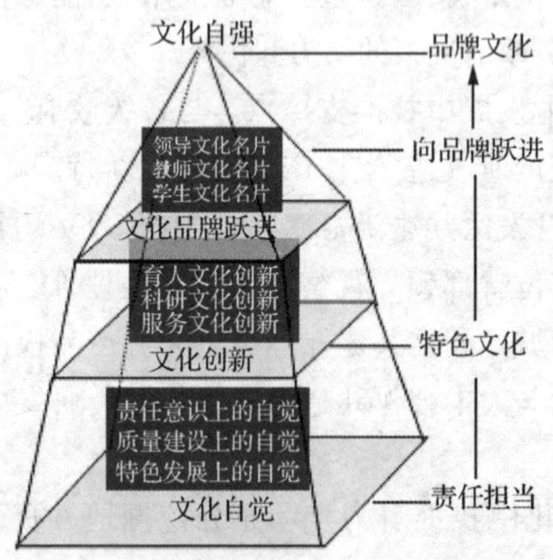

图 2 高等教育现代化路径下大学文化自强的实践路径

践行基于传统、面向未来—打造特色—形成品牌的战略思路。当下的高等教育,质量是生命线,特色是生命力,品牌是目标追求。文化品牌的打造则首先要基于传统,传承优秀文化,同时要面向未来,创新文化发展。在此基础上打造特色文化,推动学校特色发展,进而朝向品牌文化的建设和品牌学校的打造。《盐城师范学院文化建设纲要》提出了“培育高境界的文化精神,体现高效率的文化管理,开展高水平的文化活动,建设高标准的文化设施,形成高品位的文化环境”的品牌文化打造思路。

(二)以文化名片点亮品牌文化

校领导、教师、学生是大学延续的根本力量,是大学组织的骨架,他们也是大学文化自强的根基。大学的文化自强则是经历文化自觉之后,依靠文化创新逐渐实现的。为了塑造品牌,建议打造“领导、教师、学生”三张文化名片。

领导文化名片。校领导是学校品牌文化的“招牌”。一张薄薄的校领导名片却能反映一所学校的厚重底蕴。校领导应具有独特的教育哲学,善于洞察和找准学校文化的发展点和增长点。梅贻琦的“大师”论、竺可桢的“求是”精神均是流传的典范。同时,校领导应善于汲取传统文化,关注当代文化,融入多元文化,切入热点文化,以彰显名片的魅力,扩张了名片的影响力。如最近几年的“根叔现象”,华中科技大学2010届本科生毕业典礼上,校长李培根16分钟的演讲被30次掌声打断,现场7000余名学了数次起立高喊“根叔”,原因是一位大学校长以草根精神,及时汲取当代热点文化,契合学生心灵,与学生实现了有效沟通并获得信任。

教师文化名片。教师是学校品牌文化的“支点”。注重优秀教师文化的生成与发展:第一,以“身边的榜样”塑造文化品牌。通过挖掘优秀教师成功成长的典型事例,在精神层面上为更多教师的自我发展提供“原型”启发,引领教师由片面发展走向完整发展,走向优秀、走向教育家。第二,建设二级学院文化,支撑教师文化名片的形成。学院文化是学校文化的浓缩,对打造教师文化名片举足轻重。上海交通大学经管学院的“饮水思源、点石成金”、医学院的“博极医源、精勤不倦”文化具有较为突出的影响力。

学生文化名片。学生是学校品牌文化的“王牌”。充分尊重学生的个体差异性,注重培养学生的主体意识,以饱学之师、浩然之气让学生感悟文化,沐浴文化,享用文化。第一,加强文化载体建设,营造具有文化品味、整洁美观、多样和谐的育人环境。自 1988 年起,三位美国总统,老布什、克林顿与小布什,都是耶鲁的毕业生,这在美国是史无前例的。这与耶鲁大学的办学文化紧密相关。耶鲁大学以宁静为美,校园的建筑设计给人的感觉是神圣、高雅和宁静。第二,培养学生的使命意识、创新创业精神、人文情怀。帮助学生坚定建设有中国特色的社会主义信念;撒播创新创业精神,孕育浓厚的创新创业文化,引领学生勇于创新、敢于突破,提高人文素质教育课程质量;坚持弘扬主旋律,推进"高雅艺术进校园"活动;大力扶持原创校园文艺活动,培养学生的人文情怀。

参考文献:

① 费孝通.论文化与文化自觉[M].北京:群言出版社,2007:190.

② 张楚廷.大学的文化自觉初论[J].现代大学教育,2010(3):20—21.

③ 黄建军.提升国家文化软实力的途径[N].光明日报,2012-06-19(11).

④ 刘阳.大学校训,为何似曾相识?[N].人民日报,2007-07-25(11).

⑤ 刘占波.弘扬办学传统,凝练"内农精神"[J].内蒙古农业大学学报(社会科学版),2007(1).

⑥ 林雪.剑桥大学的纸片[N].中国教育报,2003-11-04.

⑦ 申绪湘,游俊,陈功锡.地方高校产学研合作创新发展研究与应用[J].中国高等教育,2012(2):59—60.

大学文化建设的探索与实践

朱士中

摘　要：大学文化是高校软实力和竞争力的核心。大学文化建设既是高校整体建设的重要组成部分，又是推进高校建设的强劲动力。常熟理工学院坚持“文化兴校”战略，以校园文化为基础，以创业文化为动力，以质量文化为核心，以管理文化为保障，以服务文化为导向，在大学文化建设方面进行了一些积极的探索。

关键词：大学文化；校园文化；创业文化；质量文化；服务文化

大学文化是高校软实力和竞争力的核心。大学文化建设既是高校整体建设的重要组成部分，又是推进高校建设的强劲动力。2004 年升本以来，常熟理工学院坚持“文化兴校”战略，将大学文化建设列入学校“十一五”、“十二五”规划，以校园文化为基础，以创业文化为动力，以质量文化为核心，以管理文化为保障，以服务文化为导向，在大学文化建设方面进行了一些积极的探索。

作者简介：朱士中，男，河南省鹿邑人，常熟理工学院院长、党委副书记、教授，主要从事高校党政管理工作研究。

一、推进校园文化,浓厚校园文化氛围

校园文化是大学文化的基础,也是大学文化最本真的体现。高校校园文化建设坚持以社会主义核心价值观为引领,突出以精神文化建设为重点,同时积极推进物质文化建设、行为文化建设、制度文化建设。

(一)精神文化建设

重新确定了校训、校歌,统一了学校视觉形象标识。升本后,经过全体师生员工的共同讨论,确定了"立本、求真、日新、致远"的校训,创作了校歌。为学校建筑确定了独具特色的名称,学校品牌的外部形象逐渐建立。

开展宣传、学习和研究工作,弘扬学校精神。完成了校史编写,建立了校史陈列室;举办了50周年校庆,保存和弘扬学校历史传统。策划编辑了学校《文化校园》丛书:《晨曲文萃》汇辑校报优秀文艺作品,《理论文萃》汇辑学校教育思想大讨论笔谈、应用型本科教育研究笔会、质量文化建设等理论与实践探索文章,《文化校园》汇辑文化规划、文化建设系列报道、文化荟萃、文化品牌、校园风光等,《廉政文化》汇辑学校廉政文化文章。

深入开展校园文化活动和文明创建。学校注重开展形式多样、丰富多彩的校园文化活动,营造健康高雅的校园文化环境。在办好大学生文化艺术节、社团巡礼节、高雅艺术进校园、体育文化节、科技文化节、学生公寓文化节等传统校园文化活动的基础上,坚持品牌引领,形成了"书香读书月活动"、"东吴讲堂"、"五月阳光网"、"周末品牌活动"等校园文化建设品牌项目。"书香读书月活动"已举办7届,连年获得苏州市表彰;"东吴讲堂"已举办25期,吸引了众多海内外著名专家学者;"五月阳光网"自2005年诞生以来,日点击率达1.7万多次;"周末品牌活动"主要通过周末影院、周末舞会、周末零距离等周末校园文化活动,丰富学生周末生活,促进学生全面发展。近5年来学生获得文艺体育类省级以上奖项达900人次,其中获国家级奖项的有140多人次。同时,加强对学生社团的指导与管理,发挥其在繁荣校园文化方面的积极作用。全校现有学生社团54个6000多人,3个学生社团获评省级社团。学校坚持实施群众性精神文明创建活动,连年保持"省高校文明校园"

称号，获得“江苏省高校和谐校园”、“江苏省平安校园”、“苏州市文明单位”等荣誉称号。2010 年创刊综合性期刊《东吴学术》，办刊业绩喜人，在中国人民大学“2011 年度《复印报刊资料》转载学术论文指数排名”中国语言文学学科中，转载量排名居第 25 位，转载率排名居第 19 位，综合指数排名居第 23 位。

（二）物质文化建设

一是实施“校风创优行动计划”，加强文体活动场馆建设、文化环境建设和宣传阵地建设。二是自觉地把学生文化素质教育列为校园文化建设的重要内容，通过“一体两翼”格局深化学生文化素质培养，在课程上体现文化素质教育，在管理中体现素质培养的要求，在活动中注重学生素质的拓展。目前学校强调实践教学与素质教育并重，正在通过加强素质教育文化课程建设，制订并实施素质拓展计划，落实学生文化素质培养方案，改革“两课”教学，加强通识人文教育，实施课程改革等举措，推进学生文化素质教育。三是推进学生公寓社区化管理，强化学生自我教育、自我管理、自我服务，搞好宿舍文化建设。四是实施校园信息化建设行动计划，体现以人为本，服务教学科研管理，加强了校园网络文化。五是利用生物专业的优势，开始在校内筹建植物园，扩充动物标本室。

（三）行为文化建设

重新确定了干部作风、教师教风、学生学风，健全了师生职工行为准则体系，继续推进和谐校园建设、廉政文化建设、机关作风建设和后勤服务创优。

（四）制度文化建设

一是建立健全规章制度。学校贯彻《教育部关于加强依法治校工作的若干意见》和《高等学校章程制定暂行办法》，按照内容科学、程序严密、配套完备、管理有效的要求，目前正在着手修订学校章程，健全学校规章制度体系。印发了新的《教师手册》、《学生手册》、《干部手册》和《职工手册》等，保障教育方针的贯彻落实，保障学校管理秩序。二是实施学校信息公开。根据《高等学校信息公开办法》，完善校务、院务公开制度。推进了信息公开工作，建立了信息公开网，成立了学校信息公开领导小组、信息公开办公室和信息公开监督检查小组，明确了各单位信息公开工作人员，明确了信息公开的实施细则和公开目录等。同时积极推进基层党务公开工作,保障了党员的知情权、参与权、选举权和监督权。

二、弘扬创业文化,提振师生精神动力

在我国高等教育大众化的过程中,目前由于国家重视建设一流高水平大学和高等职业教育,因此资源更多地向这些高校倾斜,新建本科高校办学面临着比其他高校更多的困难。我校作为全国为数很少的设在县级市的新建本科院校,在发展中面临的困难尤其突出。在艰苦创业的过程中,我们特别注重创业文化建设。

2005 年 3 月,学校首届校级领导班子组建。面对繁重艰巨的发展任务,领导班子在随即开展的保持共产党员先进性教育活动中明确提出了常熟理工学院特定发展阶段的创业文化建设问题,提出“需要创业精神”,“以创业的勇气开拓事业,以创新的锐气开拓思路,以创优的志气抓好工作”。“创业、创新、创优”的“三创”精神成为推动学校事业发展的精神动力。学校“十一五”改革发展规划、首届党员代表大会、学习实践科学发展观活动、党内创先争优活动、“十二五”事业发展规划都对“三创”精神作了强调和升华。在弘扬“三创”精神的过程中,我校提出特别需要重视三个意识:首先是问题意识,自觉地从现实中寻找各种问题,自觉从问题解决中开拓出全新道路;其次是差距意识,自觉地从比较中寻找存在差距,明确追赶和跨越发展的目标任务;再次是忧患意识,自觉地从目标中寻找前进动力,明确创建品牌大学的历史责任。随着学校改革发展的不断深入,我们越来越清醒地认识到,学校的转型发展,实质上乃是一个集体的创业行为,通过有组织的创新,改革大学的结构和方向,以期经过若干年的努力使学校实现适应性的变革,建设成为一所应用型品牌大学。这样,我们开始自觉投入到创业文化建设中来。创业文化的核心内涵,是面对生存环境的挑战,基于自身发展目标的自我发展、自主发展、自力发展的精神品质和能力,简言之就是自力更生的精神和能力,包括面对竞争的自我奋发精神,面对困境的自我依赖精神,面对机遇的自我选择能力,面对发展的自我谋划能力,面对传统的自我变革能力,等等。因此,在前期学习和实践的基础上,我们借鉴了国外创业型大学的成功实践,向全校中

层干部推荐介绍有关创业型大学的相关书籍和研究论文,通过学校内部刊物《工作研究》、校报等宣传创业型大学思想,形成了创业型大学的研究和学习高潮,从理论和思想上进一步坚定了走创业发展道路的决心和信心。

我校创业文化的实践行动要求,是负重奋进,自加压力,求真务实,创造一流的工作业绩。这几年全校师生员工自觉肩负创业的历史使命,以"跨越赶超、争先进位"为工作目标,以"追求卓越、反对平庸"为工作精神,敢于"化问题为机遇",不断推进学校发展,学校声誉不断提高。例如,我校勇于接受教育部组织的本科教学合格评估方案调研,仅以半年时间准备,就以优异的成绩获得通过;又以一年时间全面整改,以优异的成绩接受专家回访。实施科技工作行动计划,仅用5年时间就使科技项目和科技经费位居省内同类高校前列。2011年科研经费总量突破3000万元,国家自然科学基金和国家哲社基金项目达17项,国家级项目数量在省内同类高校中名列第一。实施校风创优行动计划,学校连年被评为"江苏省文明学校",被评为2008—2009年度、2010—2011年度江苏省高等学校和谐校园、江苏省平安校园、江苏省高校思想政治教育工作先进集体、全省教育系统法制宣传教育先进单位、苏州市文明单位等。近年来毕业生初次就业率均高于70%,年终就业率始终保持在95%左右,学校连续四年被评为江苏省高校就业工作先进集体。实施"师资队伍建设行动计划",圆满完成百名教授工程、百名博士工程、百名带头人工程和百名教师国际化工程的目标任务,推动了师资队伍数量扩充、质量提高、结构优化、转型加快,学校被评为省师资队伍建设先进高校和人事工作先进集体。思想宣传工作争创一流,校园网获苏州市思想政治教育创新奖,校报周刊连续多年被评为优秀,中央和省级以上重要媒体每年发表我校新闻稿200多篇,学校被评为省首批教育宣传先进单位。高教研究成绩突出。《中国高教研究》发布的信息显示:2010、2011年我校高等教育研究论文排名在全国普通本科院校中分别名列71位、95位,在全国新建本科院校中名列第二、第五,学校被评为省"十一五"教育科研先进集体。学生参加各类专业竞赛成绩喜人,2010年近5000人次学生参加28个国家和省级学科竞赛,共获奖322项,其中全国一等奖5项,全国二等奖15项,全国三等奖22项,省特等奖2项,省一等奖29项,省二等奖77项。2011年我校学生参加学科竞赛获得全国一等奖、全国二等奖、省级特等奖的项目继续保持增长。近两年学生获得“挑战杯”全国大学生课外学术科技作品竞赛三等奖2项。学校承办教育部新建本科院校教学政策咨询会，形成了新建本科院校建设文件；发起承办全国首届新建理工类本科院校研讨会，组建了合作联盟；承办了全国高校内部质保体系建设研讨会；正在筹备全国新建本科院校教学改革推进会。

三、培育质量文化，保障人才培养质量

质量是高等教育的生命线。高等教育质量首先是人才培养的质量，人才培养的质量是高等教育质量的起点和核心，没有人才培养的质量，高等教育质量就无从谈起。人才培养水平是衡量高等教育质量的首要标准，既是一所高校生存和发展的基础，也是国家需求和时代赋予的使命，必须努力把学校的各项工作最终落实到提高人才培养质量上来。

（一）质量意识：提升质量的认识自觉

作为一所新建本科院校，学校升本之初面临着繁重的资源、条件建设任务，几乎每一项工作都迫在眉睫、刻不容缓。但我们牢固树立了“质量立校”的发展战略，始终把提高质量作为自身改革发展最核心最紧迫的任务，予以高度重视。“质量立校”要能够深入实施，首先需要统一思想认识。因此，学校提高质量的第一步就是努力培育教职工的全员质量意识。学校通过召开各种学习会，邀请专家学者作报告、讲座，分析关于高等教育质量的各种观点，深化教职员工对高等教育质量的认识，使质量逐渐成为学校的“流行词汇”。将学校发展与人才培养紧密联系起来，开展“办什么样的大学”、“如何提高教育质量”的教育思想大讨论，通过各种研讨会、教育教改项目和课题研究，深入探讨、实践提升人才培养质量的途径和方法。在研讨、实践的基础上，开展全校性的质量提升活动，2006年开始紧紧围绕提高教育质量，有计划地连续三年开展以基础建设、专业建设和学科建设为主题的“教学质量年”活动，通过“教学质量年”进一步提升全体教职工的质量意识。同时，加强教学督导和质量监测工作，组织干部和教师听课、学生评教、教师评学等活动，使广大教职工不仅成为提升质量的主体，也成为自我监控的主体，激发其内在的质量意识和主体意识。通过以上各项工作，教职员工的质量意识显著提

高,学校本科教学规范和教学质量有了基本保障。

(二) 质量制度:提升质量的制度自觉

质量意识作为一种思想观念,对于提升质量的实践具有先导的作用,其积极意义不言而喻。然而,我们也清醒地意识到,通过思想大讨论形成的质量意识具有较大程度的脆弱性,如果不进一步加以强化和保证就很可能变成仅仅停留于观念之中。同样的,运动式的“教学质量年”活动只是特定历史时期的特定做法,不可能长期搞下去,因而其对质量提升的作用也是阶段性的。要使难能可贵的质量意识长期保持并不断强化,就必须发展出一种长效的机制或制度,将质量意识转化为学校的质量规章制度,从而以制度的形式长期有效地确保教育质量。没有这样一种好的质量制度,长期积累形成的质量工作基础很容易消失于无形,而一旦建立起一种好的质量制度,则不仅能够保持和发展前期的工作成果,还能够通过制度的约束作用,矫正和改善存在的各种质量问题。所以,我们提升高等教育质量的第二步就是加强质量制度建设。

为此,学校在加强质量意识、推进“教学质量年”活动的同时,就已积极思考并着力构建教学质量保证体系。构建和运行教学质量保证体系,就是要建立满足学生对教育服务要求、政府和社会对人才质量要求的质量方针,确定质量目标,并将质量目标分解到学校的相关职能部门和各个层次的内部组织机构中,同时明确各个岗位的职责与权限,通过过程控制的方法,逐步实现质量目标。2006 年学校设置了由校长直接分管的教学质量管理办公室,并从调查影响教育质量的相关因素入手开始构建教学质量保证体系。经过三年多的艰苦探索,历经顶层设计、文本制订、试点运行等阶段后,学校循序渐进地构建并运行了内部教学质量保证体系。我校教学质量保证体系坚持“顾客导向、预防为主、自我保证、持续改进”的质量管理理念,体系的主文件是《常熟理工学院教学质量保证体系纲要》,由教学质量目标、教学资源管理、教学过程管理、教学质量监测分析和改进、管理职责等五个子系统组成。这一体系明确了我校教学质量保证体系的基本模式,明确了“四个主要过程”中影响教学质量的关键因素和关键环节及其质量标准,明确了各观测点执行“质量标准”的责任人、执行人及其在质量保证工作中应承担的工作和责任,明确了教学质量保证项目的程序文件和工作文件，明确了监控系统及其主要监控内容和监控单位等。目前体系运行已取得初步成效，一个自觉服务教学、努力确保教学质量的氛围正在全校形成。学校将制度文化、活动文化（行为文化）、环境文化、理念文化等一起抓，在全校形成了以教学为中心、质量至上的工作氛围，教职工对教学质量保证体系的认识实现了由认知到共识的转变，人才培养质量稳步提升。

（三）质量文化：提升质量的文化自觉

应该说，适切的质量制度对于高校提升教育质量具有非常重要的意义，加强质量管理也是非常必要的。但是在实践中，我们也注意到制度、管理具有其自身的局限性，这种局限性在高等教育领域更加明显，其可能带来的问题也更突出。因为高校是培养人的地方，高校从事的是培养人的活动，"人是教育的对象"，"只有从根本上把提高教学质量行为由外部约束转变为内部原动力并使其成为全校教职员工自觉自发的行为和终极追求的目标，培育能够融入组织内部、深入组织中所有人内心的质量文化，才能从根本上解决高校的质量困惑"。因此，提高高等教育质量的第三步，就是建设高校质量文化，使重视质量、提升质量成为一种文化自觉。

从质量意识到质量制度再到质量文化，是三个不断递进的过程。但我们也深知，这三个阶段总是相互交错、相互依存的，因而需要全面规划、统筹推进。当前，学校以认真学习研讨教育部召开的全面提高高等教育质量工作会议和《教育部关于全面提高高等教育质量的若干意见》的精神为契机，积极倡导自我管理、自我保证的质量文化，将大学质量文化引入大学文化，并使之成为大学文化的核心内容，自觉保证教学、服务和管理等各项工作的质量。

四、突出管理文化，提高学校管理效能

高校是一个具有文化属性的系统，高校管理是一种文化管理，更是一种管理文化，先进的管理文化是促进高校发展的内在动力之一。建设先进的高校管理文化，必须不断树立先进的管理理念，坚持完善管理制度建设，建立健全实施保障和监控体系。

(一)着力构建符合本科办学规律的学校管理体系

2008年学校起草颁布了《常熟理工学院章程》(我校是省内第一所颁布大学章程的高校),报省教育厅备案后正式试行。章程在现有国家体制框架内明确校内的管理体制和治理结构,明确了学校的定位、目标、发展战略、管理和运行体制、教职工的权利和义务等重要方面,为学校办学提供了法规依据。学校强调按照本科规格规范管理,完善管理文件,出台了《常熟理工学院党政工作规程(试行)》、《二级学院党政工作规程》(试行)、《二级学院管理条例》等文件,初步形成了学校内部管理的规章制度体系。同时推进院系目标管理责任制,推行党总支目标管理责任制和机关岗位管理责任制,积极推行学院制改革,构建推进学院制改革文件体系。

(二)建立本科教学管理体系

制订、修订与教学工作有关的文件70个,编印了《教学管理文件汇编》,构建了科学规范的本科教学管理制度体系。基本完成了常规教学工作标准化建设工作,形成了教学管理人员工作职责、常规教学工作时序表和主要教学管理环节工作流程图等文件。学校构建本科教学质量保证体系,并已开始运行和完善。

(三)注重“人本管理”

高校管理必须以人为中心,最大限度地消除限制人的创造力的制约因素。学校每个成员既是被管理者又都是管理者,学校只有通过调动人的潜能,才能形成人人参与创造、参与管理的氛围。为此,我校一方面改变以功能管理为主的做法,实现向“以人为本”的效能管理的转化。即以人为本,下移管理重心,实行目标管理,管理人员从指导职能逐渐转化为协调职能。在实施目标管理的过程中,学校注重平衡三层关系:学校与二级学院、二级学院与各系、所(教研室)与教职员工之间的关系。另一方面,改变偏重行政管理的单向评价模式,采取以“共同建构”为特征的评价模式,调动内隐的自我诊断观。例如,对教师的评价,以教师本人、教学督导、学生为评价主体,从教学态度、教学内容、教学手段等层次上对教师素质进行考核;对管理干部的评价,采取自评与民主测评相结合的形式,注重实绩和群众认可程度,激发干部工作的主动性和创新意识;对学生的评价,以生为本,建立公正多维的全过程评价体系,激发学生的学习动力。

(四)推进体制机制创新

作为全省首所省市共建的试点高校,为进一步巩固和深化已有改革的成果,突破学校事业发展中的体制机制性障碍,全面激发学校的办学活力,全面促进学校的内涵建设,全面提升校内管理水平,切实提高人才培养水平和服务社会能力,学校制定了“十二五”综合改革方案,确定了现代大学制度建设、应用型人才培养机制改革、人事分配制度改革、科技管理体制改革、学生工作体制改革、后勤管理体制改革、财务制度改革等七项综合改革任务,并制定了综合改革任务的分解方案,明确了进度安排、政策保障和责任单位。目前,综合改革正按计划有序推进。

(五)健全民主管理机制

学校认真落实教职工代表大会条例,每年初定期召开教职工代表大会,依法保障教职工参与学校事务,行使民主管理和民主监督的权利,保证教职工对学校重大事项决策的知情权和民主参与权,充分发挥教职工代表大会和教职工代表在审议学校重大决策、监督行政领导、维护教职工合法权益等方面的权利和作用。在试点的基础上,全面推行二级教代会制,制定规程,规范运行。

五、强调服务文化,服务地方文化事业

作为地方院校,服务地方经济社会发展是新建本科院校的历史使命。我校在办学定位中明确:“建成一所特色鲜明、质量著称的与区域经济和社会良性互动的应用型本科院校”,牢牢把握“服务社会”职能,并专门制定了“十二五”分规划“校地互动发展规划”,开始自觉建设“服务文化”。近年来,我校主动植根地方、介入地方(尤其是常熟市),服务地方文化建设,做了一些工作,主要包括以下 5 个方面。

(一)设立研究机构

与常熟市联合成立了吴文化研究会,吴文化研究会成员集体攻关,公开出版了国内首部地方文学史《常熟文学史》,填补了国内空白,受到中国社科

院学部委员邓绍基教授的高度肯定;公开出版了《常熟翁氏文化世家》、《瞿氏铁琴铜剑楼研究》、《钱谦益年谱》、《王石谷年谱》等著作。《常熟乡镇旧志集成》被列入戴逸教授主编的国家清史编纂委员会文献丛刊。为推动区域文化建设,学校成立了苏南区域文化研究中心。该中心已着手开始对苏南的传统服饰文化在旅游业中的开发战略、农村文化市场、明清虞山诸流派、虞山派古琴艺术非物质文化遗产数字化、家族文化、社会主义新农村文化等开展研究。为弘扬地方音乐,我校艺术与服装工程学院成立了吴地音乐文化研究所,将地方音乐文化与教学科研相结合,突出了校地合作的办学特色。

(二) 申报相关地方文化课题

高校音乐系开设相关音乐课程,先后成功申报、完成了与吴地音乐有关的教育部课题、文化部课题、省教育厅哲学社会科学研究课题以及苏州市哲学社会科学重点课题等,做出了一定的成绩。高校教师主持的“苏州传统藏书文化研究” 获批为国家社科基金一般项目,主持的“环太湖民间宣卷与山歌”项目获得省文化厅资助等。

(三) 师生开展相关社会实践活动

马克思主义学院的教师利用暑期开展苏南新农村休闲文化的现状调研,人文学院的学生组成暑期社会实践调查团开展苏州土特产文化的调研,宣传部与马克思主义学院的教师与常熟社区居民开展社区文化研讨会,外国语学院学生利用专业知识,开展青年志愿者活动,服务常熟江南文化节和尚湖国际文化节。

(四) 服务市民课堂

高校教师除了在完成教学工作的同时,还利用自身专长,积极做客“常熟市民课堂”,讲授《〈论语〉、〈孟子〉导读》、《古代藏书文化》、《古城常熟的文化世家》等专题,受到市民欢迎。

(五) 参加国内外研讨会宣传弘扬地方文化

出席“中外藏书文化国际学术研讨会”、“纪念翁同龢诞辰180周年报告会”、“兴福寺与近现代佛教”学术研讨会等。

六、高校推进大学文化建设的主要构想

（一）实施文化育人工作

贯彻十七届六中全会精神，抓好主渠道中国特色社会主义理论、社会主义核心价值体系教育，推进学生文化素质教育，落实素质拓展培养计划，建设人文校园。

（二）推进繁荣哲社工作

科学规划我校繁荣发展哲学社会科学工作，确立文化自觉意识，形成理工为主多科背景下的哲学社会科学发展特色，充分利用我校传统基础学科优势，发挥马克思主义、人文、艺术、管理等学院作用，全面履行学校文化传承创新社会职能。校地联合建立区域经济社会文化研究中心，建成一批具有区域特色的科研机构，完成一批决策咨询、文明建设、文化精品、文化传播等地方项目，产出一批具有地方特色的研究成果，力争在省级基地等申报中取得新的突破。

（三）开展文化服务工作

建好孔子学院，充分发挥孔子学院综合文化交流平台的重要作用。整合学校人文社科力量，与地方联合加强地域文学、史学、哲学、经济、艺术等文化建设，加强地方古代文献典籍、民间传统艺术的发掘、整理和研究，建成有较大影响力的地方文化研究中心。鼓励教师走向社会，积极参与地方文明建设工程、文化精品工程、文化保护工程和文化传播阵地工程等建设，争取各级各类文化研究和文化服务项目；组织师生参与基层文化建设和文化进社区活动。

（四）加强文化载体建设

加强校园文化品牌和思想文化阵地建设，重视校训校歌、主体活动等文化载体建设，形成对教师有凝聚作用、对学生有陶冶作用、对社会有示范作用的校园文化氛围。

（五）开展丰富多彩的校园文化活动

不断丰富校园文化活动的内涵，开展各类文体活动、学术科技活动、创新

创业活动、素质拓展活动、社会公益活动等，满足学生成长发展的需要，增强校园文化的育人功能。推进校园文化品牌建设，发挥其在学生素质拓展中的引领和校园文化活动中的示范作用。加强对学生社团的指导与管理，发挥其繁荣校园文化方面的积极作用。制定贯彻《教育部关于进一步加强高校实践育人工作的若干意见》的实施计划，规划学校实践育人工作。

（六）弘扬创业文化

践行“反对平庸、追求卓越、负重奋进、敢于超越”精神，使之成为师生员工的精神品质，形成富有自身特色的创业文化。继续凝练学校人才培养、教学工作的先进理念，贯穿、渗透到教书育人各个环节，逐步形成学校人才培养和教学工作的特色。提倡和激励各学院、部门和条线工作创建并逐步形成有学校共性有自己个性并且两者统一的特色文化。推进校风建设，优化校园环境。

（七）开展文明创建活动

巩固我校省级文明校园、省级和谐校园、省级平安校园、省级思想政治教育先进集体、苏州市级文明单位等文明创建活动成果，全面开展各类文明创建活动，构建思想政治工作体系和校风持续创优机制，全面推进干部形象工程、教师师表工程和学生风采工程建设。

大学文化是在大学长期发展过程中形成的历史积淀、人文品格和价值理念。它潜移默化地影响到师生的思想和行为以及大学发展方向。我校从建校至今只有不到 60 年的历史，升本更是不到 10 年，文化的积淀还不深厚。虽然近些年来我们在大学文化建设方面进行了一些积极的探索和建设，也取得了初步的成效，但不可否认，当前高校的大学文化仍然处于雏形阶段，还有很多需要深入思考、研究和推进的方面——实际上大学文化建设也从来就没有终点。作为办学者，我们要不断加深对大学文化的认知，把构建自身特色作为学校发展的文化战略予以长期坚持，以高度的文化自觉和自信推动大学文化建设。为此，我校将以贯彻落实十七届六中全会重点工作为契机，学习借鉴兄弟高校大学文化建设的经验，继续不懈探索与努力，再谱文化兴校、文化育人新篇章。

大学文化的特质与双重使命

薛小平

摘　要：大学承担着加强自身文化建设与推进社会文化建设的双重职能。大学文化具有教化性、批判性、先导性的特点。推进大学文化建设，应当坚持发掘传统积淀与体现时代精神相结合，开展文化活动和营造文化环境相结合，日常教育与仪式教育相结合。大学文化的外部功能包括传承与创新、示范与辐射、服务与支撑等。当下的大学文化建设，要在多元文化格局中确立主导文化，在消费文化语境下倡导高雅文化，在国际文化交流中传播民族文化。

关键词：大学文化；特质；职能

从大学的文化特质和角色定位出发，深刻把握大学的文化担当，增强文化自觉，树立文化自信，是履行大学文化使命的前提。作为人才培养的基地、知识的集散地和思潮的发源地，大学文化具有教化性、批判性、先导性的特点，发挥着“以文化人”的功能。在推动社会主义文化大发展大繁荣的进程中，大学一方面要加强自身的大学文化建

作者简介：薛小平，男，江苏如皋人，扬州大学党委宣传部长，副编审，主要从事高等教育和文学研究。

设,另一方面要承担文化传承创新、文化示范辐射和文化服务支撑的重要使命,在多元文化格局中确立主导文化,在消费文化语境下倡导高雅文化,在国际文化交流中传播民族文化,为发展社会主义先进文化作出应有的贡献。

一、大学文化的特质

大学之所以成为大学,在于其本身就是一种文化存在。自中世纪诞生之日起,大学就以传授知识、传承文化为己任,文化传承是大学与生俱来的特性。19 世纪下半叶,洪堡创立的柏林大学明确地把科学研究作为大学的重要使命,探索未知、创新文化成为大学的又一重要职能。因此,只要有大学,就有大学文化。大学文化是在长期的办学过程中,经过历史的积淀,逐步形成的一种独特的文化形态。

由于大学自身的角色定位和人员构成特点,大学文化呈现出与其他文化形态不同的特质。

(一) 教化性

突出"以文化人"的教化性,这是大学文化区别于其他文化形态最鲜明的特质。大学以人才培养为天职,大学文化必须始终围绕育人这一中心任务展开。大学"以文化人",即通过文化潜移默化地浸染人、熏陶人、教化人,从而达到情感陶冶、思想感化、价值认同、行为养成的功效。按照马克思主义的观点,教育的目的是促进人的全面发展,即人占有自己的全面本质。大学文化育人的过程,实际上就是塑造健全人格,开发智力潜能,丰富生命内涵,使受教育者得到自由、全面、完整发展的过程。

(二) 批判性

蔡元培先生说:"大学者,研究高深学问者也。"学术性是大学的基本属性;而科学的特性就是大胆质疑,批评鉴别。继承传统、传播知识需要去粗取精、去伪存真;学术交流、文化交融需要批判与反批判的碰撞。可以说,没有批评,就没有超越,没有批评,便没有创新。大学文化是一种具有强烈批判精神的文化。在悠远的历史长河中,大学以批判保持着与社会的距离,以批判保持着文化清醒、个性独立和学术良知,以批判守护着大学精神。批判彰显着大学文化的敏锐、质疑的个性和超越现实、实现理想的目标。需要说明的是,这里的“批判”是学术话语体系中的概念,意为评论、判断,而非政治话语中的“批驳否定”。

(三) 先导性

大学是知识分子高度集中的地方,大学师生学历层次较高、信息来源较宽、思想较为敏锐,因而由大学师生为主体创造的大学文化常常带有前瞻性和先导性。从历史上看,大学一直是各种新思想新理论的发源地,是各类思潮和运动的策源地,历来领文化风气之先。在历史的转折关口,往往是大学率先高擎时代的火炬,北京大学师生发起的五四运动便是一个明证。大学文化这种超前的态势,使之得以发挥文化先锋的辐射功能,对社会文化保持一种超前性和传导性。

如果说,注重主流价值的导向性,这是建设社会主义大学文化的必然要求,那么,建设各具特色的大学文化,这是各个高校张扬个性,增强文化发展生命力的关键所在。虽然大学精神具有探索真理、崇尚学术、传承文化等共性追求,但由于各个高校文化传统、类型风格各异,社会对大学的需求多样化,因此必须建设和发展各具个性的大学文化,营造不同类型、不同层次、不同风格的大学文化形态,形成异彩纷呈、和谐互补的整体大学文化格局。多年来,我国好多高校办学定位趋同、办学理念雷同,导致大学文化建设缺乏个性,存在着同质化的倾向。这从反映大学精神文化精髓的校训表述中可以看出来,“求是”、“创新”、“厚德”等成为千篇一律的高频词。可喜的是,近几年一些高校从发掘历史积淀入手,提炼出具有自身特色的大学精神,强化了学校文化建设的个性色彩与独特魅力。

二、大学文化的建设路径

大学既是文化发展的重要成果,又是文化建设的重要载体。大学文化主要包括精神文化、行为文化和环境文化几个层面。精神文化是大学文化的灵魂和核心,以校训、校风、校歌等为载体,集中体现着一所大学的办学理念、精神追求;大学文化建设的首要任务就在于培育和彰显大学精神,提升师生的文化认同,构筑共同的精神家园。行为文化是大学师生在日常行为和校园活动中所表现出来的规范和风尚,是办学理念、大学精神的动态体现,也是大学文化建设的重要抓手。环境文化则是大学文化建设的基础和保障,大学校园里的楼宇、设施、景观以及一草一木等物化形态均属于环境文化的范畴,优美的校园环境熏陶人,在文化育人中发挥着重要作用。

建设大学文化,应当以精神文化为核心,以文化活动为载体,以环境文化为氛围,坚持发掘传统积淀与体现时代精神相结合,开展文化活动和营造文化环境相结合,坚持日常教育与注重重要节点相结合,整体优化文化质态。扬州大学在这方面进行了一些有益的探索。

(一)发掘传统积淀与体现时代精神相结合

"坚苦自立",这是1902年近代著名实业家、教育家张謇先生为学堂题写的匾额,也是今天扬州大学的校训。近年来,学校从发掘历史底蕴、凝练大学精神入手,在万名师生中开展"传承与创新:大学精神"大讨论活动,确立了体现学校办学传统和精神特质的校训——"坚苦自立",为开展校风建设注入了精神内核。组织大学精神主题教育活动,设计编印学校形象识别系统手册,将"讲校史、释校训、唱校歌"作为新生入学第一课,使学校的优良传统得到了继承和延续、发扬和广大。同时,将校史教育与党史、国史教育有机结合起来,紧扣时代脉搏,丰富德育内容,深入开展以理想信念教育为核心,以爱国主义为重点的世界观、人生观和价值观教育,培养学生积极向上的精神状态和勇于担当的责任意识,在引领正确方向上下工夫。

(二)开展文化活动和营造文化环境相结合

文化艺术节是扬大校园文化活动的重要品牌。大学生文化艺术节通过开展一系列的集体竞赛项目,增强了集体荣誉感和凝聚力。如果说文化活动是校风建设的载体,那么环境设施则是校风建设的保障。近年来,学校大量收集流失校外的档案资料完善校史馆建设,结合校区调整改造,建设校园文化景点,先后建成了校训碑,学校创始人张謇先生和一代词曲宗师任中敏先生的雕像,名人名言景观长廊等。在扬子津校区建成后,组织了楼宇、道路、湖泊、桥梁的命名活动,昭文馆、笃行楼等名称体现了大学文化的特点。

（三）坚持日常教育与注重重要节点相结合

在抓好日常教育管理工作的同时，高度重视开学典礼、毕业典礼和重要节庆活动。每年的开学典礼，8000 多名新生都集中到主楼广场，聆听师长教诲，演唱扬大校歌，让他们在隆重热烈的氛围中体味大学文化，感受大学精神，接受灵魂洗礼。每年学校分批举行毕业典礼，由校长和全体其他校领导为数千名毕业生逐一颁发证书、授予学位。无疑，这种仪式教育所赋予的爱国爱校、感恩图报情怀将伴随学子一生。

三、大学文化的社会功能

大学文化的内部功能主要表现为教化育人，大学文化的外部功能则包括文化的传承与创新、传播与辐射、示范与引领、服务与支撑等诸多方面。大学在服务文化发展、促进文化繁荣方面重任在肩，大有可为。

（一）文化传承创新功能

中国共产党第十七届六中全会通过的《决定》指出：要“发挥国民教育在文化传承创新中的基础性作用”。大学既是一种教育机构，又是一种文化存在。传授知识、传承文化是大学与生俱来的职责。进入现代社会以来，伴随着教育体制的建立和完善，文化创新的使命基本上由学校特别是大学来承担。通过文化传承，民族乃至世界的集体记忆得以保存和延续，形成丰厚的文化积淀和文明成果。传承是创新的前提，创新的方式则是扬弃。在掌握前人积累的文化成果的基础上，去粗取精，赋予新义，创立新知识，形成新文化。大学正是这种新知识、新思想、新理论的重要摇篮，通过继承民族优秀文化，借鉴世界进步文化，创造时代先进文化，丰富精神文化的内涵，充实人类智慧的宝库，推动社会文明进步。“古今以智相积”，文化传承连通过去，文化创新指向未来，人类文明薪火相传，历久弥新。

（二）文化示范辐射功能

大学既是社会文化的组成部分，受到社会文化的渗透；同时又以其自身的优势深刻影响着社会文化。大学是研究高深学问、探索真理的知识殿堂，理应占据着思想文化的高地，承担着影响、辐射、引领社会文化的功能。大学文化通过价值判断引领社会的文化选择，通过升华大众文化，超越流行文化，抵制腐朽文化，彰显高雅文化，强化主流文化，对社会文化起着积极的辐射和示范作用，引领社会文化向健康方向发展、更高层次发展。大学文化对整体文化质态的建构和文化精神的塑造具有辐射、提升、示范和引领作用。

（三）文化服务支撑功能

大学不仅以独特的大学文化影响社会文化，更是以培养的大批人才去带动社会文化的发展，通过科学研究和直接的社会服务，推动社会文化的进程。高校要充分发挥文化建设的人才库、智囊团和思想库作用，提升服务社会主义文化发展的意识和能力，为发展文化事业、文化产业及深化文化体制改革输送优秀人才，提供智力支持。加强文化领域的专业建设，增加优秀传统文化课程内容，建设优秀传统文化教学研究基地，为社会输送大批高质量的优秀专业人才；加强文化领域的学术研究，繁荣发展哲学社会科学，不断推出理论研究和文化创作的精品力作；积极参与构建有利于文化繁荣发展的体制机制，拓展为发展文化事业和文化产业及深化文化体制改革服务的渠道，壮大文化志愿者队伍，开展各类群众性精神文明创建活动。

当下社会，面对着政治多极化、经济全球化、文化多元化的形势，面对改革开放的深化和经济社会的转型，面对经济建设和文化建设的失衡，大学文化如何在矛盾激荡中真正承担起引领、辐射和创新社会文化的历史重任，推动社会主义先进文化的发展，是一个严峻的挑战。

一是在多元文化格局中确立主导文化。文化并非一个中性的概念，其本身具有鲜明的价值取向。当今社会呈现出多元思想文化相互交织、相互激荡的格局，需要一个起主导、支配地位的价值观来引领大学文化建设，中国特色社会主义教育事业决定了社会主义核心价值体系的主导地位。在大学文化建设中，必须坚持马克思主义为指导，坚持不懈地用中国特色社会主义理论体系教育师生，推动中国特色社会主义理论体系进教材、进课堂、进头脑。加强理想信念教育，弘扬以爱国主义为核心的民族精神和以改革创新为核心的时代精神。深入开展社会主义荣辱观教育，全面加强学校思想道德体系建设。

二是在消费文化语境下倡导高雅文化。市场经济的发展，物质生活的改善,催生了巨大的文化需求。网络文化、短信文化等新的文化形式风生水起,恶搞文化、段子文化等粗俗文化也随之乱象杂陈。在消费文化语境下,呈现出一幅娱乐狂欢的文化图景。大学文化作为社会文化亚文化,不可能“遗世独立”,总体上必须适应社会主流文化,但切不可臣服流行文化,迎合低俗趣味,应当大力营造健康向上的文化氛围,崇尚高雅文化,打造精英文化,引领社会文化时尚。

三是在国际文化交流中传播民族文化。推进开放办学,促进文化交流,开阔了大学文化建设的视野,也给我们如何处理好民族文化传承与世界文化交融提出了挑战。作为文化传播的窗口、文化交流的桥梁,大学文化必须体现世界眼光,体现在开放的胆识、主动的展示、真诚的合作之中。既要具有包容胸怀,积极吸纳国外先进的大学文化;又要坚守文化自信,主动传播中华传统优秀文化,对不同文化和价值冲突进行协调、平衡、化解、融合,使多样的文化形态与当代中国文化主流良性互动。积极搭建国际文化交流平台,推动文化“请进来”和“走出去”,为提升国家文化软实力、增强国际话语权作出应有的贡献。

参考文献:

① 陈章龙.大学应成为文化的引领者[N].光明日报,2012-02-21(7).

② 周倩.大学文化的基本特征与建设策略[J].煤炭高等教育,2008(5).

大学文化的本质及现实考量

刘平昌

摘　要：大学是传承优秀文化的载体和思想文化创新的基地。大学文化是高校发展战略的重要组成部分，也是学校核心竞争力之一。深刻理解大学文化，深入研究大学文化现象及其特质，大力培育校园文化，创新大学精神，对于促进中国高等教育发展、弘扬中华民族精神和培育社会主义先进文化具有十分重要的意义。大学必须迎接挑战，勇于担当，以高度的文化自觉和文化自信建设大学文化，通过文化传承与创新实践建设社会主义文化强国。

关键词：大学文化；本质；内涵；培育创新

大学是传承优秀文化的载体和思想文化创新的基地，是传承、创造先进文化的中心，是一个国家的文化高地。胡锦涛总书记在庆祝清华大学建校100周年大会上的重要讲话，首次将“文化传承创新”作为高校的第四大职能提出来，这是对大学职能认识的新丰富和新发展。有人认为，当今我国大学文化底蕴不厚，学术氛围不浓，大学精神失落。有人甚至认为，现今有的大学有校园无文化。我对

作者简介：刘平昌，男，江苏赣榆人，淮海工学院东港学院教授，主要从事马克思主义中国化和高校思想政治教育研究。

这些观点虽然不能苟同,但中国大学的发展过程确实存在诸多问题,反映在人才培养质量、科研成果转化、体制机制、建设高水平大学等方面的问题还比较突出,大学功利化、大学管理行政化、官僚化、人文精神缺失等令人担忧。因此,大学文化、大学精神成为当今高等教育理论研究、实践探索的热点问题之一。本文也想就大学文化内涵诠释、当今大学文化现象和建设培育创新谈一些看法和体会。

一、大学文化及阐释

何谓大学文化?这涉及的内容很多,诸如大学文化的本质、特征、内涵、类别、结构、功能、挑战、使命以及大学文化的培育创新等。查阅相关文献可以看出,目前有关大学文化的理论探讨已经逐渐过了高峰期,认知和阐释的阶段已经基本结束,工作的中心已经逐步转向实践和建构的层面。

(一)大学文化的内涵

人们对"文化"一词的理解通常有广义和狭义的区别。狭义文化是指我们日常生活中所看得见的语言、文学、艺术等活动。广义的文化具有三个要素:器物、制度、精神。我们可以从这三个层面思考大学文化。大学不仅仅是客观物质的存在,更是一种文化存在和精神存在。大学的物质存在很简单,仪器设备、大楼等。然而,大学之所以称之为大学,关键在于它的文化存在和精神存在。器物层面的大学文化就是大学环境文化,其功能主要是文化审美和思想审美。制度层面的大学文化的功能主要是特定生活方式的养成。大学文化的形成主要靠制度。大学文化的第三个层面就是精神层面,这也就是狭义的大学文化。杨德广先生认为,大学文化包括大学精神文化、大学物质文化、大学制度文化、大学环境文化。中山大学校长黄达人认为:大学文化是大学所具有的一种精神状态,是大学所特有的精神气质,即在大学这个以学术为核心的共同体中,人们所认同的观念,所采取的行为模式,特别是适合于大学承载的使命与责任、有利于促进自身发展的各项大学制度建设。目前比较认同的认识是,大学文化包括大学的精神文化,大学的制度文化,大学的行为文化和大学的环境文化。可将大学文化的内涵总结为四句话,精神文化是核心，制度文化是保障，行为文化是关键，环境文化是基础。大学文化的核心是大学精神。大学文化的表征是学生的文化素质、教师的文化修养、学校的文化品位。我们建设大学文化，就是要以精神文化为核心，将环境文化、制度文化、行为文化整合为一个有机的统一体。至此，什么是大学文化，我们可以有这样的一个定义了："大学文化，是大学思想、制度和精神层面的一种过程和氛围，是理想主义者的精神家园，是大学里思想启蒙、人格唤醒和心灵震撼的因素的结合体。"

（二）文化与大学的关系

大学是由文化孕育而来的，没有文化就没有大学。大学从起源就和文化结下了不解之缘。文化与大学教育具有潜在的、历史性的和本质的联系。《周易》中的"观乎人文，以化成天下"，就包含着文化所具有的教育、教化的作用。而大学既是文化的有机组成部分，也是文化发展的成果。大学天然担负着保存、传承和创造高深文化和专门知识的使命。将文化传承创新作为大学的一个新职能，强调大学对于文化传承和创新的重要作用，既符合大学的本质属性，也符合大学的发展规律。文化传承创新与高等教育的人才培养、科学研究和社会服务等职能也是相互促进、相辅相成的。文化的基本功能是武装人、引导人、塑造人、鼓舞人，即培养人。从这个意义上讲，大学即文化。大学文化是以大学为载体，通过历届师生的传承和创造，为大学所积累的物质成果和精神成果的总和。文化是一个大学赖以生存、发展的重要根基和血脉，也是大学间相互区别的重要标志和特征。大学文化是由一个特殊的社会群体即大学人在对知识进行传承、整理、交流和创新的过程中，形成的一种与大众文化或其他社会文化既相联系、又相区别的文化系统。大学文化和社会文化的区别，就是高雅文化和媚俗文化的区别，就是书本文化和电视文化的区别。

（三）当代中国大学文化的基本特征

大学文化是大学作为社会创新型组织的本质属性，是大学人特有的活动和存在方式。众所周知，现代大学承担着人才培养、科学研究和社会服务这三种职能，这三种职能说到底都属于文化功能。育人，本质上是以文化人，是文化的传承提升活动；科研，本质上是发现或验证新知识，是文化创造和创新活动;社会服务,就大学来说最主要和最根本的也是为社会提供文化服务。所以,大学在本质上是功能独特的文化机构,大学的本质属性是文化性。大学的本质在于文化的传承、文化的启蒙、文化的自觉、文化的创新。在我国,大学文化是先进文化的重要组成部分,是高校在长期办学过程中形成的历史积淀、创新品格和价值取向,既包含和反映着历届师生对大学本身的总体认知、理想追求和实践探索,又是凝聚师生的精神纽带。它以潜移默化的方式影响师生的思想和行为,集中体现特色鲜明的大学物质精神成果和综合环境氛围,在传承与再造中不断实现自我超越,贯穿并渗透于大学发展的各个方面。当代中国大学文化具有社会主义先进文化的本质属性,是以社会主义核心价值体系为取向、具有鲜明特点的文化。其基本特征可以概括为以下五个方面。一是社会主义性质的先进文化是大学文化的本质属性。二是社会主义核心价值体系是大学文化的价值取向。三是培养高素质创新型人才是大学文化的目标定位。四是追求卓越、科学发展是大学文化的基本理念。五是以师生为本是大学文化的核心要求。

二、大学的教师文化

大学的实力、品位是由教师的水平和人格体现的。大学教师文化是高校文化的重要组成部分。大学文化实际上是大学名人轶事文化,教师故事文化。有人,才有校园文化。有远见的大学,今天要建设校园文化,就必须重视建设大师文化。实际上,从 20 世纪 80 年代起,中国大学就开始全社会各个角落收罗人才。

(一) 教授是大学的灵魂

历史上,许多著名的大学在历届校长和教师的共同努力之下,经过长时间的积淀、融合,都逐渐形成了具有自身特点的大学教师文化。这样的大学教师文化对于这些大学的促进作用是有目共睹的。正如著名的浙江大学老校长竺可桢说的:“教授是大学的灵魂,一个大学学风的优劣,全视教授人选为转移。假使大学里有许多教授,以研究学问为毕生事业,以教育后进为无上职责,自然会养成良好的学风,不断地培植出来博学敦行的学者。”短短几句话，可见大学教师在大学中的重要地位，也指出了在大学教师的基础上形成的大学教师文化对于大学的重要影响。因此，搞好大学教师文化建设，对促进现实教育改革和教师发展有重要的意义和价值，优秀的教师文化对一所大学能否成为一所真正优秀的大学起至关重要的作用。

（二）校长对大学文化有重要影响

蔡元培任北京大学校长时不以门户偏见只以专业论英雄，聘请了大批优秀的教授教师任教，这里既有保守的辜鸿铭、刘师培，又有激进的鲁迅、李大钊；既有拥有洋学历的胡适，又有根本没有学历的梁漱溟。正是这些大师级的教授教师为北京大学的百年基业打下了坚实的基础，为具有北京大学特色的教师文化的形成留下了不可磨灭的印记。清华老校长梅贻琦认为，所谓大学，非大楼之谓也，乃大师之谓也。竺可桢先生任浙江大学校长时反复强调办好大学的三要素：教授、图书仪器和校舍建设。而在这三者之中把教授的选聘放在首位。因此，他总是想方设法延请具有真才实学的教师到浙大任教，并且在当时相当艰难的环境下，为稳定教师队伍想尽办法筹款保证教师工资。虽然有时不能及时，但他的诚心却感动了广大的教职员工。两位老校长始终把教师放在大学的首位，因此吸引了一大批有识之士聚集在他们周围，形成了具有各自特色的教师文化，为北大、浙大能长久屹立于中国乃至世界一流大学之林作出了重要贡献。

三、学生心目中的大学文化

根据大学文化的多元化视觉，大学的校园文化，也包括学生间自然形成的风气和大学生眼中的校园文化。例如听课方式、住宿方式、自治程度、体育习惯、文艺风格、学生社团、学生刊物等，都可以体现某大学的学生文化。在老大学里，学生有自己独特的活动方式，例如北大的《新潮》杂志、清华的《清华周刊》，都是学生主办的杂志，但风格明显不同。22岁的青年毛泽东积极响应北京学生的爱国行动，湖南学生联合会创办了自己的喉舌和舆论工具，这就是进步杂志《湘江评论》。毛泽东主动请缨担任该刊主编，以便正确把握“舆论导向”，作为青年运动一个发表言论的舞台、用武之地。去年年底，国内某大学举行了一场关于建设高水平大学精神文化品质为主题的对话节目。此次节目邀请了4位嘉宾以及400多名在校大学生参加。在节目中,大家畅所欲言,发表自己对于大学精神、大学文化的思考以及看法,他们从不同的视野,讲述了对大学文化的理解和认识,很值得我们思考。

(一)大学生文化开放的、自由的、多元化的

一位高年级的大学生认为,现今大学文化是多元化的,大学文化可以引导,但不可以预谋。他觉得在大学里一个是自由,另一个是独立,两者不可或缺。但是现在大学生在大学里既没有充分的自由,也没有完全的独立,这是影响大学文化建设非常重要的一个方面。我们应该提倡大学精神的回归,才可能有一种健康而正常的大学文化的存在。2008信息管理系的学生说,大学文化是一种氛围。很多人都觉得大学是进入社会的最后一个象牙塔,而我更多的认为它更像一方净土。在这里,没有社会上那种利益的过分冲突,我们可以学到很多知识,认识很多人,思考很多问题。在一年多的大学生活中,我认为我所认知的大学文化从单一化过渡到了多元化。现在的大学文化在我眼里是开放的、自由的、多元化的。我们在这种大学文化背景下生活,会不知不觉被大学文化、大学思想所浸染,同时,身处其中的我们作为大学文化的创造主体,也对它起到了一定的影响,所以我认为我们大学生和大学文化是一种互相促进的关系。

(二)大学精神的回归和坚守

有一位女同学提出了一个比较尖锐的问题:大学文化的建设和我们整个社会是离不开的,但是到底是大学文化影响社会文化多一点,还是社会文化影响大学文化多一点呢?一位2008级的同学说,今天很多人谈及了大学精神的回归和坚守,但我认为回归和坚守的真正目的是发展。与其讲坚守不如讲改变,与其讲回归,不如谈发展。对于大学文化,我认为这一代人的责任不是复制辉煌,而是创造新的辉煌。2007级数学科学学院的一位女同学认为:大学应注重学生文化素质的培养,加强文化兴趣的培养。大学之所以不同于初高中,在于它对学生人格及价值取向的引导,不仅在初期的塑造加工,而应该更深入到人格的提升。我们的眼界是有限的,思维却是无限的,学生思想、感情、社会认知以及自我认知是不完善的,学校应该加强这方面的文化建设。

2009级学哲学的新生同学则说：大学校园文化，大学生的群体行为来构成，我认为提高校园文化首要的一点就是培养一个独立的人格。“自由之行为，独立之精神”“至诚至坚，博学笃行”，真正理解这些精神，然后真正让它渗入你的血液。

（三）大学文化无处不在

2008级外语学院英语系的同学发言说：大学文化无处不在，与我们的日常生活息息相关。它可以是我们的日常行为，也可以是我们的思维与言语。一个大学的文化不应该仅体现在校训、校园建筑风格等上，更应该体现在每一个大学生的身上。要建设高水平大学，要提升学校精神文化品质，就要注重学生的文学素养的培养，要鼓励学生创新。2009级新闻传播学院的同学说：大学文化是一个很宽泛的问题，一时之间找不到什么合适的定义给它。但我认为大学文化对于我们大学生来说并不是遥不可及的东西，它其实在生活的方方面面都有体现，特别是实践。比如说我们举办一项活动，从策划、宣传到举行和总结，这里面都包含了许许多多的大学文化以及大学思想。事实上，现实大学的宿舍文化、教室文化、社团文化、广场文化、雕塑文化、网络文化等十分活跃，正从“校园文化”向“文化校园”发展。

四、大学非主流文化

大学文化可以区分为高校主流文化与高校非主流文化。大学主流文化是社会要求和期待校园师生所具有的，包括信念、价值观、态度以及行为方式在内的文化。它体现着社会对学校的正式要求，通常以正式文件的形式明确规定下来。大学非主流文化是与大学主流文化相分离的校园亚文化，是校园文化中社会要求和期待之外的文化。总体而言，大学非主流文化是由大学生在多元文化选择过程中自发创造的，对大学生的思维方式、行为标准具有重要影响的显性文化。近年来，我国学界对大学非主流文化的研究有“优性论”、“中性论”、“劣性论”等三种观点之说。

大学非主流文化按产生的时期可分为两类：第一类是传统的，多产生在20世纪80—90年代初期，如“课桌文化”、“宿舍文化”、“厕所文化”等。第二类是 20 世纪 90 年代中期以后,如“影碟文化”、“网络文化”、“洋节文化”、“新新人类文化”等。

大学非主流文化按结构分又可分为三种观念非主流文化,即世界观、人生观和价值观上的表现,如实用性和功利主义倾向、拜金主义倾向、利己主义倾向;行为非主流文化,即行为方式上的表现,如考试作弊抄袭、行为方式上的腐朽怪异现象——校外租房、校园小姐,公开场合过分亲昵、婚前性行为等;表象非主流文化,即外在形式上的表现,如大学生的发型、服饰、流行语、偶像崇拜等。

大学非主流文化的表现形式有好多种。例如,火星文——文字文化,“个性混搭”——服饰文化,“鱼目混珠”——广告文化,“只俗不雅”——宿舍文化,“拇指一族”——手机文化,“作弊盛行”——考试文化。“3Q 得 orz”(感谢得五体投地),“莓天想埝祢.'巳宬 s'1. 种溜惯'”(每天想念你,已成为一种习惯),这些话你看得懂吗? 现在的大学教授不懂火星文,文化鸿沟挑战大学教育。据《中国青年报》报道,清华大学新闻与传播学院的常务副院长看了学生的微博,自己竟然有 1/3 的内容看不懂,“都是中文表达且每一个字都认识,就是理解不了”。为此,这位常务副院长不得不向这些年轻的“微作者”逐一请教。

现实大学校园充满时尚文化现象。如时尚语言、时尚学习、时尚体育、时尚消费等。例如,语言是生活的直接反映,经济和文化生活的丰富和发展,给语言带来了无穷的活力。校园时尚文化首先表现在时尚语言方面。而以互联网为载体的校园网络语言是校园时尚语言的典型,是网络文化与校园文化的“交汇点”。网络的发展使得时尚文化对校园文化的渗透,无论是在深度、广度,还是在速度上都明显加大,校园语言中的时尚成分日益增多,比如:人不叫人,叫“银”;我不叫我,叫“偶”;喜欢不叫喜欢,叫“稀饭”;帅哥不叫帅哥,叫“摔锅”;什么不叫什么,叫“虾米”。同时,网络上的戏谑语也成为大学生之间语言交流的“时尚”。例如:“穿别人的鞋,走自己的路,让他们找去吧”。“我不是随便的人,我随便起来不是人”。“走自己的路,让别人打车去吧”。由网络语言发展而来的校园流行语也处处透着时尚的气息,在一定程度上表达了当代大学生对个性的追求。网络上出现了大学校园十大流行文化现象排行榜,QQ、校内网、网游热、美剧、恶搞、动漫、“韩流”、博客潮、拇指文化、“御宅”文化被称为是目前大学校园十大流行文化现象。

五、大学文化的培育及创新

当前,我国大学的办学理念、办学模式、人才培养、办学定位等也逐步进入了一个多样化的时期。加强大学文化建设,彰显大学的个性与特色,成为大学人的自觉追求,也成为大学生命力、竞争力、永续发展能力的重要源泉。可以这样说,加强大学文化建设,是继突飞猛进的学科专业建设和大干快上的校园基础设施建设之后,第三个轮回的大学建设,也是大学的一项根本性、基础性、长远性、特色性建设,是大学的深层次建设。

(一)大学文化建设必须迎接全球化的挑战

目前,我国高等教育离国家和人民的需求还有很大差距,最主要的差距是文化差距,是大学文化的弱化与缺失。最重要的是人文精神滑坡,工具性过强,价值性过弱,一些大学的功利主义、实用主义日趋凸显,甚至大有汹涌蔓延之势。面对着经济全球化和高等教育的大众化,在多元社会思潮和多样化文化的冲突面前,中国大学应该成为继承传播民族优秀文化的重要场所和交流借鉴世界进步文化的窗口,成为发展中国特色社会主义先进文化的重要基地、示范区和辐射源。要为大学提供物质需求和精神养料的和谐的文化氛围,注重人、教育、环境的和谐与平衡。建立人与人相互关心、和谐合作、协同进步的生态环境,造就学生自己把握自己的文化氛围。走出“象牙塔”,让“象牙塔精神”在更广阔的空间发生影响,实现自身的价值。通过大学文化建设和大学精神的提炼、传播、创新,更好地发挥大学在社会主义先进文化建设中的示范、辐射和引领作用。

(二)正确把握大学文化建设的基本要求和重要使命

怎样建设一所有文化的大学?以2002年9月中国大学文化研究与发展中心在清华大学的成立为标志,被称为“追寻大学之魂”的工作正式启动,一个理性反思、研究和建构中国大学文化的热潮迅速兴起,中国大学终于逐步意识到、认识到了自己的社会文化地位和使命,逐渐找到了自我,出现了一个令人欣喜的普遍性的文化自觉局面,并开始自觉地承担起传承文化思想、引导文化方向、传播文化理念、整合文化冲突的责任。大学文化建设要坚持以人为本,要坚持全面融入,要坚持与时俱进,要坚持重在建设。特别是现阶段大学文化建设过程中,如何坚持先进方向与和谐目标相统一,共性文化与个性文化相统一,物质环境与精神环境相统一,科学精神与人文精神相统一,传统文化与时代精神相统一,民族精神与世界文明相统一,整体规划与分步实施相统一,等等,这些重大的理论和现实问题不解决,将会制约和影响大学文化建设的前进方向和建设进程。对大学来说,十七届六中全会提出的推动文化大发展大繁荣的决定是一个非常难得的历史机遇,我们应该强调学术期刊、学者教学、学术成果的系列性,硬件与软件相互配合,将其打造成一个有机的系统,营造出浓厚的文化氛围,成系统、成气候、成气象,形成强大的"场效应"。只有这样,才能重塑大学的文史辉煌,发挥大学的文化传承与创新功能,完成文化选择、文化传承、文化创新、文化传播、文化交流的伟大使命。

(三) 切实重视新媒体对大学文化的影响

当下以网络和手机等为代表的新媒体成为人们最时髦的讨论话题之一。这些以网络和手机为传播媒介的手机电视、IPTV、博客、播客、微博等新兴媒体成长的速度极其迅速,不仅改变了人类传播活动的速度,而且也改变了整个人类社会的政治、经济和文化,甚至改变了人类的生活方式和生存方式。

首先是网络以其独特的媒介交流方式和娱乐体验方式,改变着人们的思维方式。网络语言简单草率,不仅糟蹋了中国文字的内涵,还冲击着中国语言文化,所带来的负面影响不可估量。其次是新媒体对大学生学习方面的影响。在阅读方式方面,现在,大学生几乎不读报纸,很少看电视,他们已经习惯于从网络获得新闻及相关信息。互联网络信息量虽然大,交互性强,但是信息却良莠不齐。阅读的时候常常是快速地穿梭过一个又一个信息,是一种"碎读",容易失去心平气和的阅读习惯,使人急功近利,心浮气躁。在写作方式方面,如今靠电脑键盘敲人文字,拷贝成为大学生学习最常用的学习方法,不管什么作业都要通过搜索引擎然后复制粘贴,对学生的自主学习十分不利。第三是新媒体使人际交往方式发生了翻天覆地的改变。传统的书信没有了,取而代之的是电子邮件;传统的图书被电子图书所取代;传统的报纸也正在被目前流行的手机报占了半边天;面对面的交流方式被邮箱、电话或者短信交流所取代;手机短信拜年是非常时尚的拜年方式,但却是一种变了味的祝福。

大学应该善于用好新媒体这个大学文化建设的动力。新媒体是一把双刃剑,极大地丰富了人们可接受的信息资源,自然也可成为大学文化培育创新的载体和平台。一是大力加强校园网络建设。高校应主动、充分地利用校园网络,来继承和发展大学应该有的优秀文化精神。网络不仅要连通各个院系、图书馆、教室、食堂等公共场所,还要延伸到学生宿舍,包括研究生和本科生。无线网络应覆盖整个校园,而不是部分特定区域。校园网络应免费共享,其回报的文化价值将无法估量。二是推行现代化电子政务,实现信息透明化,校务公开。要真正做到"秀才不出门,全知天下事"。信息获取权,是每一个教职员工的基本权利,也是衡量大学办学水准和层次的一个重要标志。它对于清除腐败、清廉治校,也是有力的手段。要在网络上呈现大家所关注的各种信息资源。三是利用网络提升教学和研究的水平和层次。网络可以实现教学的现代化和开放性。网络连通有助于打破封闭式教学模式,推动教学内容的不断更新,让学生呼吸到学科的新鲜空气。它还会迫使教师不断更新教学观念和内容,去关注学术前沿和社会现实。它也将引导学生摆脱接收式的被动学习模式,构建自主学习的新体制。它还会引导教师通过网络来进行学术研究,与国内外学术潮流同步,从而提升自己的学术水平和研究层次。四是建设不同层次的社区平台,加强心灵之间的沟通。网络应该为具有共同的专业领域、趣味爱好、思想倾向、文化背景等的师生,提供交流的虚拟社区。这将打破按地理空间划分的传统人群社区。而且,这种新的聚合会打破学校、地域,甚至国界。这不仅能够推动学校各项工作的快速发展,同时对建设和谐校园、和谐城市、和谐国家、和谐世界,都是十分有益的。

在经济全球化和文化多样化的时代背景下,大学作为保存、研究和传播知识与科技的殿堂,传承优秀文化,创新思想文化,推动文化传播和交流,既是大学基于自身性质所应担当的天然使命,也是时代进步和社会发展对大学提出的新要求。大学文化贵在坚持,重在建设。要坚守理想主义,在社会主义核心价值体系的基础上,凝练具有大学特色的价值文化,在教育的过程中要强调文化育人,就高校思想政治工作而言。要建立完善党委领导文化的保障体系,建设大学文化建设要与党建、思想政治工作优势嫁接,实现共赢发展;要围绕文化强国战略,构建大学文化核心价值体系,加强特色文化、品牌文化建设;加强学校党建、思想政治教育、校园文化与育人(中心工作)“三位一体”建设,全面提升师生文化素质。要繁荣发展哲学社会科学,加强理论创新和思想引领。加强文化自觉,建设优秀传统文化传承体系,繁荣社会文化,服务社会发展。中国大学当为文化强国作出更大的贡献。

参考文献:

① 王勇开.上大学,学什么?[N].中国教育报,2006-09-06(7).

② 郭汾阳.何谓“大学”[J].出版参考,2006(2):26.

③ 郑成良.郑成良副书记谈“大学精神和大学文化”[EB/OL].[2006-06-30].http://www.sjtu.edu.cn/newsnet/dxjsdisplay.php? id=9048.

④ 杨福家.大学的使命与文化内涵[N].学习时报,2007-09-02.

⑤ 杨德广.大学制度文化是大学文化建设的保障[EB/OL].[2007-09-29].http://pinglun.eastday.com/p/20070929/u1a3138211.html.

⑥ 文宣.大学文化的核心——大学精神[N].哈工大报,2008-07-02.

⑦ 李四平.大学文化的社会责任[N].光明日报,2006-05-24.

⑧ 张松青.论大学校长文化与教师文化[J].北京教育学院学报,2007(1):48—50.

⑨ 宋宏福.关于高校教师文化的理性思考[J].湖南师范大学教育科学学报,2005(4):79—80.

⑩ 徐润雅,许小青,何悦.大学文化:一个永无止境的话题[EB/OL].[2009-12-31].http://www.ahu.edu.cn/news/detail.php? id=2438&tn=utxcb&cat=1.

⑪ 张荷花.新媒体的负面影响与控制措施[J].今传媒,2011(2):94—95.

大学文化的基本内涵及其传承与创新

李运庆

摘　要：大学文化作为大学的灵魂和精神内核，不仅是高校办学思想和理念的集中体现，而且是学校教育教学质量和水平的重要反映。各高校要在准确理解大学文化基本内涵的基础上，充分认识大学文化建设的重要作用、影响和意义，合理确定自身文化传承与创新之间的关系，并根据自身办学传统、特色及办学定位，从加强师资队伍建设、提升人才培养质量、强化大学精神建设以及凸显自身文化特色等层面着手，多管齐下，全面加强大学文化建设。

关键词：大学文化；内涵；传承；创新

大学文化作为大学的灵魂、核心之所在，不仅是学校教育教学质量和水平的集中代表和体现，而且是引领学校发展、促进学校进步的关键因素。同时，大学文化作为社会文化的一个重要组成部分，既受社会整体文化的影响和制约，同时也对社会文化的发展、建设具有举足轻重的重

作者简介：李运庆，男，山东淄博人，南京森林警察学院职教中心助理研究员，高等教育学硕士，研究方向：高等教育管理。

要影响和作用。大学文化建设的质量和水平,不仅直接影响大学自身的发展和进步,而且对社会的发展、进步亦具有难以衡量的巨大影响和作用。因此,无论是相关学者还是国家及教育管理部门相关人员,都十分重视对大学文化的研究、实践和探索,积累了大量的实践经验和研究素材,为今后的相关研究提供了思路,开阔了视野。但从现有关于大学文化传承与创新方面的研究来看,无论在研究的数量还是研究的质量和层次来看,都尚具有较大的提升空间。所以,本文拟在前人研究的基础上,对大学文化的基本内涵、大学文化传承与创新的关系及实现途径等方面进行相应的研究和探索。

一、大学文化的基本内涵

大学文化作为文化整体的一个重要组成部分,既有一般文化的基本属性,也具有大学文化自身的特性、要求和内在规律性。因此,对大学文化基本内涵的考察要从文化及大学文化两个层面着手展开。而从当前关于文化的定义来看,据不完全统计,有近200种不同的定义和阐述。其中,比较有代表性的如英国人类学家泰勒(E. B. Tylor)认为文化是“包括知识、信仰、艺术、道德、法律、习惯以及其他作为人类的成员而获得的种种能力、习性在内的一种复合的整体”[①]。魏斯莱(Wissler)认为“文化是一民族生活的形式”。邬格朋(Ogburn)认为“文化即社会之遗业”。爱尔华(Ellwood)认为“文化是一种学习的过程,或造器具造制度的过程”[②]。马凌诺斯基认为“文化是包括一套工具及一套风俗——人体的或心灵的习惯”[③]。还有学者将文化分为广义和狭义两个层面。其中,广义的文化是指“人类社会—历史生活的全部内容”,而狭义的文化则主要指涉精神创造领域的文化现象。[④]

而从当前关于大学文化的定义来看,也是众说纷纭,莫衷一是。如有学者认为大学文化是大学为追求自身社会价值和办学目标,在教育、教学等各个领域,通过大学人长期的工作、学习和生活而形成的思想理念和行为方式,[⑤]是由大学人所共同拥有的符号、知识和意义所构成的观念体系。[⑥]有学者认为“大学文化是以大学为载体,通过历届师生的传承与创造逐渐形成在价值取向、思维方式、行为规范上有别于其他社会群体的一种团体意识、共同取向和精神氛围”[⑦]。有学者认为“大学文化是学校在人才培养、科学研究、社会服务等教育实践活动过程中所形成的师生共有的价值观念、行为准则的群体意识总和"[8]。有学者认为大学文化是"以大学人为主体,以大学为载体,经过历史筛选与积淀形成的大学财富的总和"[9]。还有学者认为大学文化具有广义和狭义之分,其中,广义的大学文化是"指大学的物质文化、制度文化和精神文化的总和;狭义而言,则指大学精神文化"[10]。此外,有学者认为,从内容层面而言,可将大学文化分为物质文化、精神文化、行为文化和制度文化;[11]按其载体的不同,可将大学文化分为教师文化、管理者文化和学生文化等。[12]

由此观之,无论对文化还是大学文化的定义,学术界都尚未形成统一的认识和见解,而从已有研究成果来看,所谓大学文化则可从三个层面进行阐述:从微观层面而言,大学文化则主要是指大学人在以大学为载体进行的实践中所形成的、为学校教职员工所认可和秉持的思想理念、精神气质、文化氛围以及价值追求等精神文化的总和;从中观层面而言,大学文化则是大学在长期的办学实践过程中形成的、具有自身特色、规范和要求的制度文化、行为文化等的总和;从宏观层面而言,所谓大学文化则指一切能够反映大学自身特性和要求,凸显大学办学理念和要求的精神文化、物质文化、制度文化以及行为文化等的总和。当然,如果从不同的层面和角度出发,还可以将大学文化划分为不同的类型,而本文所说的大学文化则主要是指微观层面的大学文化。

二、大学文化传承与创新的主要方法与途径

(一)正确认识大学文化的重要作用和影响,明晰大学文化传承与创新的关系

随着当今知识社会、信息社会、网络社会以及全球化时代的到来,大学在知识传承与创新以及社会发展中的作用和地位日益凸显,已脱离中世纪大学"象牙塔"的形象,而逐渐成为社会发展的"大脑"、"灯塔"和"发动机"。大学文化作为大学整体的一部分,既是大学长期发展的产物和结晶,也是引领大学发展、形塑大学人内在气质和外在行为的关键因素。因此,各大学要充

分认识大学文化在大学发展、建设中的重要影响和作用,并从多个层面着手,全面加强自身大学文化建设。而从大学文化建设的内容来看,主要存在传承与创新两个方面。而所谓大学文化传承,主要是指大学继承、总结、凝练我国及世界先进文化成果,并通过人才培养、社会服务、科学研究以及大学人自身的言传身教等方式进行相应的继承、传播和引导,以此保障先进文化源远流长、薪火传递的过程。而所谓大学文化创新,则是指大学在对我国及世界先进文化进行总结、凝练和继承的基础上,根据社会、国家发展需要,对原有文化进行改革、发展、完善和创新的过程。传承与创新作为大学文化建设的两个层面是相互联系、相互制约、辩证统一的。大学文化的创新要以大学文化的积累和传承为基础和前提,没有相应的文化积累和传承,大学文化创新将成为无源之水、无本之木;而大学文化创新则是大学文化积累与传承的动力和目的,是大学文化传承的源头活水和生命力之所在。[13]

(二)加强师资队伍建设,为大学文化传承与创新提供强大载体和动力

教师作为学校的两大主体之一,不仅是学校教育教学活动的主要组织者、承担者和学校办学质量和水平的体现者和承载者,同时,也是大学文化建设的重要设计者、实施者和参与者,[14]其自身素质的高低直接影响、乃至决定大学文化建设的质量和水平。因此,各高校必须要加强师资队伍建设。具体而言,可主要从以下几个层面着手开展工作。其一,加强教师教风、学风及人格建设,充分发挥教师“学高为师、身正为范”的示范、引领作用。著名教育学家顾明远先生曾经指出,大学的教师不仅要有渊博的知识和教书育人的能力,“还要以个人的睿智、人格魅力培育和影响人才,引领学界追求真理。因此,大学的文化建设重在教师的学风建设和人格建设”[15]。其二,提升教师经济待遇和社会地位,重塑大学教师信心和形象。国家要从社会发展的长远角度出发,充分认识教师在社会发展中的重要影响和作用,一方面为其学习、创新提供相应的物质基础和保障,另一方面,进一步提升教师的社会地位,使教师重塑自身社会导师的形象以及“以天下苍生为己任”的责任感,使其不再仅仅奔波于“为稻粱谋”,而要“为天下谋”,真正担负起传承文化、创新文化、引领文化的重任。其三,对教师加强分类指导和管理,充分发挥教师特长和潜

能。不同的教师具有不同的知识结构、素养和特长，因此，教育部、各相关教育主要部门以及高校自身要进一步改革、完善教师管理制度，要根据教师自身的特长、兴趣和发展志向进行分类管理和指导，充分发挥教师自身的潜力，提升工作的质量和效率。此外，为保障大学自身的持续发展和办学品质，各大学及相关教育主管部门要进一步加强教师准入制度建设，严把教师入口，确保教师队伍的整体素质和水平。

（三）提升人才培养质量，为大学文化的传承与创新培育坚实后备力量

大学作为现代社会的重要职能部门和机构，不仅具有知识创新、传播和社会服务等功能，更重要的则在于现代高素质人才的培养和培训，而人才培养作为现代高校的三大主要职能之一，其本身是大学区别于其他社会机构的最根本特征和因素。因此，人才培养作为大学最主要的功能是不能动摇和忽视的。大学要推进文化传承创新，就是要围绕人才培养的根本任务，充分发挥文化对学生潜移默化的教育作用，[16]通过人才培养将优秀文化不断传承并发扬光大，在实现人的可持续发展和社会全面进步的同时，进而对经济社会产生深刻而持久的影响。[17]由此观之，人才培养工作不仅是大学文化建设质量和水平的重要衡量指标，同时，也是大学文化建设的重要内容以及大学文化传承与创新的重要方法、手段与途径。因此，各高等院校在自身大学文化建设过程中，一方面，要明晰人才培养工作在大学文化建设中的重要作用、影响和意义，进一步加强对人才培养工作的重视，实行一把手负责制度，狠抓落实，注重实效；另一方面，各高等院校要进一步改革、完善教学考核、评价体系，改变以往重科研、轻教学的传统习惯和理念，真正将教学工作摆在学校工作的首要位置，充分调动教师、尤其是知名教师、高职称教师参与教学的积极主动性，促进自身教育教学质量和水平的不断提升和改善，以此为自身大学文化传承和创新积蓄力量、奠定基础。

（四）加强大学精神建设，凸显大学文化内核

大学精神作为大学文化的核心和大学的灵魂之所在，是大学在长期办学实践中形成的、为师生员工所认可的、有别于其他社会群体的一种团体意识、精神氛围、[18]办学理念和价值追求[19]。大学精神作为引领大学发展、建设的思

想内核和动力源泉，对大学自身的发展、建设具有举足轻重的重要影响和作用。但从我国现代大学的发展历程来看，虽然其外在形式和形态已发生了深刻的变化，但其内在品质却依然贫乏，不但没有得到发展，反而有所退步，严重制约了我国大学自身的健康发展和进步。[20]尤其是随着现代科学技术的快速发展及民主进程的持续推进，其更对大学及大学文化提出了更高的要求和期望。在这样的背景下，教育部以及各高校要从现代大学及知识创新规律出发，重塑现代大学精神。具体而言，需要做好以下几点。其一，淡化学校行政办学色彩，强化学术管理。各高等院校要进一步去除行政化办学思想、理念和做法，真正从现代大学自身的发展规律出发，凸显学校学术权力和影响，按学术规律办学。其二，构建现代大学制度，促进高校科学发展。尤其是要加强高校学术组织建设，充分发挥学术委员以及教授的学术影响和作用。其三，积极构建学术自由、百花齐放的学术氛围，真正体现大学的办学宗旨和胸襟。中国近代著名的教育家蔡元培先生曾经说过："近代思想自由之公例，既被公认，能完全实现之者，厥惟大学。大学教员所发表之思想，不但不受任何宗教或政党之拘束，亦不受任何著名学者之牵制。苟其确有所见，而言之成理，则虽在一校之中，两相反对之学说，不妨同时并行，而一任学生之比较而选择，此大学之所以为大也。"[21]

（五）加强大学文化特色建设，凸显大学社会责任

德国历史哲学家斯宾格勒曾说，每一种文化都植根于她自己的土壤，各有自己的家乡和故土的观念，有自己的"风景"和"图像"。[22]西班牙学者奥尔特加·加塞特曾言，"如果学校确实是国家的一个职能机构，与其内部人为创造的教学气氛相比，它更多地依赖于它所处的民族文化氛围。这种内在和外在的平衡是造就一所好学校的一个基本条件"[23]。大学文化作为大学长期发展的积淀和大学办学思想、理念以及传统等的基本体现，既受大学自身发展定位、目标以及传统等的影响和制约，同时，也受其所在的地区以及整个社会的影响和制约。由此而言，"大学文化建设也是一个因时空、学校定位、学校自身特点等而异的纷繁复杂的系统工程"[24]。因此，各大学在自身文化建设过程中一方面，要根据自身的办学传统、发展定位、培养目标和学科专业设置等实际情况，努力凸显自身的个性和特点。另一方面，要注意自身所处的环

境、地域以及社会文化等的影响和制约，充分汲取周围环境及文化的精髓，并将其融入自身的文化建设。此外，大学要真正发挥自身“社会良心”和“灯塔”的作用，既要继承原有文化，又要引领社会发展。“大学文化应该是社会运行所必需的，而不应该仅仅只是社会所想要的”㉕。总之，大学文化建设本身是项复杂纷繁、旷日持久的系统工程，其不仅需要大学人一代又一代的持续努力和奋斗，还需要教育主管部门及社会全体成员的共同参与和努力，只有这样，大学文化建设才能取得预期的效果，也只有这样，大学和社会才能得到健康、顺利的发展和进步。

参考文献：

① 李运庆. 浅析新晋本科警察院校的校园文化建设[J]. 湖北警官学院学报,2011(4):113—115.

② 金耀基. 从传统到现代·补篇(卷2)[M]. 北京:法律出版社,2010:101.

③ 马凌诺斯基. 文化论[M]. 费孝通,译. 北京:华夏出版社,2001:15.

④ 教育部高等教育司. 中国文化概论[M]. 北京:北京师范大学出版社,2004:5.

⑤ 黄楠森. 论文化的内涵与外延[J]. 北京社会科学,1997(4):11.

⑥ 徐平. 当前中国的文化建设问题[J]. 内蒙古大学艺术学院学报,2005(1):14—19.

⑦ 陆一. 大学文化:固有传统与新思想的均衡取舍——近五年四所大学校长典礼讲话的文本解析[J]. 教育学术月刊,2012(1):7—10.

⑧ 丁振国,陈华文,金蕊. 理工类大学文化建设的内涵及路径[J]. 中国高等教育,2012(1):23—24.

⑨ 聂法良. 论大学文化社会化发展现状及对策[J]. 人民论坛,2012(4):94—95.

⑩ 杨建荣,方泽强. 大学文化范式变革目标及实现[J]. 现代教育管理,2012(5):45—49.

⑪ 李军良,张振飞. 以大学文化引领大学科学发展[J]. 学校党建与思想教育,2012(4):93—94.

⑫ 吴丹英. 现状、变迁与融合:大学文化冲突模型建构[J]. 现代教育科学,2012(2):9—12.

⑬ 高金祥. 试析大学文化功能的产生及构成[J]. 黑龙江高教研究,2012(5):65—67.

⑭ 何慧星. 大学文化的当代使命[J]. 中国高等教育,2012(1):20—22.

⑮ 顾明远. 大学文化的本质是求真育人[J]. 教育研究,2010(1):56—58.

⑯ 顾秉林,胡和平. 大力推进文化传承创新　加快建设世界一流大学[J]. 中国高等教育,2012(1):12—14.

⑰ 曹国永. 坚持三个统一　推进行业特色大学文化建设[J]. 中国高等教育,2012(2):21—22.

⑱ 吴新颖,于斌. 论大学精神文化的型塑[J]. 求索,2012(4):254—255.

⑲ 张杰. 以高度的文化自觉和文化自信推动大学文化建设[J]. 求是,2012(9):47—49.

⑳ 王长乐. 大学文化创新前提性问题探析[J]. 河北师范大学学报(教育科学版),2012(4):5—11.

㉑ 蔡元培. 大学教育[M]//蔡元培. 蔡元培全集,第五卷. 北京:中华书局,1988:507—508.

㉒ 田建国. 以人为本与道德教育[M]. 济南:山东人民出版社,2010(1):198.

㉓ 奥尔特加·加塞特. 大学的使命[M]. 徐小洲等,译. 杭州:浙江教育出版社,2003:6.

㉔ 邓怡. 大学文化建设原则的思考[J]. 高校理论战线,2012(3):69—71.

㉕ 段从宇,沈毅,李增华. 文化引领:大学职能的时代溢出与应然回归[J]. 现代教育管理,2012(3):20—24.

高职文化:一种新兴大学的文化

赵惠莉　顾坤华

摘　要: 高职文化是高等职业教育在发展历程中形成的办学理念和共同的价值追求,是在经历艰难草创期、艰苦生存期和蓬勃发展期过程中积淀形成,被高职人普遍认同、内化和奉行并引领高职发展、凝聚师生、规范行为的精神风貌,为高等职业教育发展提供价值引导和精神动力,既有大学的普遍特点,又有高职独特要义,具有与学术教育类大学文化相区别的个性鲜明的文化特质。

关键词: 高职文化;新兴大学;历史使命

高职院校是崛起于工业化、信息化和城镇化时代的新兴大学,一种具有独特风格的大学,有着不同的教育体验、不同的创意人生、不同的缤纷未来。低进高出、人尽其用,使被传统高等教育招生边缘化的青年群体找到了人生与事业成长的大地。全国95%以上的地市都至少有一所高职学校,相当一部分高职学校还是当地仅有的高等学校,少数高职学校甚至坐落在县域中。因而,高职教育被誉为

作者简介: 赵惠莉,女,河北邯郸人,江苏经贸职业技术学院高等职业教育研究所教师,教育硕士,主要研究方向:高等职业教育学。顾坤华,男,江苏扬州人,江苏经贸职业技术学院高等职业教育研究所所长,研究员,主要研究方向:高等职业教育学。

中小微企业产业集聚发展的"助推器"、装备制造业技能型人才的"蓄水池"、农村经济持续发展的"领航员"、三线城市和谐发展的"文化社区",在为当地经济建设和社会发展培养高素质技能型专门人才的同时,还担负起提升地方文化品位,引导思想价值,建设地方文化事业,促进当地文明建设,推进和谐社会发展的重大任务。

一、高职文化的内涵

文化是有层次的,最外围的,是物质文化;居于中间的,是制度文化;处在中心的,是精神文化。高职文化是在长期的办学历史中,通过对办学理念、育人方针、管理模式的倡导、践行、提炼和升华,不断形成独特的价值判断和理性诉求,是学校发展的生命底蕴,是共同的价值判断、价值选择和价值认同的文化成果。

(一)高职文化是高等职业教育曲折发展历程的精髓

高等职业教育既是时代的需要,也是思想解放的产物,具有独特的价值和不可替代的生命力。高职教育产生和发展的时间较短,思想禁锢和束缚较小,自由发展空间较大,高职人面对经济社会发展的新形势、新情况、新问题,不断开拓进取,与时俱进,拓展思路,研究对策,努力寻求和定位自己的生存和发展空间,创造了21世纪世界高等教育发展史的奇迹,成为中国高等教育发展史上的重要里程碑,已发展成一种独具优势的高等教育类型,是一种别具特色的社会文化现象。高职文化是高职办学的信仰追求、高职师生的精神风貌、高职院校的灵魂依托,是对人类社会追求体面和更有尊严生活的过程,深刻反映着高职院校过去、现在与未来的发展轨迹,引领高职院校治学理念、价值判断、思维方式和行为习惯,体现高职院校的品位、志向、气质和神韵。几度岁月的风雨沧桑,数代人的敬业笃行,使高职精神在日渐沉淀中滋养、丰富而充盈着高职人的思想和个性,又在日新月异的创造中,主导着高职的发展方向和未来。

(二)高职文化是高等职业教育本质的诠释

高职教育作为一种大学框架下的职业导向教育,具有"高等性"和"职业性”的双重属性。“高等性”作为其本质属性,是高等教育的一个独具优势的类型,决定了高职院校要具有“大学文化”的基本内核;“职业性”作为其基本属性,是职业教育的高端引擎,决定了高职院校要具有“职业精神”的个性特质。高职教育不断创新办学体制机制,在体现大学文化精神、文化素质、文化知识的前提下,坚持校企合作办学、合作育人、合作就业、合作发展,倡导“做中学、做中教”、工学结合、顶岗实习的教学模式,重视大学文化和大学精神对学生的熏陶和引领,围绕社会主义核心价值体系开展文化建设,注重把区域文化、产业文化、专业文化、职业文化融为一体,通过建设学校普适文化,弘扬优秀传统文化,推进先进文化传播,强化学生诚实守信、爱岗敬业的职业素质教育,加强学生可持续发展能力和创新意识培养,促进人人成才,逐步形成具有职业教育特色的大学文化。特殊的社会功能定位、人才培养目标、科学研究重点、社会服务理念、技术创新精神等,在长期实践过程中积淀成独具个性的高职文化内核。即以“服务为本、职业情怀、经世致用、重技崇学、能力本位、开放竞合、创新创业”等为核心价值的精神文化;以“刚性标准、弹性过程、柔性管理、外圆内方”等为核心架构的制度文化;以“德高为范、技高为师、知行合一、遵章守纪、爱岗敬业、分工合作”为核心特征的行为文化;以“和谐型校园环境、互补型‘双师’结构团队、共建型综合室训基地、共享型一体化教学资源、公共型社会服务平台”等为核心载体的物质文化。

(三)高职文化是高等职业教育体系建设的保障

高等职业教育体系“链条断裂”成为制约高等职业教育发展的“短板”,“上升”渠道不畅,发展动力自然不足,尤其是高职教育结构上的先天缺失必然会从生源结构、办学理念、专业文化等方面制约高职文化的健全发展,致使高职文化中理性追求、人文关怀、崇尚学术的大学精神不足,而专业为本、就业导向等实用主义主导的功利性的精神价值在短时间内得到了充分彰显。因而,最为迫切的就是要适应经济社会发展的客观要求和满足毕业生继续深造的强烈愿望,探索高等职业(专科)教育、应用本科教育和专业学位教育(专业硕士和专业博士)等,“类型”特征鲜明、“层次”结构完整的现代高等职业教育体系。2012 年 7 月,教育部颁布的《国家教育事业发展第十二个五年规划》强调指出:“完善高等职业教育层次,建立高级技术技能人才和专家级技术技能人才培养制度。”然而，相对完善的高职教育体系的建立和完善，亟须高职文化提供精神保障，以高职文化强大的影响力和约束力，倡导、践行、提炼和升华高职办学理念、育人方针和运行模式，不断形成独特的价值判断和理性诉求，保持高职教育旺盛生命力。

（四）高职文化是高等职业教育制度建设的引擎

世纪之交以来，我国政府实施大力发展高等职业教育的战略，加快实现高等教育“大众化”，高等职业教育要素快速集聚，出现了“中国高等教育新现象”，以“职业技术学院”（职业学院）为主要办学形式的一大批“高校新生代”雨后春笋般地涌现，特别是2000—2010年是我国高等职业教育快速发展的“黄金十年”，取得了世人瞩目的成就，从“大发展”转向“大提高”，从“规模扩张”转向“内涵提升”，从“经验管理”转向“制度建设”。学校制度具有基础性、先导性和全局性的作用，是一所学校在长期教育实践中形成、积累起来的，行之有效的、相对稳定的规章制度、工作规范和传统风气。由于它是在处理各种相互关系、规范各种实践行为中逐步建立起来的，是无形的学校文化载体，所以被公认为学校文化的一部分。新的转型期高职院校面临着前所未有的机遇和挑战，对高等职业教育理论和专业建设进行科学认知和理性思考愈发必要，构建反映个性差异、体现多元需求，并被广泛认同的高职院校制度日益紧迫。由于高职院校建制时间较短，凭经验办学、直接套用政策或“拿来主义”的现象比较普遍，高职文化是高职人自觉崇尚并认真实践的座右铭，一旦形成便具有强大的影响力和约束力，从而转化为巨大的向心力和内驱力，激励高职人奋发图强、开拓进取。因此，高职院校制度建设中，要把握好各个制度要素的合理性和制度体系的科学性，在高职文化建设中不断探索制度构建的模式，以高职文化的内涵制定学校制度的内容，以高职文化鲜明的个性特征和时代特点逐步完善学校制度的各项章程，以高职文化强大的凝聚力和向心力探求具有广泛认同的具有远大理想和信念追求的学校制度。

二、高职文化的特征

高职文化是一种办学哲学的思考，是对高职院校的含义、宗旨、使命、职能、办学方向、目标确立、运营策略、社会责任以及运行模式的理性审视,对高职学院发展的构想、追求和展望,是高职学院教育改革与发展的指导思想、基本原则或理论基础。高职院校将所在地区的地域文化,以及最核心服务的行业文化(高职具有很明确的行业指向)元素融合到高职文化之中,作为高等教育的一个类型在办学理念、人才培养、专业设置、课程设计、管理体制和运行机制等方面有着独特的社会定位和功能发挥。

(一)高职文化是一种人文文化

高等职业教育文化传承与创新的崇高神圣使命在于推动人类文明的进步,实现人的全面发展,在注重知识和技能创造能力培养的同时提升学生心性修养,满足个人需要与社会需要的终极关怀,满足人民群众多层次、多样化接受优质高等教育的迫切需求。

(二)高职文化是一种创新文化

高等职业教育是新型工业化的产物,是一种区域经济发展驱动式的教育类型,高职院校以"文化传承与创新"为己任,提出新方法,创造新技术,不断超越,不断创新,注重培养学生们的创造性思维,并尽可能提供发展的空间以及技术创新的机会。

(三)高职文化是一种经世文化

高职教育以能力为本位,强调技能的培养与开发,通过校企合作、工学结合、定岗实习等方式,学中做、做中学,加大实践力度,以具体、形象而生动的形式掌握和巩固理论知识,并在真实的实训环境中培养学生的职业道德、专业素质和身心素质。

(四)高职文化是一种特色文化

高职教育是一种独具特色的高等教育类型,在办学理念、人才培养目标与规格、质量标准、专业设置、教学模式、运行机制、管理体制等方面都有着独特的内涵。因而,特色是高职发展的"生命线",是办学实力和社会声誉的综合体现。

(五)高职文化是一种职业文化

职业性是高等职业教育的本质属性之一,培养职业能力是文化之本,锻造职业精神是文化之魂,营造产学合作生态是文化之基。

高职院校学生应接受职业精神的熏陶,开阔眼界,净化心灵,养成爱岗敬业、吃苦耐劳的岗位精神、干练的工作作风、诚恳的待人方式、公平的办事原则、高雅的风度气质、高尚的道德情操。

(六)高职文化是一种跨界文化

高等职业教育是一种跨界教育,是连接职业与教育、企业与高校、工作与学习的桥梁。因而,高职文化应体现学校文化、社会主流文化、区域经济工业文化、企业文化、社会文化等的融合,使产业文化进教育、企业文化进校园、工业文化进课堂。

三、高职文化建设中存在的问题

著名的教育哲学家布鲁贝克说:"在二十世纪, 大学确定它的地位的主要途径有两种, 即存在着两种主要的高等教育哲学, 一种哲学主要是以认识论为基础, 另一种哲学则以政治论为基础。"我国高职文化根植于"经世致用"、"实业救国"的沃土之中,强烈的时代特征造就了高职教育的使命是为国家和社会的发展提供智力支持和精神保障。然而,过重的工具主义导向,一定程度上致使高职文化底蕴不足、人文熏陶不够的"文化贫血"现象,甚至有成为"文化的沙漠"的危险,从而影响高职特色的彰显和社会地位的提升。

(一)高职教育功能弱化

我国高职事业起步较晚,发展快、基础薄弱,教育质量与社会的需求和期望有一定的差距。高职教育是在我国高等教育大众化的进程中,通过原有职业大学、成人高校和高等专科学校改组、改建和改制,中等职业学校升格而来的,准备不足、人才培养目标不太明确,投入机制不太完善,经费保障不到位。在现行的法规政策、体制、机制和经费支持等方面,高职教育的类型属性表现得并不突出,甚至有部分人将"高职"类型等同于"大专"层次,由于人力、物力、财力的短缺,部分人士急功近利等浮躁情绪的影响下出现了很多问题,如历史的苍白、哲学的贫困、文化的贫乏、精神的虚无、道德的缺失,高职的主体使命偏移日益严重,高职文化认识浅、少积淀,高职文化研究几乎是一片空白,已成为高职教育发展的薄弱环节。

(二)高职教育本质异化

职业性和高等性是其本质属性,但实践中往往过多强调“职业性”注重职业定向性和产业指向性,以培养学生的专业职业为核心,强调学生综合职业能力,教育内容注重职业针对性和专业实用性,而忽视了“教育性”。学生几乎丧失了作为独立自主个体的地位,由“人”而变成“非人”,成为一种“知识的存储器”、一种“等待加工的产品”,学校在朝着功利社会、经济实体的方向发展,培养人的功能和提升人性的本能逐步弱化,学校教育存在着丧失人文意义、丢掉灵魂、失去本源的现象。高等职业教育培养应是造就某一行业具备实际动手能力、研究制造能力和创新开发能力的专门人才,但专门人才并不排斥人文教育,且若缺乏文化批判精神,则如何超越、如何创新,高等职业教育的功用会大打折扣。

(三)高职人才培养模式短视化

高职教育长期以来贯彻“以就业为导向,以服务为宗旨”的教育思想,注重学生实践能力和技能的培养。这种人才培养模式适应了高职教育发展初期的需要,解决了眼前的就业上岗问题,一定程度上推动了高职教育的发展,但经过10年的黄金发展期,高职教育已得以长足的发展,正步入内涵提升和制度建设的关键时期,高职教育快餐式的人才培养已很难适应时代发展的步伐,而是要培养学生职业可持续发展能力和职业核心竞争力。因而,高职教育要克服“短视症”,应高瞻远瞩,关注全面发展人的需求,注重发挥文化的熏陶和历练作用,培养自由发展的高端技能型人才。

(四)高职人才培养目标功利化

被誉为“维多利亚时代的亚里士多德”的英国思想家赫伯特·斯宾塞在《什么知识最有价值》中强调,科学是最有价值的。科学技术教育满足了社会经济发展的需要,甚至将社会需求作为教育的第一要义,教育的“利器”功能得以空前的发挥,而“育人”培养全面发展的人的目标逐渐弱化。过重的功利主义、过多的职业技能训练,一定程度上会造成学生精神空虚、文化素质低下,社会竞争力不强,社会适应能力较差,将严重制约学生的可持续发展。

（五）高职教育文化内涵演绎化

长期以来，业内用“高职校园文化活动”来替代“高职文化”，而这种认识是极不到位的。因为，“校园”不是一个“组织实体”而是一个“活动场所”的概念，而“学校”才是一个“独立的组织实体”的概念。高职文化属于学校文化的范畴，高职校园文化从属于高职文化。高职校园文化是高职文化的组成部分，处于高职文化的表层，还难以触及高职文化的核心内容，以“高职校园文化活动”替代“高职文化”不仅是简单地以偏概全地以活动形式替代精神内容，而且弱化了甚至忽略了文化更本质的精神层面的涵义。

四、高职文化构建的对策

一流高职院校应有一流文化，一流的文化是一流高职院校持续发展的支撑。高职院校应摒弃过度功利主义价值观，注重文化育人的功能，加强人文素质教育，塑造人文品格，教育目标要从过度的政治性、工具性转向创造性和实践性，注重人文精神，以文化特色强校，引领高职内涵发展。因而，高职院校要提高文化品位，必须全面加强文化建设，包括精神文化、物质文化、制度文化与环境文化等的建设。高职文化建设要坚持以浓厚校园文化氛围为载体构建物质文化，以弘扬社会主义文化为核心构建精神文化，以恪守职业规范为目标构建制度文化，以强化全面发展的人为主线构建教学文化，培养有品位、有修养、有技能的高素质、高水准、高智商的高级专门人才。

（一）理念引领，锻造精神文化

办学理念是精神文化的核心内容，是对为什么办学、办什么样的学、如何办学等办学治校的基本立场、理想追求的理性认识的概括，集中体现在高职院校社会功能定位、人才培养、社会服务及办学思想等基本问题的核心价值取向上。高职院校精神文化是学校文化的深层表现形式，是学校在长期的教育实践过程中，受一定社会文化背景影响而形成的为师生员工所认同的文化观念，表现为学校风貌、学校传统以及学校教职员工的思维方式等，是学校整体精神面貌的集中体现。

(二)全局谋划,建设制度文化

高职制度文化是为了实现组织目标而建立的管理与运行的规则体系,是价值观念、行为准则和思想品德的规范化。制度建设最能体现高职教育的文化水平和学院的办学理念与学院精神、规章制度、道德规范和行为规则体系,使学校管理有法可依、有章可循,建立起有力的约束机制,同时也有利于优良校风、教风、学风和工作作风的形成,有助于减少管理成本,用文化管理提升高职品位,在学习、理解与落实制度的规范中获得文化熏陶,使制度成为一种人化的制度,提高文化自觉,内化为高职人的修养和品位。

(三)躬行实践,铸造创业文化

创业是怀疑、批判、超越、创造的精神的践行,高职文化建设要注重培养学生具有创业意识、创业精神和创业能力。高职院校要通过教学性实训基地、生产性实训基地、科技产业园区和大学生创业广场,与企业、行业协会、政府部门的紧密合作关系,共同开发岗位,大量派遣学生开展教学实习和顶岗实践活动,使学生在全真的职场环境下,感受创业氛围,经历创业岗位,接受创业训练。要通过产学研的相互结合,搭建学生创业实践平台,在教师的指导下,组织学生面向社会参与产品开发和技术服务,适当吸收学生直接参与学校的创业活动。除此之外,可成立"大学生科协"、"大学生创业协会"、"大学生职业生涯创意协会"等学生社团,组织创业计划大赛、职业生涯规划竞赛、开展丰富多彩的校园创业文化活动,创办模拟公司,充分发挥学校的专业优势和学生的个人特长,帮助学生成就创业梦想。

(四)科研引领,强化学术文化

要将科研与教学相结合,以科研强势带动人才培养,以科研优势服务经济发展和民族振兴。开展科学研究及学术活动是大学的基本职能之一,只不过与学术型大学相比,高职院校更加关注与社会职业、职业教育、职业技术相关的应用性研究,注重技术创新、技术成果的推广。而高职文化研究是一项长期的经常性的工作,随着社会进程的发展,学校办学实践的发展,学校的精神文化性的内容也要不断与时俱进,不断丰富和发展,没有专门的且热心于此项工作的研究人员,很难将学校具有个性和特色的文化及时凝练和系统化。因此,要把培养学术力量作为学校文化建设的重要任务,通过"双师"结构教师队伍建设、应用学术的重点引导,以及学校"发展特色、文化特色、专业特色、模式特色、管理特色"的创新,营造良好的学术文化氛围。

(五) 追求卓越,铸造品牌文化

品牌是文化的载体,文化是凝结在品牌上的精神。高职文化是高职学校构建的先导,它指引着学校发展的方向;高职文化是高职学校构建的灵魂,它熏陶着学校提升的内核;高职文化是高职学校构建的媒介,它烘托着学校内涵的特质,传播着高职学院的办学理念,反映了整个学院的精神面貌。正确的价值导向和高尚的精神追求导向,有利于提升师生员工的精神境界,促进学院品牌精神的铸就。一所学校拥有品牌文化的物化载体越多,这所大学的特色文化就越显著、越久远。高职文化建设应以"质量立校,特色兴校,品牌强校"的发展策略,谋求学校发展,形成综合实力;创新办学特色,提高教育质量;依托优势专业,打造高职"航母",通过文化品牌的塑造,内强品质,外树形象,提升知名度、美誉度和影响力。

高职教育应进一步加强文化建设,强化文化的育人功能,增强文化特色,积淀与创造深厚的文化底蕴,不断增强高职院校的核心竞争力,提升高职教育发展内涵,培养优秀的高端技能型人才,进行积极有益的实践探索,不忘使命,敢于作为,勇于创新,善于突破,在文化大发展大繁荣的时代大潮中担当起无愧于历史的使命。

参考文献:

① 石芬芳,胡类明.基于高等教育层类视角的高职文化研究[J].职业技术教育,2010(7):10—12.

② 胡象斌,石芬芳.大学精神视阈下的高职文化建设策略研究[J].职教论坛,2010(24):73—76.

③ 石芬芳,胡类明.大学精神在高职文化建设中的立体贯注[J].职教论坛,2011(6):68—71.

④ 成涛.高职文化刍议[J].长沙铁道学院学报(社会科学版),2010(6):266—267.

大学文化美育的本质及建设

朱克昌　李建明

摘　要：人们一直认为大学文化的美育本质是塑造完美人格。这自然与教育的目标是一致的。但是这不应该是唯一的本质，完满人性的培养，也是美育的本质之一，而且是第一本质。因此，大学文化应该在美学的视野下建设，美育要贯穿到大学文化的物质文化、制度文化和大学精神中去。

关键词：大学文化；美育；建设

审美在当代愈来愈普及和通俗，当代文化正步入一个全面审美化的时代。高校校园文化是高校的办学理念、道德规范、学术氛围、传统风尚等的总和，是文化在校园范围内的具体表现和反映，与其他文化相比，更具有鲜明的审美特征。校园文化从美育的角度说，主要是一种审美文化。本文探讨大学审美文化的本质及其建设。

作者简介：朱克昌，男，江苏省南通市人，江海职业技术学院院长兼党委书记。李建明，男，江苏泰兴人，江海学院学报常务副主编，副教授。

一、塑造完美人格与追求完满人性

很多论者认为,大学文化中的美育与德育目标一致,是为了培养学生的健康人格。

这确实是大学审美文化的一种本质。王国维在《论教育之宗旨》中说:"盖人心之动,无不束缚于一己之利害;独美之为物,使人忘一己之利害而入高尚纯洁之域,此最纯粹之快乐也。孔子言志,独与曾点,又谓'兴于诗','成于乐'。希腊古代之以音乐为普通学之一科,及近世希痕林(今译谢林)、希尔列尔(今译席勒)等之重美育学,实非偶然也。要之,美育者,一面使人之感情发达,以达完美之域;一面又为德育与知育之手段,此又教育者所不可不留意也。"[①]王国维把康德的"审美无利害性"与中国儒家的人格修养相结合,企图通过审美消除个人的私欲以达到完美人格的目的。

著名教育家蔡元培提出以美育代替宗教的创见,美育要实现的目标就是促成人格的健全。在1902年起草的《师范学会章程》中,他明确指出教育的宗旨在于"使被教者传布普通之知识,陶铸文明之人格"。蔡元培同时还是辛亥革命党人,他注重学生政治素质的培养。他在在爱国女校之演说中认为:"至民国成立,改革之目的已达,如病已医愈,不再有死亡之忧。则欲副爱国之名称,其精神不在提倡革命,而在养成完全之人格。盖国民而无完全人格,欲国家之隆盛,非但不可得,且有衰亡之虑焉。造成完全人格,使国家隆盛而不衰亡,真所谓爱国矣。"[②]这种提倡"完全之人格",与王国维在《教育之宗旨》中说"完全之人物"是一致的。蔡元培在1912年提出的五项教育宗旨中,把"美育"作为国家教育方针之一,认为"五者(军国民教育、实利主义、公民道德、世界观、美育)以公民道德为中坚,盖世界观及美育皆所以完成道德,而军国教育及实利主义,则必以道德为根本"。与王国维一样,他也受到中国传统思想的影响,把道德的完善置于核心地位。而且,他也是借审美的超越性来驱除私欲和物欲:"纯粹之美育,所以陶养吾人之感情,使有高尚纯洁之习惯,而使人我之见、利己损人之思念,以渐消沮者也。盖以美为普遍性,决无人我差别之见能参入其中。"[③]美育的最终目的是形而上的道德目的:"凡与人同乐,舍己为群之德,属于此类,赖美育之助者也。所以美育者,与智育相辅而行,以图德育之完成者。”[4]蔡元培极为赞赏中国古代礼乐相济的文化传统,这也是中国美育的特色,体现出美育与德育相融相辅的特点。概而言之,在清末民初的中国,王国维、蔡元培等人提倡美育,是为了通过感性的陶冶,使人具备理性精神,个人与社会能够融为一体,和谐发展。这是有现实意义的。这种中国式的美育观在今天仍然被普遍认同,并把文化视野中的美育本质定位在审美人格的教育上。

这种强调美育对于培养人的高尚性的同时,必然会导致对个人感性生命的内在价值的轻视或蔑视,因为中国儒家的美育思想,旨在通过“克己复礼”“非礼勿视,非礼勿动,非礼勿言,非礼勿行”的规范教育,达到人格修养的完美。中国人不是不讲情感,但只是重视人伦情感。所以,中国美育的“人”,是理性的人,完善的人,却不是个性的人,自然的人。

出现这种情况并不奇怪,因为中华民族是一个少年老成的民族,早在先民的神话中,就塑造了救民于水火的英雄,如盘古、黄帝、大禹、夸父等,不同于西方神话中的爱打架爱哭泣的神。中华民族总把道德规范居于首位。在这种文化背景下,中国人自然会把道德规范放在美之前,从孔子的“尽善尽美”说就可反映出这一点。

其实,一个审美的人往往是一个有道德修养的人,与中国美育的道德核心不同,西方就有人把美育看成是德育的基础。英国浪漫主义大诗人雪莱《诗的辩护》中说:“道德中最大的秘密是爱,亦即是暂时舍弃我们自己的本性,而把别人在思想、行为或人格上的美视若自己的美。要做一个至善的人,必须有深刻而周密的想象力;他必须设身于旁人和众人的地位上,必须把同胞的苦乐当作自己的苦乐。想象是实现道德上的善的伟大工具;而诗则作用于原因,以求有助于结果……诗增强了人类德性的机能,正如锻炼能增强我们的肢体。”[5]不过,美育的价值还不仅仅在于此。

席勒提出美育,是为了抵制理性对感性的过分压制,使人性得到和谐的发展,逐步走向完善。席勒认为,先有审美教育,才有政治经济改革的条件,他在《让美走在自由之前》中辩护说:“这个题目同时代需要的密切程度并不亚于同时代趣味的密切程度;人们在经验中要解决政治问题必须假道美学问题,因为正是通过美,人们才可以走向自由。”[6]席勒的自由,不是政治经济权利的自由行使和享受,而是精神上的解放和完美人格的形成,也就是自由人性的实现。对席勒而言,审美教育是人从必然王国走向自由王国,使人性得以自由健康发展。他理想中的美育的人是:“既有丰富的形式,同时又有丰富的内容,既善于哲学思考,又长于形象创造,既温柔,又刚毅,他们把想象的青春和理性的成年结合在一个完美的人性里。”⑦人性健康自由地发展,才能担负起对现实和国家进行道德改革的使命。席勒把人性分为感性冲动、理性冲动和游戏冲动,感性冲动和理性冲动是对立的,游戏冲动协调两者,使人达到自由本性。“只有当人是完全意义上的人,他才游戏;只有当人游戏时,他才完全是人。”⑧他强调审美情感对于培养人类心灵完满性的作用。他说:“美对于我们来说固然是对象,因为有反思作条件,我们才对美有一种感觉;但同时美又是我们主体的一种状态,因为有情感作条件我们对美才有一种意象。因此,美固然是形式,因为我们观赏它;但它同时又是生活,因为我们感觉它。总之,一句话,美既是我们的状态又是我们的行为。正因为美同时是两者,它就确凿地证明了被动性并不排斥主动性,材料并不排斥形式,局限并不排斥无限——因而,人在道德方面的自由绝不会因为人在物质方面的依附性而被消除。”⑨当美作为主体的一种状态和主体的心灵完全融为一体时,人才能从感性状态经过异化状态的克服,最后到达完满的道德状态。

席勒的这种思想深受康德影响。康德把审美视为人超越自然,获得自由本质的基本过程。康德认为审美教育是人类最终实现感性和理性相统一的最佳途径:“人类并不是由本能引导的,或者由天性的知识所哺育、所教诲着的;人类倒不如说是自己本身来创造一切的。生产出自己的食物、建造自己的蔽护所、自己对外的安全与防御,一切能使生活感到悦意的欢乐,还有他的见识和睿智乃至他那意志的善良,——这一切完完全全都是他自身的产品。”⑩审美教育就是人自身生命的创造,它不断建构人的自由本质和解构人的非人成分并以此实现对自然、人、社会三者关系的合理协调。人在这一历程中不断完善,成为属人的人。席勒和康德都论述了审美教育的本质是人性的完满,所不同的是,席勒把审美的人看成是人类最高理想,而康德则把道德的人看成最高目的。

大学文化担负着育人的功能,因此,大学审美文化应该塑造学生人格,但是,应该把培养完满人性放在首位,这两者的结合就是大学文化的审美本质。这对于当代大学中出现的“单面的人”等异化人性,无疑是有意义的。

在实用主义和虚无主义的腐蚀下，现在不少大学生，也包括一些教师都有“靠技术吃饭”的观念，把专业知识与技术功利化了，实际上也就是将自己工具化了。人的这种精神的平庸化与自我的工具化，正是意味着人最终成了科学技术专业知识的奴隶。对此，钱理群先生愤激地批评道：“他们有一种很强的能力，能够准确无偏差地理解‘他者’（在学校里是老师、校长，在考试中是考官，以后在社会上就是上级、长官、老板）的意图、要求；自觉地压抑自己的不同于‘他者’要求的一切想法，然后正确、准确、周密地，甚至是机械、死板地贯彻执行，所谓一切‘照章（规定、社会规范）办事’，做到恰当而有效率，并且能够以明确、准确、逻辑性很强而又简洁的语言文字，作出总结，并及时向‘他者’汇报。这样的人才，正是循规蹈矩的标准化、规范化的官员、技术人员与职员。他们能够提供现代国家与公司所要求的效率，其优越性是明显的，但其人格局限也同样明显：一无思想，二无个人创造情感力和想象力，不过是能干的和有用的工具。”[11]这样的人拒绝一切和实用无关的知识，精神上无操守，哪里谈得上自由精神？他们身上也许有传统美德，如仁爱、侠义精神等，但在长期的专制文化制约下，中华民族的文化道德又确实表现出实用的奴性和私利性的丑陋，瓦解着人的真正尊严，消解着人的自由生命价值。所以，校园文化的美育本质要把完满人性的追求放在首位。

二、美育视野下的大学文化建设

大学文化是社会文化系统的一种独特的亚文化形态，属于意识形态范畴，其内涵十分丰富。大致可以概括为物质文化、制度文化和精神文化三个层次。美育应该渗透到这三个层次中去。

高校的物质文化（物质环境）是指学校的建筑特色、校园景点的布置、先进的教学办公设备等，物质文化是学校文化建设的基础，它从外观上体现学校形象。

建筑是凝固的音乐，学校的建筑应该按照美的原则来设计建筑的造型，规划建筑的布局。高品位的校园环境，可以让师生的身心获得安宁和愉悦。俄国伟大作家契诃夫在《没意思的故事》中借小说中的教授说：“大学生的精神状态在大多数情形中都是由环境培养出来的，那么在他念书的地方他无论走到哪儿,所看见的,都应当不是别的,而只是宏大的、强壮的、优雅的东西才对……求上帝别让他瞧那些瘦伶伶的树木、七零八落的窗子、灰色的墙、罩着破破烂烂的漆布的门才好!"[12]这可以包豪斯校舍为例。包豪斯校舍由该校校长格罗皮乌斯设计,在1926年建于德国德绍。该校舍的窗户与透明的玻璃墙形成虚实相衬,光与影相对比,空间形象生动活泼,集实用与审美功能为一体,成为建筑史上的里程碑。包豪斯学院虽然只存在了14年,但影响深远。西方一位学者认为,包豪斯不只是一所学校,它是一个公社,一项精神运动,一种对所有艺术之激进理解,一个可与伊壁鸠鲁花园相比的哲学中心。[13]

(一)校园的物质文化中,景观设计极为重要

自然能够复归人的自然本性,因为人与自然在本源性是相通的。庄子在《齐物论》中说:"天地与我并生,万物与我为一。"孔子的"四时行焉,万物生焉",是对大自然生生不息的赞美,他说的"智者乐水,仁者乐山",是个体生命借山水之助,体悟大自然自强不息的生命价值,提升道德涵养,然后达到人生的和乐之境:"暮春者,春服既成,冠者五六人,童子六七人,浴乎沂,风乎舞雩,咏而归。"在自然怀抱中,人充分地享受大自然赐予的乐趣。人以一个独立完整的人格与大自然对话,他真正体验到是一个自主的、具有完全生命力的人。

正因为如此,在设计校园环境时,应该遵循"因其地,全其天"的原则,也就是在改造自然、修饰自然时,不要破坏自然。这在校园设计时包括两个方面:一个是模拟自然,二是顺其自然。模拟自然是说人造环境以自然景物为参照物,将自然环境中的各种真实物象转移至校园。例如江河湖海变成鱼池喷泉,高山峻岭变成叠石假山。这在古代园林中是司空见惯的事情,学校环境设计可以进行创造性地运用。比如江海学院大门的四块巨石背面,刻有梅兰竹菊四君子,显然是勉励学生追求一种高尚的品德,康德"美是道德的象征"的著名命题,在此得到生动体现。

顺其自然是不破坏自然环境之美,因地制宜将人文景观与自然相结合。比如在湖水中的小小绿洲上,可以建造亭台楼榭,既可以观赏周围优美的自然风光,又可以作为一个人文景观点缀自然环境。大学校园如果有高低不平的空旷之地,就不要去平整它,可以遍植枫、柏等树和花卉,这样,远远近近、

高高低低都是参差不齐的花木,反而有一种朴素天真之趣。

总之,校园的物质文化要体现学校环境的自然与人文的融合,这样,具有丰富内涵的审美因素的校园环境,就是一门生动的美育课程,当然是一种隐形课程。

(二)制度文化中的审美精神

学校的管理要强调以人为本,形成和谐的校园人际环境。按照"美是和谐"的观点,这种和谐的人际关系是一种社会美的体现。校园中的审美化的人际关系的实质是校长与教师、教师与学生的对话。对话不仅是一种交际手段,同时包含了人类生存方式的相互参照,所以,对话更是一种生命的内在诉求。对话建立了一种互相敞开、相互依存的关系,是自我与他者共同在场的相互审视和相互确认,体现了一种生命关怀。当个体的自由意志与社会秩序相抵触时,或者时代健儿的飞腾铩羽,或是宦海能将的一时落马,主体都会从社会舞台退回私人化的空间,对一切保持缄默,对话便出现了阻断。作为高校的核心管理者,应该拆除阻隔在人与人之间的有形与无形的墙,尽力消除那些可能影响人际关系的障碍。

(三)大学精神的审美设计

如果说大学物质文化是校园形象的外在表现,大学精神就是内在的学校景观。大学精神包括学校的历史传统、办学特色和校风、学风等。大学精神的景观设计应该渗透审美文化精神。

自由精神是大学精神之魂,蔡元培在百年前就提出"学术自由,兼容并包"的思想。他在《教育独立议》中说:"教育是帮助被教育的人,给他能发展自己的能力,完成他的人格,于人类文化上能尽一分子的责任;不是把被教育的人,造成一种特别的器具,给抱有他种目的的去应用的。所以,教育事业当完全交与教育家,保有独立的资格。"[14]他认为"大学为纯粹研究学问之机关,不可视为养成资格之所,亦不可视为贩卖知识之所。学者当有研究学问之兴趣,尤当养成学问之人格",所以,大学教授"代表的是公共利益,坚守的是民族文化、人类文明中的普适性的价值理想和个人的思想、学术追求,而绝不是他者的意志和利益,更要防止和拒绝自身成为一个利益集团。这样才能保持精神的独立。"[15]大学要培育第一流的人才,就必须真正保证思想自由与学术无禁区。遗憾的是高度集权的教育体制下的中国大学,官僚化十分严重,出现了学术腐败,真正潜心进行科研与教学的不多,真正的学者在高校里也很难生存,高校的自由精神式微。面对这种情况,有必要重新呼吁大学的自由精神。这种精神与审美自由是相通的。

从学校的培养目标看,大学精神的审美设计更应该关注大学生的美育实施。美育实施途径包括两个方面:一是开设相关的文学艺术课程,二是让学生参加审美实践活动。

对大学生而言,在中国文学艺术中,关注民生和热爱山水的作品,体现了人文精神,[16]也体现了审美道德解释的自由原则和正义原则,应该多让学生接触此类作品。外国文学艺术中的浪漫主义作品,更能让处在青春期的大学生产生共鸣,现代主义以压抑、荒诞的艺术形式,揭示人的生命悲剧性,也能让思想活跃的大学生反思人类生存的困境,这些作品都有利于提高他们美的鉴赏能力。

丰富多彩的校园文化活动是大学生审美实践的很好途径。高校应该经常开展绘画书法展览、谱曲演唱等文化活动,定期举办相关主题的大型文化活动节,吸引学生参加。通过活动,大学生不仅能提高鉴赏力,还能激发他们创造美的欲望。著名的包豪斯学院建于第一次世界大战后的德国,物质生活十分艰苦,但是,包豪斯的师生们仍然兴趣盎然地讨论艺术家活动和人存在的哲学含义,学校的业余活动丰富多彩,每周、每月、每季都举办化妆舞会、狂欢游行、音乐晚会和诗歌晚会等活动。这一切都成为学生生活亮丽的风景线。包豪斯浓郁的人文精神和艺术氛围是培育学生创新意识的催化剂。[17]包豪斯的做法,值得中国大学师法。

康德说,教育“不是教导我们怎样才能幸福而是教导我们怎样才能配得上幸福这样一种科学的入门”[18]。教育应该培养完满人性的人,才能配得上去追求幸福,如何培养这样的人,大学文化中的美育应该承担这样一个重任。

参考文献:

① 王国维.王国维文集[M].北京:中国社会科学出版社,2008:8.

②③④⑭ 蔡元培.蔡元培文选——文化融合与道德教化[M].上海:上海远东出版社,1995.

⑤ 伍蠡甫,胡经之.西方文艺理论名著选编[M].北京:北京大学出版社,2008:72.

⑥⑦⑧⑨ 席勒.审美教育书简[M].冯至,范大灿,译.上海:上海人民出版社,2003.

⑩⑱ 康德.历史理性批判文集[M].何兆武,译.北京:商务印书馆,1996.

⑪⑮ 钱理群.我的精神自传[M].桂林:漓江出版社,2011.

⑫ 契诃夫.契诃夫小说集[M].汝龙,译.合肥:安徽文艺出版社,1996:406.

⑬ 布尔德克.工业设计[M].胡佑宗,译.台北:台湾亚太图书出版社,2001:26.

⑯ 李建明,谢锡龄.中国古典文学的人文精神[J].社会科学家,2010(3).

⑰ 凌继尧,等.艺术设计十五讲[M].北京:北京大学出版社,2006:94.

大学文化传承与创新

文化创新与现代大学制度建设

王洪才

摘　要：现代大学制度建设本质上是一次系统的文化创新，它以现代大学精神确立为起点，以现代大学办学模式形成为归宿。现代大学精神无法直接从传统文化中获得，也无法从现代启蒙精神中求得，只能从大学文化传统中寻找。通过对大学传统反思发现，大学办学模式虽历经变化，但大学内在精神始终未变，它一直坚守"大学自治、学术自由、教授治校"原则。这对我国大学制度建设的启示是，必须约束政府对大学的干预，引入社会参与大学治理加以平衡，从而重新确立大学的内外部关系模式，实现大学治理。

关键词：文化创新；现代大学制度；社会参与治理

一、现代大学制度建设本质是文化创新

建设现代大学制度是我国高等教育进入新世纪之后提出的一项重要的教育体制改革命题，它意味着我国大学

作者简介：王洪才，男，河北永年人，教育学博士，管理学博士后，主要从事教育理论与高等教育管理研究。

制度要进行一次系统转变，它必然要以先进的价值观念为导引并最终落实行动模式建设上。我们知道，价值观念属于精神文化，行动方式则属于行为文化，而制度文化属于中间层次，是从观念过渡到行动的桥梁。由此可见，现代大学制度建设实质上开启了一项系统的文化创新工程。

从高等教育发展历史看，世界上并不存在一种“标准的大学制度”，甚至也没有出现“现代大学制度”概念。历史上曾有过“现代大学”概念[①]，但它主要是指缺乏理性精神指导的大学而言，在多数情况下是指德国大学模式之前的大学。而“现代大学制度”概念则是一个具有中国特色或中国独创的概念。在西方话语体系中，存在“古典大学模式”和“现代大学模式”，前者以英国牛津大学、剑桥大学为代表，因为它们保留了更多的中世纪大学传统，后者则以德国洪堡大学为代表，因为它们提出了不同于古典大学以教学为中心的新制度即以科研为中心。这就是古典大学与现代大学的分野。[②]但这并不意味着现代大学出现后古典大学就自然消失了，相反，它常常在教育改革中发挥着独特的作用，如今天美国大学的通识教育思想，很大程度上是继承了古典大学制度的做法。由此可以看出，我们所说的现代大学制度完全不同于国际上所说的有关现代大学所实行的一些制度。

在中国，现代大学制度在很大程度上是指与过去在计划经济条件下形成的大学制度相对的、适应市场经济要求的新大学制度，因而它有非常强的针对性。[③]现代大学制度特别指大学要具有充分的自主权，能够面向社会独立办学，能够妥善地处理大学内部治理关系，包括处理学校行政与学术群体的关系问题和大学与学生的关系问题。[④]尽管这些关系问题始终是大学治理中所面临的重要问题，但中国的问题有自己的国情特色。

目前世界上存在着美国式的大学制度，英国式的大学制度，还有法国式的大学制度和德国式的大学制度，无疑，它们都不属于标准的现代大学制度，而是各具特色的大学制度。那么，我们不能想当然地认为哪一种大学制度比较适合中国。因此，建立中国式的现代大学制度仍然是一个不断求索的命题。[⑤]诚然，建设中国的现代大学制度需要借鉴国外这些大学制度的成功经验，这种成功经验主要在于他们对于大学精神的理解。但我们学习他们的成功经验并不是把他们的具体做法搬来套用，而是要把他们建设大学制度的基本原则与中国的实际情况相结合，从而产生一种中国式大学制度。如果它能够满足大学发展需要,那么它就是现代的大学制度。所以,现代大学制度建设绝不是一个简单复制过程,而是通过向西方大学学习其大学制度中所蕴涵的具有共通性的大学精神。而且对现代大学精神认识也绝不是一个对西方大学精神简单的诠释和转述过程,而是在西方大学精神与本土文化精神相互激荡之后产生的新的大学精神,这一激荡过程就是一个文化创造或创新过程。没有一个文化创新过程,大学制度建设是缺乏生命力的,从而也不是真正意义上的现代大学制度,因为现代大学制度必须具有适应性的特征。[⑥]只有经历了文化创新过程,才能找到最适合中国大学发展的现代大学精神。因此,现代大学制度建设首先需要摆脱西化论或西方中心主义的影响,必须以民族文化发展作为出发点,寻找一种中西文化对话的途径和方法,这样才能找到最适合中国大学发展的道路。这一寻找过程就是中国大学模式的探求过程。[⑦]

从历史经验看,没有任何一项制度是可以直接移植过来而不加改造且能够成功实行的,都必然要经过改造和创新,而这个改造和创新过程首先就是一次观念的更新。现代大学制度建设必然是在借鉴国际上先进的大学制度之后,把现代大学理念与中国的高等教育实践进行有机的结合,这个结合过程就是尽可能地创造机会,使现代的大学理念融入于中国的文化土壤。这一文化碰撞与融合过程,正是文化创新的实质。这也意味着,我们必须把传统文化的最优秀部分和西方文化的精粹部分挖掘出来,这样才能形成中西方文化对话的态势,否则,就不可避免会坠入西方中心主义或者国粹保守主义的圈套。也只有在这个对话过程中,才能真正找到有中国特色的东西,从而为建设具有中国特色的现代大学制度提供营养。

改革开放以来,我们已经从西方学习了不少先进的制度,但学习方式是拿来主义式的,这样就容易犯头痛医头、脚痛医脚的毛病,结果出现了西方先进制度与传统大学制度之间不甚融合的局面,出现了许多在西方大学运转良好的制度而到了国内变成了摆设,甚至还使传统大学制度中落后的东西进一步得到强化。如在西方大学运转良好的大学教授会制度到了国内就成了摆设(花瓶说)[⑧],甚至还强化了大学行政化趋势。这也正是人们呼吁要建立现代大学制度的直接动因。再如在美国运转良好的选修制,到了我国大学后则出现了大量的“酱油”课程。西方以学生为中心的大学发展理念到了中国就变成学生放任主义。这说明,制度建设若不从文化的深层进行思考往往是无效的,甚至是反效果的。

“以文化为本”,这一观念的确立正是我国人文社会科学界在长期探索后的一个经验总结。事实上,“文化”不仅是个性存在的根本,而且也是群体存在的条件,因为失去文化维系的民族是不可能有发展潜力的。文化经常在不自觉中影响着人们的思维方式和行为习惯,如果不尊重它,那么我们的各项行动就不可能顺畅。文化的惯性作用非常强,只有尊重它、因势利导才能获得它的推力,不然就遭遇到阻力。我们建设现代大学制度的目的是为了实现大学治理,提高大学办学水平,最终为国民提供更多更好的教育服务,为人类贡献高水平的知识成果,为国民经济的持续健康发展提供原动力。传统大学制度抑制了大学的学术创造力,也抑制了教育质量的提高,从而不能为经济和社会提供强大的动力支撑,因此,就必须进行观念革新,创新制度设计,理顺大学内外部的各种关系。

要理顺大学内外部的各种关系,就必须寻找到承载它的文化基因,因为文化是我们行动的内在动力,它具有一种自发的能力,它能够在不知不觉中引导人的行为。如果不从文化根处寻找,我们就很难找到现代大学制度建设的执行机制。过去常常从理论上推论得出了一些应然结论,但到现实中很难落实,其原因就在于脱离了文化母体,从而理论思考变成了无源之水。因此,要理清大学内外部之间的各种关系,就必须从文化的深处入手,抓住现代大学制度建设的根本。不然,我们关于现代大学制度思考仍然是治标不治本的。

二、文化创新需要超越传统文化而趋向现代文化

显然,从文化中寻找到一个合适的切入点并非一件易事。首先是因为“文化”的内涵太丰富,人们很难从纷繁复杂的文化现象中找到最具有代表性的意义来。据国外学者统计,目前关于文化的界定就有200多种,[9]到今天人们对文化认识的分歧仍无消除的迹象。以至于文化成为一个“剩余范畴”,当人们对一些社会现象无法解释时都把它归入文化的范畴内。由于人们对文化的认识分歧太大,所以就很难认清文化的本质,这样的话就很难寻求到合

适的突破点。

对中国文化的认识同样遭遇这一难题。无人否认,中国在长达五千年的悠久历史中已经形成了自己的文化,文化既有一贯的脉络,同时又呈现出多元的特性。在秦汉之前,一直存在着多元文化的争持,并在春秋战国时期出现了百家争鸣的文化盛世。在秦汉之后,儒家文化在封建文化中始终居于主导地位,而其他文化并没有放弃对它的挑战,同时又与它进行融合,形成自己新的品质,而且儒家学说也在与其他学派论争中吸收了对方的特质来巩固发展自己。如此,中国文化具有复杂性、多元性,其性格特征很难得以把握。

但与西方文化相比,人们公认,中国文化根子中有一种实用主义品质,注重现实,不注重理想,缺乏对超越的追求,这也是儒家文化的典型特征;〔1〕思维中缺乏逻辑性,直觉思维比较明显,形象思维比较突出;〔2〕文化中具有一种保守主义品格,缺乏鼓励冒险的意识,把生命保护放在第一位,明哲保身意识非常强烈;〔3〕在言行方面重视行而忽视言〔4〕,从而忽视了理论思维的训练。此外,庸俗的实用主义文化也非常具有市场,如:有奶便是娘;人为财死,鸟为食亡;千里做官,就为吃穿……

传统文化在遭遇外来文化的入侵之际也出现了强烈的变革倾向。如在佛教文化影响下开始对超越问题的追问,“存天理,灭人欲”就是这一探索的直接成果之一。遗憾的是中国儒家学术探讨并没有超脱传统的“君子忧道不忧贫”、“正其义而不谋其利”、“明其道而不计其功”等比较实用的范畴。换言之,关于天理、人性之问始终都没有成为文化的主流或文化的根系,“经世致用”之说则是学问的中流砥柱。在思想上缺乏追根问底的情况下,人们只能靠强制的方式进行思想统一,这就是历代统治者惯用的手法。显然,这种统一是表面的而非内在的统一。这意味着,从中国文化传统中很难找到它的形而上的品性或文化的根系。

---

〔1〕 这从《论语》中“子不语乱力怪神”态度中可以发现一斑。

〔2〕 如道家将世界本原归为道,“道生一,一生二,二生三,三生万物”(老子《道德经·第四十二》),这种直觉主义思维方式是很难以琢磨的。

〔3〕 子曰:笃信好学,守死善道;危邦不入,乱邦不居,天下有道则现,无道则隐。邦有道,贫且贱焉,耻也;邦无道,富且贵焉,耻也。(《论语·微子篇》)

〔4〕 “君子欲讷于言而敏于行”。(《论语·里仁》)

因此,一谈到中国文化,似乎就进入了瓶颈,很难以突破。人们设想,既然现代大学制度从属于现代文化,那么是否可以从文化的现代性上寻求突破呢?这意味着需要认清现代文化的普遍特质,然后再寻求与中国文化的结合。这样的话就相对容易写,因为这就不需要从纷繁芜杂的文化现象中进行梳理,而可以从实用的角度提取中国文化。

现代文化有没有公认的品质呢?回答是肯定的。大家一致认为,现代文化是与现代社会相联系的,现代文化反映的是工业社会的特质,而传统文化反映的是农业社会的特质。现代社会的最显著特征是机械化大生产,讲究标准、效率,讲究个性、独立,讲究法治、民主,讲究分工、合作,讲究技术、理性,讲究教育、训练,反对道德主义,反对依附主义,反对人情主义,反对各行其是,反对神秘主义,反对愚民政策。而后者恰恰是中国传统文化的特质,这也是为什么中国传统文化在现代化过程中一直面临着冲击命运的根源。

有人怀疑,现代文化是按照西方文化标本制定的,有人直接指它代表的是启蒙哲学,是西方反对神学统治的产物,此不适用于中国。〔1〕 这个质疑确实是有道理的。我们不得不同意,现代文化中的许多规定更适合西方文化,与中国传统文化差距比较大。但如果从生产发展的角度来看,似乎这些质疑就少很多,因为生产阶段似乎是无法超越的。尽管这个说法仍然有唯物论或经济决定论的影子。但在现实世界中,不谈经济发展似乎是说不过去的。

如果中国文化根子就是这种封建文化的话,我们该怎么进行转变?该怎样与中国现实要求进行结合?或者说,能否运用强制的方式实现这种结合?事实上,在经济领域短期内是比较容易实现这种结合的,并且有许多成功的范例。问题是它有许多限制,即一当超过了一定的历史阶段,这种强制方式就难以奏效,这也是为什么许多国家会走进现代化陷阱的原因。〔2〕

换言之,当经济发展达到一定水平之后,人们的需求层次发生了变化,人们从物质需求转向了精神需求,此时传统的运行机制不能满足人们的要求,

---

〔1〕 事实上,现代化确实是从启蒙运动开始的。在这里需要审问的是现代化是否具有普遍性价值,如果具有普遍性价值的话,那么启蒙思想也适用于反封建愚民主义。

〔2〕 如亚洲“四小龙”、拉丁美洲国家等在经济实现现代化之后却在政治走向现代化过程中遭遇到现代化与传统文化的对峙状况。

这样社会发展就会出现巨大的问题。这个时期急需人文科学繁荣和发展，从而提供丰富的多元化的精神食粮满足人们的要求，然而要实现这个发展与传统的命令式的体制就出现了冲突。实际上，这提出了政治体制改革的命题，但如何改革却很难实现。

在历史上，中国进行了无数次的政治改革或变革，因为不变革就无法适应世界局势变化。中国文化能否从行政主导的文化演变成科技主导的文化？[1]从我党本身的吁求看，似乎认同这一价值，[2]但它常常被行政主导的文化所掩蔽。换言之，如果不改变行政的强势地位，科技就无法作为主导。科技主导的文化与历史上的“唯才是举”具有一脉相传的关系，尽管“唯才是举”在执行中非常困难，常常受到门第关系的影响，但“唯才是举”毕竟没有脱离行政主导的文化。换言之，“唯才是举”是用，而不是本。

中国文化本体是道德中心主义[3]，“才”历来都被置于次要的地位。尽管人们理想的人才模式是德才兼备型的，但在“德”与“才”之间权衡时“德”仍然是第一位的。而“德”本身则有很大的主观属性即意识形态属性。传统的“德”并不讲究独立人格，而强调的是服从和效忠。这可能是中西文化最根本的区别。

于是，在中国文化中就出现了一个吊诡现象：一方面，人们非常崇尚“君子”人格，君子的品性是“和而不同”，但这种品格很难为用；另一方面，人们所鄙夷的“小人品性”则更容易见用和得势。出现这种现象，也是许多中国知识分子都面临“小人”与“君子”之间的内心冲突，即不知道选择哪一个人格品质才是理想的，因为选择君子品格虽然能够获得一些好名声，但无法获得现实利益，而选择小人品格虽然名声不好但容易获得许多实惠。这就是人们普遍遭遇到“理想”与“现实”之间冲突的境遇。

---

〔1〕 行政主导的文化是中国传统文化的特色，这个特色形成与儒家作为主导服务于封建专制需要有直接关系。而现代化则是以科技为主导的文化，这主要是在西方以理性主义文化基础上形成的。

〔2〕 我国在结束“文革”后实行拨乱反正政策，提出了“尊重知识、尊重人才”的口号，这一口号也带动了我国科技和教育发展和繁荣。

〔3〕 如国学大师梁漱溟先生在《中国文化要义》中指出，“中国社会是伦理本位的社会”。参阅：梁漱溟著：《中国文化要义》，上海世纪出版集团 2005 年版。

三、文化创新必须以坚守现代大学精神为基点

抛开人们关于传统文化种种难以理清的问题,我们将问题再进一步聚焦:是否存在一种现代大学文化?在对大学发展史进行回顾后我们发现了一个惊人的事实:在长达一千年的大学发展过程中,大学的文化传统几乎没有变!大学依然崇尚学术自由、大学自治和教授治校。中世纪大学从诞生之日起就开始追求大学自治,为了反对教会和王权干预而追求学术自由,为了实践学术自由而追求教授治校,而这一文化传统直到洪堡柏林大学出现后才正式定型,从而成为现代大学的精神支柱。无论何时,似乎要举办真正大学就不可能脱离这三点。一旦没有这几点,所谓大学就不再是真的大学,它可能会变成职业培训所,变成技术研究所,或经典编纂机构。〔1〕换言之,大学之所以能够常青或具有活力的本质在于学术是自由的,这是大学的公理,没有这一点,大学就不成其为大学。

大学的传统是否发生过变化?确实,随着历史发展,大学传统曾发生过变化,但大学的精神实质始终没有变,所变化的仅仅是大学文化的表现形式,最典型的表现是大学治理结构发生了许多变化。因为大学为了实现自己的学术主张,不得不与外部势力达成妥协。所以,历来大学自治、学术自由都是有条件的,教授治校也是以多种面目出现的。

在中世纪,大学必须尊崇教会作为权威,学术研究结论不得与宗教教义发生冲突,否则就会面临严格的惩罚。这就是学术与政治之间的界限。在近代,大学教授必须宣誓效忠于国家,否则就被剥夺从事学术活动的资格,德国柏林大学也开创了这个传统。即使在号称“自由的天堂”的美国,也曾出现过“忠诚宣誓”的闹剧。〔2〕斯坦福大学在早期曾随意地开除教授〔3〕,这导致

---

〔1〕 如中国明清时期的翰林院和中世纪的修道院。

〔2〕 在20世纪50年代的美国,麦卡锡主义盛行一时,这对大学的学术自由产生了严重影响,许多州立法要求大学教授要进行忠诚宣誓,否则以解聘相要挟。

〔3〕 当时斯坦福夫人主政斯坦福大学,经济学教授罗斯反对美国的铁路政策,因此惹恼了斯坦福夫人,斯坦福夫人决意要将罗斯开除,虽然当时校长反对,一批教授也抗议,但还是无济于事,这导致了一批教授出走,成为斯坦福大学办学历史上第一次危机时刻。

了美国"大学教授联合会"的建立〔1〕,从而成为学术自由的一柄保护伞。

在今天,大学教授也必须忠诚于国家利益、民族利益和学术伦理,同时也必须保持自己的道德底线。一旦出现了与国家利益、民族利益和学术伦理及道德底线冲突的事项,其学术自由权利也就随之被剥夺了。

大学自治是与学术自由共生的,没有学术自由,就无所谓大学自治。大学自治就在于维护大学教授学术自由的权利。但大学自治也是相对的,大学从来都不是一个完全独立的实体。大学自治仅仅是在其章程规定范围内的自治,一旦超出了规定范围,这种自治就失效了。所以,大学必须时时刻刻小心地运用自己的自治权,避免因为越权行为而危及其生存资格。

大学自治说到底就是教授治校,当教授对学校发展拥有发言权的时候,才可能说是大学是自治的。教授治校表现在大学教授有权管理学术事务、制定管理规则和维护学术质量。教授治校的最重要体现是对校长的选拔权,换言之,校长任命必须经过教授同意,没有教授的同意,校长治理就缺乏现实的基础。这就是说,大学校长必须是大学教授的代言人,不仅仅是行政意志的代表,而且必须以维护教授的根本利益作为学校治理的基本方针。[10]

当前,教授治校面临的争议最大,争议焦点是现在学校管理已经变成了高度复杂的事务,已经超出了教授的能力范围。[11][12]这个说法似是而非,因为它混淆了直接治理和间接治理的概念。一般而言,教授治校是间接治理,即委托校长来进行治理,而校长来自教授,唯有如此,他才真正理解大学教授的根本利益所在。当然,教授一旦被委任为大学校长,其角色必然要发生转变,他要始终扮演一个调停者的角色,但维护教授的根本利益始终是其行动的出发点,否则大学的学术特性将不复存在。

国际上大学治理的通例是以教授治校为基础,校长治校是派生模式,而且校长治校权力主要集中在行政事务上。目前国际上校长的身份主要有三种:一种是荣誉身份,如欧洲大学;二是校长主导但实行部分治理,如美国实

〔1〕 一批不满于斯坦福夫人专制的教授离开斯坦福大学之后,担心罗斯事件也会在其他大学重演,所以决定组织大学教授联合会来保护学术自由权利。他们聘请当时著名的哲学家、教育家杜威出任首任会长,在成立之时发表了著名的《大学教授联合会宣言》,把学术自由作为捍卫的权利。美国大学教授终身制也从这个宣言开始实践。美国学者称《大学教授联合会宣言》成为了美国学术自由保护的"宪法"。

行学术与行政分权；三是科层制的，这是中国存在的类型，而且也是人们诟病最多的。[1]

总体而言，美国的分权体制是人们所向往的，即校长主要职责是筹款，少对学术进行干预，只对部分关键事项实行控制，运用否决权。但美国的体制适用于董事会领导下的制度架构，如果没有董事会作为最高的决策权力机关，那么校长的分权体制也很难运行。

欧洲的校长荣誉制比较适合国家办学体制，校长不作为一级官僚出现，校长由教授推举产生，这样就避免了校长的强权。如此，校长就更在意自己的学术身份而非其校长身份。

我国大学校长制度改革则面临一个难题：既想取消校长的行政级别，但校长不是由教授推举产生的；想实现校长与教授会分权体制，但缺乏董事会的领导。所以，我国的体制是处于欧美体制之间的徘徊阶段，也许最终会倾向于美国的体制，因为美国的体制比较有效力，但前提是党委领导必须转化成类似于美国的董事会制度，不然就很难运作。

四、社会参与治理是我国大学文化创新的突破口

大学要突破传统文化的桎梏，就必须把社会需求的满足放在第一位，换言之，大学必须以社会服务质量作为证明自己学术业绩的根本依据。如果没有这个关键步骤，就很难确立自己的独立地位。这是克服行政中心的唯一选择。但要注意，在这里把满足社会需要放在第一位不是要一切听从社会的要求，而是要以保持学术的独立判断为前提。如果失去了独立判断力，大学存在的价值就消失了。

但问题的核心是社会需求的内涵。社会需求有多种，我们认为，第一位

〔1〕 在英国和欧洲大陆，大学校长是一个荣誉职衔，一般由教授推举或聘请社会贤达人士担任，而负责学校行政事务的则是常务副校长。大学决策一般由教授评议会做出。在美国实行的董事会领导下的校长负责制，但校长权力是有限的，学术事务具体决定权力由教授会掌管，校长拥有否决权。在中国，大学校长权力行使往往因人而异，在很多时候是缺乏制约的。

的当然是政府需求。[1] 在中国，大学不能适应政府的要求肯定是没有出路的。这似乎与传统的机制没有分别。事实上，这一区别是根本性的。传统上，政府意志成为大学的唯一意志，一切都必须经过政府同意，大学仅仅是服从和执行机关，而不具有独立性。当政府需求成为社会的一种需求时，它的地位就发生了质的变化。当然，政府的需求不能以发布命令的方式来表达，否则就与传统的行政中心没有区别。政府的需求必须以间接的方式来表达，如政府对社会公平的需求、对社会和谐的需求和对学术创新力的需求等都可以通过立法的途径来表达。换言之，政府的需求不应该是具体的，必须是以抽象的形式出现，一旦以具体的方式出现就容易演变成命令。只有以抽象的原则的方式出现，政府才可能拥有一种比较超脱的地位，不然就会陷入事务主义之中去。当然，要改变政府的作风很难，但无论如何都必须起步，否则，大学要获得一种独立的办学地位就没有希望。

大学生需求显然是最直接的社会需求，这是对大学办学质量的考验，大学必须回答自己该以什么样的方式来面对大学生对知识的渴求的目光，必须时时刻刻思考该为大学生提供什么样的知识及以什么样的方式来提供，必须思考大学期望大学生应该拥有什么样的人格品质，以及如何使他们成为学术的后备人才以及社会的建设者。这一工作是具体的、繁杂的，而且也是大学作为一个教育组织的真正体现，大学的办学特色也是由此体现出来。

大学同时必须回应产业界的人才需要，必须思考如何培养合格的人才和提供高质量的智力服务，包括如何对产业界提供智力咨询和技术服务。社会对大学生的欢迎程度以及大学与企业之间建立的联系程度是检验大学对产业界需求的回应的效果。大学不再是象牙塔，不能再搞封闭性学术，必须回应现实的经济发展需要，而且这也一回应过程也是提高人才培养质量的重要抓手，尽管回应经济界需求与人才培养并不等同，但它们之间的关联非常密切。

大学还必须回应社区的需求，大学必须与所在社区建立一种良性的关

---

〔1〕 在这里，我们采用的是一种“小政府—大社会”的思想构架，认为政府意志从属于社会意志，从而反对传统的“政府意志高于社会意志”或“政府意志代表社会意志”等观念。但同时认为，政府意志是最具有力量的一种社会意志。

系，提供力所能及的智力服务和其他方面服务，比如向社区开放运动场馆，为社区提供终身教育项目，参与社区发展规划等。大学拥有丰富的智力资源，大学应当成为社区发展的智囊。

为此，大学必须确立“学术为本”的理念，构建良好的学术运转机制，在此基础上才可能有效地满足社会需求，才可能建立与社会的良好关系。所以，确立“学术本位”，意味着必须把“知识创新”作为办学的最高目的，即把达成对世界的真正认识作为大学的根本使命。

要实现知识创新，就必须尊重学术自由，尊重每个学者的学术自由探究的权利，保证学者对学术治理的权利，使学术活动按照学术本质要求进行。学术的本质就是忠诚于事实，一切从实际出发，一切从发现矛盾出发，一切以矛盾的解决为旨归，尊重每个人对事实发现的权利，尊重每个人对事实的理性阐释能力，尊重每个人平等参与有关事实真伪的理性辩论权利，在学术界反对身份等级限制和学术霸权。

构筑大学与社会、大学内部的行政与学术之间良性关系是现代大学制度建设的内在要求。这些都要求大学必须建立“学术为本”的文化，必须通过创新观念来使“知识价值至上”的理念深入人心。[1] 只有当人们形成了自觉地维护知识的尊严的行为习惯的时候，大学才成为真正以学术为本的组织。

为此，大学文化中形成一种社会共治理念就不可缺少，这也是对抗行政专权的唯一有效办法，因为在目前还没有一种力量能够真正与行政力量抗衡，唯有社会力量共同参与大学治理才能平衡行政力量。事实上，在我国大学要实现这个社会共治理念还有漫长的路要走。

参考文献：

① (美)亚伯拉罕·弗莱克斯纳. 现代大学论——美英德大学研究[M]. 徐辉，陈晓菲，译. 杭州：浙江教育出版社，2002：1—29.

② 王洪才，赵琳琳. 现代大学制度：缘起、界定、突破[J]. 江苏高教，2012(3)：31—33.

③ 袁贵仁. 建立现代大学制度　推进高教改革与发展[J]. 中国高等教

〔1〕“知识价值至上”，即把求知作为人生的根本意义。或者说，知识构成人生意义的本体。

育, 2000(3):21—23.

④ 王洪才. 论现代大学制度的雏形[EB/OL]. [2008-3-21]. http://www.hie.edu.cn/fgzc/news.asp? new=1190.

⑤ 王洪才. 对露丝·海霍教授的中国大学模式命题的猜想与反驳[J]. 高等教育研究, 2011(5):6—13.

⑥ 王洪才. 论现代大学制度建设的价值导向[J]. 复旦教育论坛, 2006(3):21—26.

⑦ 王洪才. 论中国文化与中国大学模式——对露丝·海霍"中国大学模式"命题的文化逻辑解析[J]. 华中师范大学学报, 2012(1):144—152.

⑧ 潘懋元. 大方向与可行性[N]. 中国青年报,2003-6-26.

⑨ 国外学者关于文化的定义[EB/OL]. http://www.people.com.cn/GB/paper81/6325/623504.html.

⑩ 王洪才. 大学校长:角色·使命·选拔[M]. 上海:上海交通大学出版社,2010:32—42.

⑪ 赵蒙成. "教授治校"与"教授治学"辨[J]. 江苏高教, 2011(6):1—5.

⑫ 杨兴林. 关于"教授治校"与"教授治学"再思考——与赵蒙成教授商榷[J]. 高等教育研究, 2002(4):46—51.

(江苏省高等教育分会2012年学术年会特邀学术报告)

传承与创新:大学文化的整体建构

王国强

摘　要: 大学文化的构建是一项系统工程,只有通过不断地传承与创新才能完成。在高等教育现代化建设中,大学要自觉做好精神文化、物质文化、制度文化的传承和创新工作,塑造大学文化之魂、之形、之翼,通过大学精神、大学景观及大学制度三者的良性互动,整体建构新时代的大学文化,让大学真正成为引领社会文化发展的重要阵地。

关键词: 大学文化;传承;创新;整体建构

高等教育现代化是其构成各元素现代性不断增强的过程。这种现代性不断增强的各元素,无不是在继承并发扬光大各自传统的同时,吸纳并外化现代社会要求以彰显各自现代性的风姿。大学文化的传承与创新是高等教育不断增强现代性的客观要求。教育是文化的生命机制。大学有很多功能,文化传承与创新"是大学属性里面最本质的东西"、"大学在本质上是一个功能非常独特的文化机构",[①]也是整个大(广义)文化持续繁荣发展最为基础的

作者简介: 王国强,男,江苏宜兴人,南京人口管理干部学院副院长,主要从事高等教育管理研究。

工程。在高等教育现代化建设中,“大学必须有高度的文化自觉”[②],需要高度重视、切实推进大学文化的传承与创新。

文化理论研究表明,文化是由各种元素组成的一个复杂的体系。这个体系中的各部分在功能上互相依存,在结构上互相连结,共同发挥社会整合和社会导向的功能。文化一般包括精神文化、物质文化、制度文化三个层次。本文将依据这一文化层次理论,探寻大学精神文化、物质文化、制度文化的传承与创新路径,推动大学成为文化高地。

一、文化之魂——引领社会文化发展的大学精神

精神文化是人类在从事物质文化生产基础上产生的一种人类所特有的意识形态,是人类各种意识观念形态的集合。精神文化是物质文化的核心载体。精神文化的核心是价值观念。精神文化的优越性在于它具有人类文化基因的继承性,还有在实践中可以不断丰富完善的待完成性。这也是人类精神文化不断推进物质文明的内在动力。由于精神文化是物质文明的观念意识体现,在不同的领域,其具体文化精神有不同的表现和含义。

大学精神是大学文化之魂。精神文化一般通过简洁、凝练的语言描述校训、校风、教风、学风等,外显出个性化的办学理念或倡导的某种精神,以凝聚人心、启发思考、鞭策激励、指引方向,其中以校训为最具这方面的特征。

一所大学的精神文化一般都形成在一定的历史根基之上,是大学在特定发展时期或草创之初办学者教育思想的反映,或者是特定时代对大学、对师生要求的体现。由此形成的精神文化造就的特殊氛围和意蕴,在一所大学的历史进程中几乎全时空地浸润、滋养着其中的每一个人,催生出有别于其他大学人的特殊气质、行为方式、语言习惯,催生出新思想、新观点、新理念,并通过一代代的学生、科学和技术研究成果的扩散、直接的社会服务以及有意识的文化传承等途径和方式,自觉不自觉地影响着社会。综观我国大学精神文化的影响力,一方面由于自身发育不好,无法形成突出校园的爆发力,进而成为社会精神文化引导力,推动全社会的精神文明建设;另一方面由于浮躁、急功近利等多种“社会病”的影响,大学精神文化影响力在校内和校外同时式微。因此,加强大学精神文化建设迫在眉睫。

加强大学精神文化建设，必须传承与创新大学精神文化。这是大学自身革故鼎新、延续历史的需要，也是现时代经济发展、政治变革、社会建设、文化昌盛的呼唤。传承与创新大学精神文化，首先要重新审视大学精神文化的内核及其历史渊源，进一步做好挖掘整理、去粗取精、去糟粕取精华工作，促使大学精神文化的现代化。其次要全面把握现时代国家现代化建设对大学个性化的要求，反映时代要求，体现时代特征，实现大学精神文化的现代化。第三要研究借鉴其他国家大学精神文化建设的实践经验，体现国家改革开放不断深化要求，观照全球一体化发展趋势，强化大学精神文化的国际认同。通过这些方面的工作，丰富大学精神文化的内涵，使其充盈人文的价值、包容的气度，使其突出大学校园，引领社会文化发展，促进社会文化建设，提高中华文化的国际认同度。

二、文化之形——成就“无言之师”的大学景观

物质文化是指为了满足人类生存和发展需要所创造的物质产品及其所表现的文化，包括饮食、服饰、建筑、交通、生产工具以及乡村、城市等，是文化要素或者文化景观的物质表现方面。经过充满智慧、掌握专业技术的大学人创造出来的建筑物、道路和绿化等，都是文化的有形部分，凝聚着大学人的观念、需求和能力。因此，这里所指的大学物质文化建设，主要指大学的校园建筑及其布局、校园绿化和道路布设、教学和科研设备构成的特定环境，以及这些物件被赋予的大学人的价值观、愿望和期待等。

一般而言，大学物质文化成果应是大学精神文化精华的凝结、大学价值观的外显、大学物质文化社会影响力的所在。但是，如果说古代书院的遗存、明清或西式校园及其建筑尚有文化韵味，那么，近 30 多年来的大学物质文化积淀可谓微、薄、少，至今都没能摆脱“一穷二白”状态下的“心态”及由此生成呈现的格局。

一是无校不围墙。我国的大学总是不自觉地试图与社会分隔，即使已经“破墙透绿”的，也还是违若禁区，与社会的交流难“通透”，不顺畅，校园物质文化的氤氲难以弥漫进社区、影响社区的文明进步。这有违“社会即学校、学校即社会”的大学物质文化建设本质要求，不利于育人目标的达成。

二是大楼空洞。现在的大学高楼林立,但大多空洞无物,若是真正能够表征学校或其专业特点的一两栋大楼、一两处雕塑也是偶尔能见。由于缺乏整体的、把每一栋建筑或一草一木作为大学新的物质文化积淀的具体考量,不可避免地显得突兀、生硬,甚至多余。大楼,特别是宿舍楼的建设,一般外观鲜亮,内在则无论是用材、设计、功能、施工质量直至管理,与“有文化”相距甚远,无法成为育人的“硬环境”。

三是布设突兀。校园内绿化和道路的布设,与本校特定的精神文化、专业特点不相协调、互不映衬。与大楼一样,大道、大树无不是大学的不懈追求。这样的作为几乎是各类开发区建设的翻版,而比之不如的是,我国的各类开发区恰恰又十分重视文化建设和积淀,不断提升区域的文化品位,成为宜居、宜商、宜赏、宜创(业)的现代化新区域。

四是配置落后。教学、科研的设施设备的配置一方面技术含量、档次普遍落后于用人单位所拥有的,另一方面设施设备的摆放,大都是“排排坐”的格局,禁锢了教学、科研环境里人们创造思维的形成。大学物质文化急需提高层次、水平和品位。

自然存在物不是文化,只有经过人类有意无意加工制作出来的东西才是文化。大学物质文化建设无疑需要体现学校核心价值的追求,精心规划,精心施工,精致管理,赋予校园的所有物件以灵魂,使之成为“无言之师”、校园的甚至是社会的新的人文景观。当然,大学物质文化建设要做好传承和创新工作,并不断提高层次、水平和品位,大致可以从以下几个方面着手。

依托于丰厚的民族积淀。民族的、区域的物质文化资源,通常是大学发展历史上物质文化建设中已经吸纳、运用过的。但是,一方面,民族的、区域的历史积淀的物质文化资源不可穷尽,要继续深入研究,挖掘更多可以在今天为大学借鉴并现代化的物质文化遗存。另一方面,民族的、区域的物质文化也在不断地吐故纳新,民族的、区域的物质文化内容在丰富,品位在提高。为此,面对民族的、区域的物质文化,大学物质文化的传承与创新,既要古为今用、又要“今为今用”。同时,充分运用智慧、知识、技术,追求青出于蓝而胜于蓝的境界,提升大学物质文化建设成果的层次、品位,并以此导引民族的、区域的物质文化建设。

启迪于优秀的世界文明。只有民族的才是世界的。属于世界的各国优秀物质文化资源，大学都应积极研究，做好“去”、“取”工作，积极“拿来”，使之与本民族的物质文化碰撞，生发出新的物质文化作品。同时，密切关注各国物质文化建设和发展的趋势，及时吸取其精华，结合我国文化建设的要求，创造新的物质文化样式和作品，永立物质文化生产的潮头，导向全社会的物质文化建设，促进社会物质文化建设的繁荣和发展。

改造与回归。新建大学面临全新的校园物质文化建设要求，固然可以独立高标，积淀新的高品位的物质文化。但对于大多数伴随大扩招大建设已经结束的大学而言，可以“以旧修旧”，根据本校精神文化的特定要求，通过建筑物饰面的变化、道路和绿化等的个性化改造、教学和科研设施设备的人性化布设等，赋予它们以思想，反映学校的理念，体现师生的期盼，优化育人环境，浓郁育人氛围，提高育人效果。

三、文化之翼——持续寻求突破的大学制度

制度文化作为文化整体的一个组成，是人类为了自身生存、社会发展的需要而主动创制出来的有组织的规范体系。

制度文化在协调个人与群体、群体与社会的关系，以及保证社会的凝聚力方面起着不可或缺的显著作用，深刻地影响着人们的物质生活和精神生活。大学制度文化是大学赖以有效有序运转、相较精神文化和物质文化更为“刚性”的文化形态，包括依据国家法律法规、方针政策以及大学实际制定的各种规章制度。

文化的功能是形成社会规范。[③]大学制度文化建设应直接指向大学内所有成员都必须遵守的行为模式与行为规范的建立。大学制度文化建设旨在改变现行大学制度中的不合理因素，如“行政化”、“官本位”、学术政治化等。[④]大学制度文化建设还要改变不依据国家法律法规、方针政策制定校内规章，校自为阵，人性化不够，甚至侵犯了师生的合法权益而不知，以及依法治校意识不强、依法管理不到位等问题。

文化整体的协调互动必须依赖一个良性有效的秩序，这唯有通过制度文化才能达到。大学制度文化建设的目标就是建立一个精神文化、物质文化良性互动的格局。而这其中同样有着传承的必要、创新的广阔空间。这也使得

大学完全可能成为社会新规范的策源地。

制度文化的基本核心,是由历史演化产生或选择而形成的一套传统观念,尤其是系统的价值观念。因此,大学物质文化的传承与创新,首先是要总结大学以及社会制度文化建设已有的成果、经验和教训,依据国家的法律法规、方针政策,统筹考虑大学改革和发展的各项工作,制定贯彻大学精神文化要求,充分发挥大学物质文化作用的学校章程,以此规范各类人员的行为和行为方式,并由此进入大学制度文化建设的新境界。

制度文化作为一种系统或体系具有二重性。一方面它是人类活动的产物;另一方面,它又必然成为限制人类不规范活动的因素。因此,大学物质文化的传承与创新,其次是必须围绕形成优良的学术环境,为师生发展提供良好服务,实施精细化、人本化管理,建立更为科学合理的管理制度,使得大学的学术空气更纯,师生的工作、学习和生活更为有条不紊,师生的身心发展更为健康。

制度文化以物质条件为基础,受人类的经济活动制约。人类在社会实践中逐步形成的制度文化,因地域、民族、历史、风俗的不同,而异彩纷呈,表现为多样性。因此,大学物质文化的传承与创新,最后是应有海纳百川的胸襟和气度,立足大学,扎根本地本民族,统揽世界各国各民族,集萃全人类优秀的制度文化建设成果,并使之中国化、本土化,以此催生更多具有中国特色的制度文化建设新成果。

参考文献:

① 杨玉良.在第八届“海峡两岸暨港澳台地区大学校长论坛”的发言内容[C].中国新闻网,2012-7-22.

②④ 迟海波.大学的文化自觉与历史责任[N].光明日报,2012-2-6(7).

③ 姜泓冰.提升大学的文化传承创新能力[N].人民日报,2012-1-30.

林业高校与生态文化的传承和创新

彭 斌 周吉林 高江勇

摘 要：在建设生态文明的过程中，林业高校要肩负起传承和创新生态文化的责任和使命。林业高校在传承创新生态文化方面具有三个特点和优势：林业高校的生态文化身份由大学和社会共同创造，具有广泛的社会认同性；林业高校以追求人和自然和谐为价值取向的大学精神，具有高度的文化自觉性；林业高校在生态研究方面具有学科、师资、设备等优势，具有传承创新文化的持续性。林业高校需要在提供思想和价值引领的同时，在人才培养、科学研究和社会服务的过程中传承创新生态文化。

关键词：林业高校；生态文化；传承；创新

大学作为人类社会最高层次的文化组织，从其诞生之日起，便承担着推进文化传承与创新的重要使命。纽曼时期的大学承担着探求真知、解放人性的文化启蒙作用；洪堡时期的大学对科学研究和学术自由的追求，承担着文化创新作用；"威斯康星思想"时期的大学对服务社会的追

作者简介：彭斌，女，南京林业大学高等教育研究所助理研究员，研究方向：高等教育管理。周吉林，女，南京林业大学高等教育研究所所长，副研究员，研究方向：高等教育管理。高江勇，男，南京林业大学高等教育研究所助理研究员，研究方向：高等教育管理。

求，承担着文化引领作用。从发展历程可以看出，大学传承创新的文化必定是对经济社会发展起着推动作用的先进文化。当今社会自然环境、生态系统、地球资源已经成为全球问题，建设生态文明成为我国的战略选择和发展要求，建设生态文明有赖于生态文化的传播和实践。林业高校作为高等教育系统的重要组织部分，肩负着文化传承创新的使命，同时更要责无旁贷地肩负起传承和创新生态文化的责任和使命。

一、林业高校在传承创新生态文化方面的特点和优势

生态文化，就其内容而言，是与人类中心主义文化以及生态主义文化相对应的文化，是指人类在实践活动中保护生态环境、追求生态平衡的一切活动的成果，也包括人们在与自然交往过程中形成的价值观念、思维方式等。[①]生态文化作为文化的一个组成部分，具有文化的一般特征，一方面反映着社会发展状况，另一方面渗透到社会生活的各个方面，对社会发展起反作用。生态文化就其本质来说，是人与生态环境一体的认识、生态观内化为主体的思维习惯并在行为中得到体现，以及形成一定生态文化的氛围。[②]任何文化的积淀都需要一个长期的过程，需要继承发扬传统生态文化，进行系统的生态教育和宣传，最终将生态文化内化为整个社会群体共同、持久的思维模式和行为习惯。林业高校传承创新生态文化具有三个方面的特点和优势。

（一）林业高校的生态文化身份由大学和社会共同创造，具有广泛的认同性

大学不是政治组织，也不是经济组织。一提到大学，人们普遍认为是文化的组织，这是人们对大学文化性组织的认同，称之为大学的文化身份。林业高校的生态文化身份，是大学与社会共同创造、认可的过程。国外林业教育启蒙于几门与林业有关的课程，用于满足林业生产利用，培养林业技术人员，此时社会大众对林业高校的认识就是培养、培育森林和木材生产利用的人才。随着社会经济发展，世界性的森林资源遭到破坏，环境开始恶化，人们开始深化对森林的认识，森林不仅具有物质生产功能，更具有生态功能，要求林业教育范围扩大到与林业相关的环境、生态和生物资源领域。此时，生态

文明作为对工业文明的反思被适时的提出，生态文化是人类实践生态文明的具体方式与实现生态文明的具体应用，建设生态文明，需要传播和践行生态文化。从20世纪中期开始，大学里思想活跃的教授和学者们掀起了席卷全球的生态主义思潮，包括生态哲学、生态伦理学、生态经济学、生态政治学等一系列概念和学说，其共性是用生态学的概念、方法来解释、重构人与社会、人与自然的关系。林业高校由于其学科优势、专业特色和历史积累，被天然认定为生态文化策源地和思想库，生态文明的传播者和助推器等身份，林业高校的生态文化身份得到了社会的认可并赋予了更多的期待。

（二）林业高校以追求和谐为价值取向的大学精神，具有高度的文化自觉性

大学作为文化组织，具有传承创新文化的价值追求，这种追求可用宋代学者张载的话来概括，“为天地立心，为生民立命，为往圣继绝学，为万世开太平”，就是说为自然和社会重建精神价值，为民众确立生命意义，为前圣继承已绝之学统，为万世开拓太平之基业。这是大学的文化共性，而作为个体的大学来说，由于其文化传统、所处环境以及特色优势的不同，会表现出不同的文化气质，形成不同的办学理念，最终又被凝练、提升为大学精神，大学精神反映了大学的本质追求。比如清华大学的“厚德载物，自强不息”，强调的是人的道德修养和自强精神。我国高等林业教育已有近110年的历史，各林业高校的育人理念代代传承，逐渐升华。东北林业大学凝聚成“学参天地，德合自然”，传递着学校“将不断进取，按照自然规律办事，树立科学的道德观，努力实现人与自然、人与社会、人与人的和谐相处”的办学理念。北京林业大学凝聚成“乐山乐水，树木树人”，反映了北林人崇尚自然、追求真理的办学理念。纵观林业高校，其共同的精神品质是“树木树人”，有着勇于担当国家生态环境建设和生态文明建设的宽广胸襟和精神追求。正是这种朴实的追求和坚持，鼓励着林业高校去传播生态观念，实践生态知识，创新生态文化，为推进、发展生态文明发挥积极作用。

（三）林业高校在生态研究方面具有学科、师资、设备等优势，具有传承创新文化的持续性

大学不仅是知识的共同体，同时也是文化的共同体，具有一定的文化品

质和精神感召力，这种文化品质体现在学术知识、学科专业、教师、校园文化等各个方面。林业高校经过长期的历史积淀，具备了为社会解决生态问题、创新生态文化、传播生态知识的各项有利条件。林业高校汇聚了一大批生态研究专家，他们从不同的学科、方向探索和解决生态问题，他们是生态文化的传承者，又是生态文化的创新者。随着对生态环境的重视和林业教育研究范围的扩大，林业高校纷纷引入资源与环境的概念，构建了以资源、生态和环境类学科为优势的特色学科体系，有利于各学科联合攻关解决生态环境等问题。同时在教学过程中，把这些生态研究的新成果、新知识传递给学生，引导他们用生态学的观点来解决问题，实现了生态文化的传播。生态文化是伴随着社会发展而诞生，生态文化创新内容、要求都随着社会的前进而前进，林业高校的资源优势，使得生态文化传承创新成为可能，并随着社会的发展进行持续不断的创新。

二、林业高校传承创新生态文化的实现途径

胡锦涛总书记在庆祝清华大学建校 100 周年大会上的讲话把文化传承创新明确为大学第四大功能，赋予了高等教育新的重大使命。大学的文化传承职能的实现，必须以人才培养、科学研究和社会服务为具体载体。同样，林业高校传承创新生态文化，需要在提供思想和价值引领的同时，与林业高校的人才培养、科学研究和社会服务相结合，在具体实施中完成传承创新文化的使命。

（一）在培养人才过程中传承创新生态文化

西班牙学者奥尔特加·加塞特认为，作为一种高等教育机构，大学首先应该把普通人培养成为“文化修养”的人，使他们处于时代标准所要求的高度。[③]大学最根本的职能是培养人才，在建设生态文明的背景下，林业高校所培育的人才，应该是生态知识的拥有者，生态观念的倡导者，生态活动的践行者。[④]教育是一个有目的、有计划的文化过程，生态文化教育应当是系统的工程，需要显性课程与隐性课程、社会实践相结合，促使学生系统学习生态知识，并内化成自身的生态文化素质。

1. 开展生态教育,利用显性课程传授生态文化

所谓显性课程,是指明确的、事先编制的课程,是通常的学校课程。显性课程的特点在于常规性、规范性和系统性,是有目的地传授知识和技能。林业高校要建设多样化的显性课程体系,为学生传授系统的生态知识,这是林业高校实施生态文化教育的基础和根本。美国自 20 世纪 70 年代开始把环境教育课程列入非环境类学生的必修课,构建了门类齐全的生态环境课程,包括“地球自然系统的基本功能”、“人类活动与环境持续的相关性”、“持续生活方式的实践”、“支撑环境持续性的政策方略”等四大类课程。[5]在我国,1997 年清华大学率先开设《可持续发展引论》选修课,之后把生态教育列为教学改革的重要环节。2000 年以后,受全球广泛开展生态教育的影响,我国高校也纷纷开设生态学、环境保护等选修课。林业高校生态、环境学科优势突出、师资雄厚,可以把生态教育课题列为必修课,要求非生态、环境的学生通过显性课程来认识环境、了解生态,获取保护环境和生态系统、防止生态危机、解决生态问题的知识和技术。

2. 丰富校园文化,利用隐性课程培育生态文化意识

相对于正式的教学课程,在大学里,学生还体验了一种非正式的、没有策划的、甚至没有书本的课程,此类课程可以称之为隐性课程。如果说,显性课程是传授知识,那么隐性课程则是培育价值理念。林业高校拥有优美的生态文化校园,大多是绿树环绕、绿草如茵,学生在这样的环境中学习更能够体味到人与自然的和谐之美。林业高校的一代一代的大师们,为林业现代化和祖国的生态文明建设呕心沥血、坚守攻关,他们构成了林业高校最有感染力和凝聚力的一道文化风景,梁希先生的“让黄河流碧水、让赤地变青山”、张齐生院士的“政府、老百姓和企业家最想做最关心的内容,就是我研究的方向”,引导着大学生形成正确的生态文化意识。

3. 积极践行,在实践中提高生态文化素养

生态文化素养的培养不仅在课堂上,更需要大学生在实践中去感知和反思。在校内,可以组织生态活动月让学生亲身体验如何去节水节电、回收废旧物。可以开办生态讲堂,请生态专家介绍最新学术前沿知识。同时可以把在课堂上学到的生态知识扩展到课外、校外,学生可以把通过去社区开办讨论的形式传播生态常识、环境保护等知识和政策法规。同时可以充分利用暑

假的社会实践,鼓励学生开展生态环境、生态问题的考察活动。通过参加这些活动,学生把生态意识落实到行动上,一方面可以使他们巩固书本上的知识,达到学以致用的目的;另一方面也提升了大学生们的生态文化素养,他们不仅是生态文化的接受者、学习者,同时也是生态文化的传播者和创新者。

(二)在服务经济社会发展中传承创新生态文化

当前,生态问题已经成为全球问题,生态文明成为经济社会发展的主流思潮,生态文化也从潜在的思想意识成为明确的实际行动。林业高校需要协同创新解决生态问题,在科学研究中凝聚生态文化;需要挖掘、整合和传播传统生态文化,利用其多学科汇集的优势加强生态文明理论研究,为繁荣生态文化奠定理论基础。

1. 通过协同创新解决生态问题,为生态文化传承创新提供依托

随着科学技术的发展,特别是知识经济的兴起和全球化进程的演进,多主体协同创新已日益成为大学科研的主流模式。这种多主体协调创新模式给大学提出了一个新课题、新思路和新机制,大学可以通过与相关部门、行业、研究院校合作联合起来,共同解决生态危机、环境资源等重大难题,如林业高校可以主动融入国家林业和地方生态环境建设战略,瞄准现代高效林业、新能源、新材料、信息网络、生物技术与新医药、节能环保、绿色经济等新一轮产业发展的重点领域进行科学研究,这些研究成果是形成生态文化的依托和土壤。设想如果没有科技创新支撑的生态文化,生态危机依然存在,人们如何感知生态之美,如何与大自然和谐相处。十七届六中全会《决定》指出:“科技创新是文化发展的重要引擎”。一方面,林业高校可以通过协同创新破解生态难题,在协同创新中凝练生态文化;另一方面,创新具有很强的文化依赖性,必须建立和形成文化创新机制。林业高校的协同创新是在生态文化的指导下进行的创新活动,生态化的大学制度可以引导学校与外部环境共同构建高等教育生态系统;学术自由、容忍失败、探索新知的学术生态环境鼓励着教授学者们不断地进行文化创新。

2. 通过多学科,加强生态文化理论研究,繁荣生态文化

进入现代以来,各种科学新知识、新思潮以学科整合的方式出现,整个科学发展呈跨学科交叉研究和整体化的趋势。罗马俱乐部创造人佩·切伊认

为生态文化的基本内容是建立一种以生态学为核心的文化体系，建立起符合生态学原理的价值观念、思维模式、经济法则、生活方式和管理体系，改变以往那些不良习惯，以生态学的思想与方式来认识世界、观察世界。生态文化是生态哲学、环境伦理学、社会生态学、生态经济学等生态思想的升华与发展。进行生态文化创新的方法是会通和融合，文化传承创新不是一个学科、一个方面能够实现的，而是需要多学科的会通和整合。林业高校进行生态文化创新，首先需要确认自己的研究范畴和特色，生态科学是研究生态文化的科学基础，要用生态学的观点来解释本学科基本概念、研究方法和范式。其次要对传统的生态文化进行研究、传承和发扬。我国古代有着朴素的生态文化思潮，儒家的"天人合一"、道家的"道法自然"都蕴含着生态文化思想。林业高校的生态文化研究者们要做传统生态文化的坚守者，从传统文化中获得思想精粹，唤起公众对生态文化的认同感和归属感。第三，需要对国外先进的生态文化开放融合。各种生态文化思潮首先在西方社会兴起，几乎所有的人文社会科学学科都建立了与生态相联系的新的交叉学科，它们的共性是以生态视角对现行思想文化进行重审、批判，重构生态文化。林业高校的生态文化研究者们以开放的眼光相互交流、借鉴，做生态文化的创新者，形成一批有影响的研究成果，来指导和引领生态文明社会建设的理论构建和实践探索。

3. 通过提供生态成果、生态科技和生态服务，在服务社会中传承创新生态文化

文化的价值在于实践，需要积极主动的传播、应用和发展。林业高校不仅需要传播生态文化，在思想价值观上引领经济社会发展，同时更重要的要为生态文明建设创新生态科技，开发生态产品，提供生态服务。林业高校要将自己的资源优势变为科研创新优势，重点加强林业生态建设、森林经营和保护、资源培育与高效利用、林业生物产业、林业碳汇、木本粮油、林业生物能源、林业装备等领域的重大关键技术研究，为生态文明建设提供科技支撑。林业高校要加快推进生态科技成果转化，主动融入区域技术创新体系，与生态企业共建产业创新联盟和产学研基地，与地方政府合作共建地方研究院研究某一区域的生态和环境问题。同时，林业高校还可以深入开展生态产品技术研究、咨询等一系列生态服务，在服务经济社会发展过程中实现自己的文

化理想,让生态文化在服务社会的过程中得到传承和创新。

参考文献:

① 余谋昌.生态文化论[M].石家庄:河北教育出版社,2001:326—328.

② 方真.生态文化及中国古今生态文化之比较[J].学术研究,2007(5).

③ 雅思贝尔斯.什么是教育[M].上海:三联书店,2001:326—328.

④ 刘月岭,武立敬.大学校园生态文化的意蕴及价值[J].长春工业大学学报(社会科学版),2010(7).

⑤ 方炎明.美国高校环境教育现状分析与思考[J].中国林业教育,2004(2).

试论中医药院校传承创新中医药文化的地位与作用

黄桂成 文 庠 宋京霖

摘 要: 在国际竞争日趋激烈的新形势下,各国纷纷提升自己的软实力。作为国家软实力重要组成的中医药文化,其传承与创新就显得十分重要。中医药院校应发挥自身的优势,自觉承担起中医药文化继承与创新的历史重任,为提升国家软实力作出自己的贡献。

关键词: 中医药院校;中医药文化;传承;创新

一、中医药文化是国家软实力的重要组成

20世纪90年代,哈佛大学教授约瑟夫 · 奈首次提出了"软实力"的概念。所谓国家软实力,即"一国通过吸引和说服别国服从本国的目标,从而使本国得到自己想要的东西的能力"①。这种软实力是一种同化性力量,是一个国

作者简介: 黄桂成,男,江苏仪征人,南京中医药大学副校长,教授、博士生导师。文庠,女,四川广汉人,南京中医药大学高等教育研究与评价中心主任,教授、博士、硕士生导师。宋京霖,女,江苏盱眙人,南京中医药大学高等教育研究与评价中心助理研究员、硕士。

家、一个民族,在文化力、制度力基础上所形成的对本国民众和其他国际行为体的感召力、吸引力、协同力与整合力,[②]是使对方自愿、主动服从与合作,而非强制。国家软实力包括文化、价值观、外交理念、政治制度等多层面内容。

国家软实力概念一经推出,世界各国纷纷开展相关研究。大家发现,在以和平与发展为导向的世界格局下,一个国家的国际地位和影响仅靠军事、经济、科技、资源等传统意义的"硬实力"是远远不够的,还必须依靠从某种意义上来说比硬实力更重要的"软实力"。国家软实力与国家硬实力共同构成一个国家的综合实力。随着国家软实力理论的不断成熟,国家软实力由学术上升为国家战略。2007 年 11 月,美国战略与国际问题研究中心(CSIS)发表题为《一个更灵巧、更安全的美国》的报告,全面阐释了"巧实力"战略。报告建议新一届美国政府在对外政策方面通过"巧实力"的正确运用,构建一个能够应对全球挑战的框架,以期延长和保持美国优势,使美国成为一个更加聪明的大国。[③]随之而来的是美国"大片"取代"大棒"渗透世界每一个角落。

近代以来,由于我国长期处于世界主流政治经济秩序的"边缘",与西方国家在文化、政治体制上存在着较大差异,西方国家人民对我国的情况所知甚少,更不用说认同和赏识了。然而,作为日益崛起的大国,我国应该也必须为世界和平与发展作出自己应有的贡献。不断提升国家软实力,增强国家综合国力和国际竞争力,成为我国的不二选择。中国共产党的十七大报告中指出:文化越来越成为民族凝聚力和创造力的重要源泉,越来越成为综合国力竞争的重要因素,同时,强调要激发全民族文化创造活力,提高国家文化软实力。这是中国共产党对文化在党和国家工作全局中战略地位和重要作用的新认识、新论断。高度重视和强化国家文化软实力,表明了中国共产党和国家已经把提升国家文化软实力作为实现和平发展、民族复兴的新战略着眼点。我国要在激烈的国际竞争中赢得主动,就必须在增强经济、科技和加强国防力量的同时,使国家文化软实力有个较大的提高。

中医药学是我国的原创科学知识体系,它以阴阳、五行为代表的哲学思想,以道家、易学、儒家,以及各种传统学术相互融汇而构成的其他理论为文化背景和知识基础,加以临床医学个体或群体的经验而形成了独特的中医学基础理论[④]。中医药学根植于我国传统文化的土壤之中,因袭了"天人合一"、"和为贵"、"和而不同"的我国优秀传统文化的基因,体现了中华民族的认知方式、价值取向和审美情趣。中国第8届中医药文化研讨会,首次明确了"中医药文化"的定义:中医药文化是中华民族优秀传统文化和体现中医药本质与特色的精神文明和物质文明的总和。因此,中医药文化是我国传统文化的精髓,具有极其重要的软实力价值。

2010年,《国务院关于扶持和促进中医药事业发展的若干意见》将"繁荣发展中医药文化"专门列为10条意见之一,并指出:"将中医药文化建设纳入国家文化发展规划……推进中医药机构文化建设,弘扬行业传统职业道德。开展中医药科学文化普及教育,加强宣传教育基地建设。加强中医药文化资源开发利用,打造中医药文化品牌。加强舆论引导,营造全社会尊重、保护中医药传统知识和关心、支持中医药事业发展的良好氛围。"由此,中医药文化上升为国家软实力,成为国家软实力的重要组成部分。

二、中医药院校肩负着中医药文化继承与创新的历史重任

文化传承创新是高等院校的四大功能之一。在庆祝清华大学建校100周年大会上,胡锦涛总书记特别强调:大学是一个国家民族的精神家园,同时又是引领社会风气的航标,它应该从精神、文化上引领国家民族前进。大学一方面要传承,把积累的知识、文化和精神财富传播与传承下去;另一方面要创新,要不断创造新文化、新价值、新的精神财富。在当前社会转型,各种文化碰撞和交融日益频繁的环境下,高等院校更需自觉承担起文化传承创新的历史重任,不仅要满足社会大众对各种文化的需求,更要成为代表先进文化前进方向的中坚力量。高等院校必须从学校这种组织形式的特殊性出发,突出其文化特质,特别是要努力构建一种具有丰富的文化内涵、体现先进的人文思想、符合历史趋势的价值取向的大学文化精神。

大学承担文化传承创新功能,实际上也就是各高校寻找自己特色,塑造自己特色。高等中医药院校应该紧紧抓住中医药文化这个独有的资源,围绕中医药文化打造自己的大学文化,继而肩负起中医药文化继承创新的历史重任。作为中国优秀传统文化中的一个重要组成部分,具有深厚的历史和人文底蕴的中医药文化是高等中医药院校的特色和优势所在,也是极其宝贵的教育资源。中医药文化从本质上讲,是构成中医药学的母体,是中华民族灿烂

文化的有机组成部分，是不同于其他任何文化的民族文化体系；从功能上讲，中医药文化是传承中医药学的载体，承载了中医药学数千年的文明史、光辉史，更是世界人民的医学财富。中医药院校是培养高素质中医药人才的摇篮，也是我国传统文化传承、创新和发展的主要基地。因此，高等中医药院校应注重强化中国优秀传统文化学习，在继承一切优秀文化成果的基础上，弘扬和塑造中医药文化精神，传播和创新中医药文化，这是高等中医药院校的重大历史任务。

三、中医药人才是中医药文化的建设者与传播者

一切文化的传承与创新离不开人。中医药文化的传承创新更需要高层次的中医药人才。作为中华文明瑰宝的中医药学，不仅是中华优秀传统文化的重要组成部分，而且是当今仍在发挥重要作用的传统科学技术，具有巨大的医疗保健实用价值。为此，中医药人才不仅需要精通专业理论知识和精湛的临床诊疗技术，更要具备“仁爱”的人文思想以及深厚的中医药传统文化背景，同时还要掌握跨文化交际能力。他们既是中医药学科发展的承载者，更是中医药文化的传承人。

中医药文化主要通过两个向度、多种途径传承传播：对内向本国本民族传承创新文化；对外向国外其他民族传播交流文化。

一是依托大学平台，培养传承创新中医药文化的接班人。大学是高素质人才的集聚地，也是文化传播与建设的重要阵地和前沿。在我国高等教育由精英阶段迈向大众化发展的新时期，大学的发展实现了历史性跨越，越来越多的适龄青年获得了接受高等教育的机会。除了我国大陆青年在各高校学习，大量的国外及我国港澳台地区学生也来大陆学习。以南京中医药大学为例，至今已为 90 多个国家和地区培养了 8000 多名专业人员，而且境外学生的招收规模还在不断扩大。因此，大学为文化的传播与发展提供了很好的契机，为文化的传承创新提供了一个更高更广的平台。“师者，所以传道、授业、解惑也。”可见，教师的首要任务就是“传道”。这里的“道”可以理解为是一种精神、思想、文化。因此，在中医药院校任教的广大教师，无疑是中医药文化建设与传播的主力军。

中医药学本身就是哲学,在医疗的过程中,大量的丰富的哲学思想在潜移默化中被运用,如整体观、神形并重、辨证施治等。高等中医药院校教师在传授医学知识、医疗方法的过程中,也把蕴藏在其中的中医药文化传授给了学生。因此广大中医药院校教师,应该意识到自己承担的文化使命,抓住这个良好契机,借助大学这个平台,不仅传承撒播中医药文化精髓,还要创新丰富中医药文化内涵,更要培养中医药文化建设的接班人,从而促进中医药文化不断发扬光大。

二是借助社会平台,培育中医药文化传承创新的肥沃土壤。文化的良性发展,需要适宜土壤来培植。众所周知,中医学是中国的特色医学,无论从服务群体、药用资源,还是从文化心理接受方面,都是我们发展自己卫生事业的特有优势,是建设和谐社会,使人人享有健康的重要保障与途径之一,也是一个人口众多的后发展国家保障国民健康所具备的先天优势,在现代卫生资源严重不足的情况下而又能保证人人享有健康的可能条件之一,对于解决看病难、看病贵问题具有切实可行的现实意义。

但是,随着中国社会和文化的转型,中医药文化的影响力逐渐减弱,产生了一些对中医药文化的误读。同时,由于中医药与人民生活休戚相关,由医疗资源不足导致的社会问题等负面影响,被迁移到对中医药文化的质疑上。为此,作为中医药卫生事业工作者,应立足本位,通过自身努力,加强中医药建设,扩大中医药文化的影响力,营造全社会尊重、保护中医药传统知识和关心、支持中医药事业发展的良好氛围。

三是以中医、中药为媒介,加大对外中医文化传播。随着中国对外开放政策的实施,中医药在政府间的交流合作、国际教育、贸易等方面日益活跃,中医药在海外的影响不断扩大。从过去的民间逐渐转向政府,政府间双边和多边合作增多,逐步从医疗、教育、科研方面,拓展到立法管理、人员和产品准入、标准等领域。全世界大部分国家和地区已有了各种类型的中医诊所、学校、中药贸易公司、研究中心等。截至 2010 年,以中医针灸文化为先导的中医药文化已经传播到 160 个国家和地区,“有 5 万个中医医疗机构,从业人员将近 50 万,其中洋中医占 70%,并且全球有 200 多所正规的中医药高等院校,他们的服务对象已经从华人华裔为主到为本土居民服务为主”[5]。国际市场对中药产品的需求日趋加大,中医药的应用范围明显扩大。目前,中药产品已出口到160多个国家和地区,2003年出口额为7.2亿美元,2008年达到13.09亿美元。随着越来越多的国家和民众选择、使用中医药,在这些中医医疗的过程中,以高素质的中医医疗人才为媒介,中医药文化不断被接触、被了解、被认同。中医医疗人才在中医药文化对外传播中起到了举足轻重的作用。

四是以中医孔子学院为载体,走出国门传播交流中医药文化。除了中医医疗的推广与传播,中医孔子学院也是一个传播中医药文化的重要途径。在"中医热"的全球升温,学习中医药知识和中医药文化成为世界各国的迫切要求的大背景下,在孔子学院成熟运作的基础上,由国外大学联合国内知名中医药院校共同成立了中医孔子学院。2008年英国伦敦成立了世界第一所中医孔子学院——伦敦中医孔子学院。南京中医药大学在墨尔本设立的中医孔子学院产生了巨大的社会影响力。通过中医孔子学院形式,国内大量优秀的中医药人才被定期选送到国外,以汉语和中医药文化教育为内容,开展丰富的中医药文化活动,与外国中医药人才交流学习,向外国民众传播中国文化。

四、努力传承创新中医药文化,提高国家软实力

一种新的价值观、思潮、理念的形成往往要克服各种困难和挑战,大学一定要有文化自觉,要自觉担负起推进文化传承创新的责任。中医药院校一定要自觉传承创新中医药文化,为提高国家软实力而努力。

首先,充分认识文化传承创新的新功能,围绕中医药文化传承创新,提炼高等中医药院校大学理念。文化以观念、制度和器物为主要存在形式,大学文化也不例外,它根植于办校理念、治校的制度体系和校园建设之中。其中,办校理念集中反映大学文化的核心。办校理念是传统的积淀,是不同时代精神的凝聚,代表着大学的整体文化形象和文化气质,是大学识别的标志和特征,并在长时段内统领着未来。高等中医药院校应该牢牢抓住中医药文化这个独特的资源,提炼有中医药院校自身特色的大学理念,用中医药文化引导大学理念,用大学理念促进中医药文化传承创新。

其次,不断优化文化传承创新的体制与机制,围绕中医药文化传承创新,提升高等中医药院校竞争力。高等中医药院校应在机构设置、经费投入、机

制创新等方面,将中医药文化的传承创新摆在更加突出的位置,确保形成文化建设的良性保障机制。要建立健全基于学术权力和行政权力相平衡的民主管理机制,合理配置学术权力和行政权力,以学术权力效用有效发挥为重点,可持续地优化大学学术自由的环境。要投入中医药文化建设专项经费,成立学校中医药文化建设领导小组,不断完善中医药文化传承创新的体制机制,努力探索多种模式、资源互补、形成合力的学术建设及中医药文化创新体制机制。

再次,不断强化师资队伍的建设,围绕中医药文化传承创新,促进高等中医药院校中医药人才培育。要不断完善中医药院校教师知识结构,一方面,从事医学教育的教师应加强知识储备,弥补知识的空白点,加强中华优秀传统文化和中医药文化学习;另一方面,从事人文社会科学教育的教师应加强医学知识的学习,尤其是加强中医药学知识的学习。医学与社科学教师应加强交流与合作,不断完善自身的综合能力,为中医药文化传承创新而努力。

最后,不断加强中医孔子学院的建设,围绕中医药文化传承创新,促进国家软实力发展。文化只有在不断的融合与交流中才具有生命力,才能实现创新。我们既要把世界的先进文化引进来,也要把中国文化传播出去,建立双向交流,形成互动关系。以中医药文化为先导,用中国文化影响世界文化,从而提高国家软实力,提高国家在世界上的竞争力。中医孔子学院的设立,不仅开创了孔子学院办学的新模式,也为外国人了解我国中医药文化打开了新窗口。为此,我们要继续加强中医孔子学院的师资、课程、教学手段等方面的中医药文化建设,不断推进中医药文化发展。

参考文献:

①④ Joseph S. Nye, Jr.. The changing nature of world power[J]. *Political Science Quarterly*,1990,105(2):177—192.

② 黄金辉,丁忠毅. 中国国家软实力研究述评[J]. 社会科学,2010,(5):31—39.

③ 周厚虎. 约瑟夫·奈软实力理论及其影响[J]. 攀登,2012,31(2):80.

⑤ “中医热”全球升温 人大代表呼吁制定规则[EB/OL]. http://www.Chinanews. com/jk/2011/03 -08/2891302. shtml.

经典教育:
大学文化传承与创新的一种探索

王利平

摘　要: 国外高等教育发展表明,经典教育是大学文化传承与创新的重要载体和路径。经典教育理念急需转变,在内容设计上应当做到"四个并重",在教育方法上应当做到"四个结合",还要加强文化经典的本土化和现代转换。如此,人类文明史上的伟大经典将成为现代大学文化建设的重要精神资源。

关键词: 经典教育;大学文化;四个并重;四个结合

一、经典教育之于大学文化

经典是指古今中外重大知识领域的原创性著作,是世界各族文化的根本,是全人类文明智慧的结晶,是被历史证明最有价值、最重要的文化精髓。经典教育就是引导学生阅读人类历史上人文、社会、自然科学的各类经典著作,

作者简介: 王利平,男,汉族,山东日照人,南京交通职业技术学院讲师,硕士研究生,主要从事校园文化建设、人文教育经典问题研究。

继承人类优秀文化成果,不断加以转化和创新,以此提高学生思想境界和综合素养的教育方式。纵观20世纪50年代以来的国外教育发展,以芝加哥大学和耶鲁大学“名著工程”为代表的经典教育,作为对技术主义教育理念和狭隘专业教育的纠正,被放在与专业教育同等重要的地位上。这些努力都试图把“全人类的文明经典”介绍给学生,培养学生博雅、自由、丰富、开阔与通融的文化素养,回归高等教育“育人”的基本功能。

教育部副部长鲁昕在2012年度职业教育与成人教育工作会议上指出,要推行《古诗百首赏析》、《百首名曲赏析》、《百幅名画赏析》等经典工程,以人文素养教育为主要内容的德育工作是2012年职业教育的重中之重。《教育部关于全面提高高等教育质量的若干意见》(教高[2012]4号)等也指出,要加强校园文化建设,弘扬优秀传统文化。大学文化建设的探讨与实践已经走过了二三十年,虽然广大教育工作者进行了大量的探讨和实践,但也常常流于浮泛与空洞,缺乏具体可行的载体与途径。为了把大学文化建设推向深入,必须寻找新的方法和载体,这就是经典教育。

经过2010—2011年对南京15所高校500名大学生的问卷调查,我们发现当前大学生普遍存在着经典观念淡薄的现象,主要的课外阅读停留在魔幻、悬疑、冒险、恐怖、武侠、言情畅销书与网络小说中。这一现象亟须改变,应当引起大学文化的建设者们高度重视,也应当是当前大学文化建设的重要课题。

二、国内外经典教育的现状

国外高等学校高度重视经典教育问题。作为通识教育的基本内容之一,经典教育被放在通识教育体系下进行研究和实践,但目前其重要性日渐提高,经常被单独讨论。美国、英国、法国、荷兰、澳大利亚、日本在经典教育和通识教育的研究和实践方面走在世界的前列,其中美国课程体系最为完备,教学方法和教学评价也较为成熟,成为其他国家学习的典范。代表的研究成果是芝加哥大学校长罗伯特·赫钦斯的名著课程计划、1978年哈佛大学核心课程计划、斯坦福大学的博雅教育体系、耶鲁学院《学生学习指导提纲》,主要强调讨论式的教学法和对经典原著及第一手文献的研读,强调学习共同核心知识的同时,尊重学生,给学生充分的自由选择的权利。虽然自由式的讨论教学法受到质疑，并有改革的趋势，实践环节的开发与设计却日渐受到重视，它们成为未来课题研究的重点。

国内的经典教育研究与实践尚处于初级阶段。港台大学紧跟欧美步伐，经典教育较为成熟。北京大学“元培计划”实验班、复旦大学复旦学院、浙江大学“竺可桢学院”以及中山大学都是在借鉴美国经典和通识教育基础上建立起来的，在实践中都努力贯彻“加强基础、淡化专业、因材施教、分流培养”的办学方针，加强学生经典阅读与文化精神的养成。在国内部分优秀大学中，经典教育已经成为素质教育和大学文化建设的基本路径。

但经典教育理念没有很好地厘清，视野相对狭隘。对于教学内容设计，许多论者将经典教育简单等同于中国古代“四书五经”国学教育，没有从全人类文明的高度和学生综合素养的高度认识经典教育，国外经典、自然科学经典没有进入教育视野。对于教学目标，许多论者认为主要是中国本土的、传统的文化认同与民族精神的培养，缺乏对于公民素养、身心和谐健康、人文博雅素养、学习能力、科学精神、领袖气质等的深刻认识。经典教育研究与实践在中小学和幼儿教育中如火如荼，但在高等教育方面还停留在价值判断与国学经典诵读问题研究上。

三、经典教育的内容

（一）古今优秀经典并重

中国的经典教育具有悠久的历史，《论语》、《诗经》、《老子》、《易经》等诸子百家作品始终是中国知识分子的主要学习内容。这样沿袭的传统，使得经典教育更多偏于中国古代典籍的阅读和学习，对于现当代优秀作品的学习不足。虽然文化经典是经过历史沉淀的创新之作，但在较长时间给予国民较大精神影响并且至今仍然具有顽强生命力的作用也应该纳入经典教育的行列。比如在文学经典教育中，一味强调诸子百家、唐诗宋词的学习，对于现当代的老舍、沈从文、张爱玲、巴金、王安忆、余华等优秀作家涉及较少，也使得学生的经典序列不完整，而且给学生学习内容一种陈旧无创新之感，从而对经典教育产生抗拒之心。而中国目前的通用口语和书面语是现代白话，况且学生处在日新月异的当代社会，只学习两三千年前的古典著作不能很好地与中国现代文化精神对接。

（二）中外优秀经典并重

20 世纪 80 年代后兴起的“国学热”具有一定的民粹主义和文化保守主义倾向，所认可的经典主要指先秦诸子的哲学思想、古代的史学经典、文学经典等，对于国外文化经典缺乏推介热情。高等教育的现代化首先是教育的国际化，培养具有国际视角和世界情怀的一流人才。经典教育承担着大学文化传承话与创新的使命，应该抛弃简单的民粹思想和文化保护，以开放的胸怀，包纳世界各个国家的文化经典，向学生展现人类丰富的思想成果和多样的思考角度，让学生在鉴别、选择和高校的引导下确立自己的思想体系。高等教育的现代化不要着眼于国家的合格公民，要着眼于优秀的“世界公民”，但这不意味着高等教育放弃国家意识形态引导和民族文化熏陶，反而要求高等教育进一步加强主流文化的感染力，增强对大学生的吸引力，并且要进一步提升学生的分辨能力，引导学生分清精华与糟粕，抽离出对于人类尤其是正在走向现代化的中国有所裨益的普适性的成果。

（三）多学科优秀经典并重

按照目前的做法，经典教育一般就指中国古代“四书五经”的教育，主要学科范围停留在哲学、文学领域，其实这是一种极其不完整的教育。笔者认为，经典教育教育应该还负有通识教育和全人教育的使命，在学习内容上应该是多学科的，尤其应当包括自然科学，如生物学、物理学、天文学、地理学、生理学等。只有这样，才能让学生完整地接触到人类文明发展过程中一些标志性的成果，了解人类文明发展的整体历程，才能为学生建立完整的知识结构，为学生未来的全面发展奠定坚实基础。这就要求学生在大学入学后淡化文理分科观念，在各个领域汲取有益滋养。对于一些学习较困难的学生或专业差异较大的学生，学校要给予指导，并选择优质版本，尽量降低学习难度。

（四）专业领域与公共领域并重

经典教育是一个大概念。第一，它是指所学专业领域中的一些经典著作。学生可以借此了解本专业基本概念、基本理论、发展历史和实践探索，从源头上了解最权威的阐释，建立本专业完整的体系性认知，这对大学专业学习十分重要。这些著作应该纳入专业教学中。第二，它是指各专业都需要学习的公共领域的经典著作，主要是文学、哲学、历史、艺术等人文学科和社会学、经济学、管理学等。这类经典著作专业性不强,应该纳入公共教学,如公共选修课等,但对于大学生人文艺术素养和大学文化建设至关重要。

四、经典教育的方法

(一) 理论与实践的结合

经典教育应当要求学生去除浮躁、功利的不健康的学习心理,沉下心来进行理论学习,充分读懂读透人类文化经典的重要概念、基本理论和观点。但经典教育要进一步提升到实践层次,指导学生进行科学实验、社会调查、艺术创作等实践活动,让学生在实践中运用经典著作的科学方法,检验经典著作的科学性。实践教学法改变了经典教育死板的授课方法,让学生主动参与文化经典的成果转化上来。实践使学生的知识学习变得十分稳固,并能够迅速而高效地内化为学生自己的能力和认识。

(二) 课程教学与非课程教学的结合

对于经典教育要不要课程化,欧美高等教育界也存在较大分歧和争议。耶鲁大学、芝加哥大学等设置了系统的课程,分专业门类教学,课时比例占到总课时的1/3到1/2。作为大学文化建设和素质教育实施的主要路径之一,经典教育应当正式纳入学校课程计划和人才培养方案,只有这样才能保证其教育成效。而经典教育还应该开展多种形式的非课程教学的探索,可以设立不同学科的阅读专区,组织专题讲座、主题沙龙、文艺汇演、艺术创作等,这些都是现代大学文化建设的重要组成部分。

(三)"点"与"面"的结合

经典著作是人类智慧耀眼的珍珠,一部部经典串联成了人类的文明史。研读这种极其个人化的智慧,使学生了解了此领域的主要观点,但却失去了对此领域的整体性认知,最后留在学生头脑中的是散乱的"点",不能构成完整的知识体系。所以,在教学中要防止孤立的单篇讲授和阅读,要把它放在科学、艺术发展的整体脉络中去考察。

(四) 导读与自读的结合

虽然经典教育应当进行课程教学,但笔者认为仍然应当以学生自读为主,要真正做到以学生为主体，教师为辅助。要积极发挥学生自己的积极性，焕发学生自己的求知欲望，要求学生独立思考，自己鉴别和选择。经典教育的导读主要做三个方面的工作。一是将经典著作放置于思想发展的整体网络和过程中，帮助学生形成知识的立体结构和线性脉络。二是讲解经典著作观点的背景、内容和影响，对重难点进行提示性阐释。三是加强意识形态引导，分析经典著作的进步性和局限性，避免学生不加分析地照搬，也避免学生形成一些错误认识。只是，导读中教师一定要在原著的基础上实事求是地阐发，不能加入自己过多的主观观点给学生太多的影响，更不要变成强制性的无休止的说教。

五、文化经典的转换问题

（一）文化经典的现代转换

伟大的经典著作具有时间的超越性，能够跨越不同历史时期，显示出恒久的思想深刻性和预见性。由于其洞见了人类发展中的普遍问题，随着社会的发展，它仍然具有较强的适用性，成了一种普适的真理。

但是，我们也应看到，任何经典也都是有局限的。尤其在 21 世纪的今天，信息化、创意经济、智能时代、多元与先锋等，这种革命性的变化是过去从未发生过的。其一，经典所赖以产生的经济文化背景发生了变化，它的适用性和科学性也就有了局限。其二，经典阐述的观点往往代表当时某利益集团的声音，在生产关系发生巨变的情况下，其观点便有了局限。其三，当今时代里现代主义与后现代主义并存，过去的古典主义常常是人类社会的前期状态，不能代表高度发达的当代。

那么，文化经典的现代转换就是经典教育的一个重要课题。首先，文化经典要与现代观念进行融合，以现代观念统领文化经典的研读。经典教育的目标不是原典复原式的解读，全盘接受，而是以现代人的眼光和视野去汲取古人的智慧，为当今人类的发展寻找科学的方案。古为今用，是经典教育的根本目标。其次，文化经典要与大学生的思想实际、未来人生衔接起来，成为大学生未来成长的弥足珍贵的精神资源。经典教育的对象是大学生，目的是让大学生从中了解丰富的世界，学习深刻的人生智慧，塑造大学生健全的人格、健康的心理、积极的心态、开阔的视野、洞察的能力,培养大学生寻找、守护幸福的本领,实现大学对“人”的培育职能。

(二)文化经典的本土化转换

从语义上说,本土化就是使某事物发生转变,使其适应本国、本民族、本地域的实际情况并具有本土特色,使其能够解释、说明并被应用在本土的教育实践中。西方文明以古希腊民主文化、古希伯来宗教文化和资本主义文化为主流,奠定了竞争、平等、民主、自由、博爱、法治等价值观念。东方文明以儒、道、释为主流,以封建主义文化为主,形成了仁爱、等级、自然、超越、忠孝、色空等价值观念。两种文化形态和价值观念差异巨大,经典教育就要实现本土化转换。

真正的“本土化”应以两种适当的方式来实现:第一,反复重申并努力开掘自身可能被强势客体所遮蔽的独特部分,完成对本土的合理想象;第二,对外来质素实施积极转变,使之渗透且内化至弱势主体的机体之中。前者侧重对自身本土性的强调,这显然是“本土化”的内在规定;后者着重于“化”外入内,变非本土性为本土性。事实上,“本土化”代表一种未完成形态,它不是一成不变的,而始终处于不断变化和发展的动态过程中。具体到经典教育,就是引导大学生将西方经典融合于中国的人文环境、文化心理、情感趋向中,并逐渐形成适合中国的文化经验。

参考文献:

① 陈平原.大学何为[M].北京:北京大学出版社,2006.

② 教育部思想政治工作司.高校校园文化建设理论与实践(2011)[M].北京:中国人民大学出版社,2011.

③ 金耀基.大学之理念(增订版)[M].北京:三联书店,2008.

④ 蔡劲松.大学文化理论构建与系统设计[M].北京:文化艺术出版社,2009.

⑤ 王利平.文学经典的价值及其表征:一种结构主义的再阐释[J].语文学刊,2010(1).

⑥ 王利平.中国文士阶层与儒家文献的经典化[J].燕山大学学报,2010(4).

高职院校在文化传承创新中的担当

——论高职院校文化育人

方桐清 王作兴

摘 要： 胡锦涛同志在清华大学百年校庆的讲话中把“文化传承创新”界定为高等学校的重要职能，具有重要的理论意义和现实指导意义。高职院校应针对现状增强文化自觉，发挥优势彰显特色，通过校园文化、教学组织、职业训练等软硬件建设积极担当文化传承创新的使命，重视文化育人，在国际化潮流中关注文化间性，以自身特色文化培养高素质技能型专门人才。

关键词： 高职院校；文化传承创新；文化育人

胡锦涛同志在庆祝清华大学百年校庆的讲话中，第一次明确把“文化传承创新”界定为高等学校的第四个职能，具有重要的理论意义和现实指导意义。高职院校作为高等教育的重要组成部分，应在文化传承创新中有所作为，彰显特色，积极担当。

作者简介： 方桐清，男，中国矿业大学马克思主义学院博士生，江苏建筑职业技术学院副教授。王作兴，男，江苏建筑职业技术学院高教所所长。

一、高职院校必须增强文化自觉

近年来,在社会需求、国家推动下,我国高职教育就规模而言,已成为高等教育的半壁江山,在改革发展进程中其办学理念、办学模式不断创新,办学内涵逐渐充实,办学特色不断彰显,社会影响力逐步扩大。高职教育对实现高等教育大众化、推动社会经济发展起到了巨大作用。

但是,我国高职教育起点较低,起步较晚,既具高等性又具职业性,既是学校教育又是岗位教育,既是知识传授又是技能教育,在文化层面上对高职院校提出了比普通高校更高的标准和要求。高职院校既要重视建设一般意义上的高等教育文化,又要重视建设适应区域经济发展的工业文化,还要重视建设与行业、职业、岗位相适应的企业文化。

从高职教育发展现状审视,我们的高职教育与一些职业教育发达的国家相比,还存在较大差距,社会吸引力还不强,其定位与发展现状存在较大差距:一是过于强调"职业"和"就业",从教学模式、培养计划、课程建设、教学方法等诸多方面过于突出其职业性,对学生的全面发展有所忽视。一个时期以来,高职教育几乎成了高等技术教育、热门岗位教育、提前就业教育、各种技能培训的代名词,[①]工具理性至上,价值理性淡薄。二是存在盲目"移植"西方职业教育的现象,"拿来主义"至上,没有注重消化吸收。从历史渊源看,高职教育是西方工业文明发展的产物,教育理念带有鲜明的西方文化特性,教育模式也刻有鲜明的西方思维印记。近些年,我们虚心学习西方职业教育经验,尤其从德国、新加坡等国,采取大规模走出去、请进来的办法,将西方职业教育的"真经"源源不断"移植"到我国,对推动我国高职教育的发展起到了积极作用。但是,我们必须清醒地意识到,在中国特色社会主义大背景下,简单地将中国高等教育职业化和将西方职业教育中国化,都容易使我国高职教育误入歧途。美国耶鲁大学校长莱文曾说过"高等教育的模式取决于国家的文化内涵",一语道破高等教育的实质。

作为广受关注和尚存争议的高职教育,应在规模大发展的基础上切实以科学发展观为指导,进行阶段性反思,保持科学理性的思维,转换发展模式,创新体制机制,重视文化育人,增强文化自觉。

对于文化自觉，费孝通曾说："文化自觉是一个艰巨的过程，只有在认识自己的文化，理解并接触到多种文化的基础上，才有条件在这个正在形成的多元文化的世界里确立自己的位置，然后经过自主的适应，和其他文化一起，取长补短，共同建立一个有共同认可的基本秩序和一套多种文化都能和平共处、各抒所长、联手发展的共处原则。"[②] 从实质上讲，文化自觉就是指生活在一定文化中的人对其文化要有"自知之明"，明白它的来历、形成过程，所具有的特色和它发展的趋向。目前，高职院校迫切需要加强文化自觉，要积极主动地反思高职院校的文化现状与发展困境，对"崇尚技能，忽视人文"的现象要有足够的警醒。

办好大学，必须要办好教育。教育的本质和目的是培养有一技之长的专门人才，还是使人成其为"人"？笔者认为，教育活动的根本目的是使人成其为"人"，成为一个具有健全人格的"人"。因此，"促进人的全面发展"应是教育活动的永恒主题，而文化传承创新则是教育"促进人的全面发展"的基础。

二、高职院校必须重视文化育人

培养高素质技能型专门人才是高职教育的使命。这一人才规格的设定体现在技能型和高素质两个方面，二者不可偏废。完成这一使命，要求高职院校必须全面考虑文化传承创新的要求，主动担当文化育人使命。

（一）校园文化建设要融入工业文化因素

我国正处在工业化快速发展的阶段，作为培养"技能型专门人才"的高职院校，其校园文化建设必须充分反映高职教育的规律，融入工业文化因素。所谓工业文化，是指工业社会物质生产、精神生产和社会进步的水平和状态，体现在大气、开放，表现在重团结、重创新，讲服务、讲诚信，高职院校要研究工业文化特点，在观念、制度、方法、习性、作风和价值取向等多个层面进行变革和创新，努力建设具有教育性质的工业文化校园。首先，要依据学校办学定位与特色，将所服务的行业企业文化引进校园，使学生在校园就能切身感受现代工业文明；其次要以重点专业为依托，开辟适当空间，将知名企业的生产线、试验场或检测站等真实的工业生产环境引进学校，形成"校中厂"式工业文化；再次要在企业建立紧密型实验实训基地，延伸和扩大教育教学空间，借企业真实的工业环境为教育教学服务，形成“厂中校”式工业文化；最后，有条件的地方，可通过政府支持、政策引导，把高职院校建立在工业园区，或者围绕学校建立工业园区，形成校园文化与工业文化共生共荣的文化生态。

（二）教学组织要融入行业企业文化要素

学校和企业具有不同的利益诉求，校园文化与企业文化各有其独特的功能，不能相互取代，但是二者都是“育人”的文化，“学校人”成为“企业人”是学校的使命和企业的期待，彼此之间具有对接、耦合的可能和需要。高职院校要通过系统的设计和实施，传承创新行业企业文化，实现文化育人。首先，高职院校要克服工具理性至上倾向，重视加强职业文化素质教育。文化素质教育是以文化为主体、以如何做人为核心的素质教育，高职院校实施文化素质教育，要突出行业企业特点，普及和提高职业文化素质。比如，江苏建筑职业技术学院对所有专业都开设了《中国古典建筑文化》选修课，重视造就具有中国建筑文化特质的专门人才，使非建筑类专业毕业生也深受建筑企业欢迎。其次，要通过校企合作把行业企业文化融入教育教学环节，通过人员互动、相互介入、资源共享、联合攻关等形式，理解、消化、吸收优秀企业文化；通过实物、影像、书籍等方式集中承载与学校主导专业相关的科技发展的历史文化；按照真实的优秀企业生产场景规划、装扮校内实训基地，营造准企业文化环境，形成浓郁的职业文化氛围；通过吸引优秀企业家、管理工作者和工程技术人员到校内兼课或作讲座，让学生尽早接受优秀企业文化熏陶；通过把优秀企业的管理理念、工程案例融进教材和课堂，使学生在高起点上接受优秀企业文化教育；通过学生到优秀企业进行专业实践锻炼，直面接受优秀企业文化教育。再次，要通过科技服务，展现学校专家、学者的严谨细致、精益求精、科学有序、敬业奉献精神，传播现代知名企业的优质服务理念；通过毕业生走进企业，实现优秀企业文化的广播广种和创新发展。

（三）严格职业训练，培育优秀企业精神

企业精神是企业员工所具有的共同内心态度、思想境界和理想追求，表现为坚定的追求目标、强烈的群体意识、正确的竞争原则、鲜明的社会责任和可靠的价值观念和方法论，企业精神一旦形成，就会产生巨大的无形力量，从

而提高企业核心竞争力。高职教育“第一线”的培养目标定位,要求高职人才应该树立优秀企业精神。强化职业训练是高职教育的鲜明特征,是实施优秀企业精神培育的重要环节。为此,高职院校要加强校企合作,实施“双主体”育人,通过严格的职业训练环节,持续不断地熏陶学生感悟和接受优秀企业文化,培育学生优秀企业精神。首先,职业训练计划设计要体现“真刀真枪”。提高学生职业认知和职业能力,一般都要经过随岗、跟岗、顶岗三个实践教学环节,要确保职业训练取得实效,其关键是让学生感到职业训练是“真刀真枪”,就是学习任务不能是虚幻的,学习过程是不能马虎的,学习结果是要真实有用的。比如,参观的企业是管理有序的,参与制作的产品是要进入市场的,具体产品制作的过程是不可逆的。这样的计划安排会给学生造成“正式”的心理影响,能够培养学生一丝不苟、严谨细致的工作作风。其次,组织实施职业训练要体现“真实企业”。职业训练的过程就是学生体验未来“真实职业”感受的过程,所以,必须按照“真实企业”的制度规定来要求学生,从职业环境营造、职业着装要求、职业道德教育、职业规程教育、职业惩戒教育等方面都要按照真实企业的标准组织实践教学,即使是在校内实训基地组织训练也同样不能打折扣,使学生始终浸润在“职业人”的文化因子中,养成认真从业、诚实劳动、诚实守信、甘于奉献的优秀文化品质。第三,职业训练结果考核要体现“奖惩兑现”。职业训练是教学环节,其成绩考核虽不像企业产品考核那样需要经过市场、用户检验,但是这一教学环节对于学生是否认真对待训练、是否通过训练确有所获是至关重要的。所以,职业训练考核应该像企业验收产品一样有要求、有标准、有验收过程、有奖惩措施。职业训练结果考核的奖惩,适当反映材料消耗也是必要的,但主要的还是促使学生反复训练,直至达到标准为止。

三、高职院校必须关注文化间性

胡锦涛同志指出,高校“要积极开展对外文化交流”,这同样也是对高职院校的要求。构建中国特色职业教育体系、推进高职教育国际化、高职院校进行开放办学,必须坚持“国际视野,中国道路”[③],关注文化间性。

（一）坚持改革开放，推进高职教育国际化

经济全球化要求教育必须国际化。高职教育国际化本质上就是按照国际标准、国际规则实施高职教育。一方面，高职院校要以国际视野定位高职教育培养目标；另一方面，在专业教育中积极引进国际标准，培养具有国际眼光和国际思维的高职人才。另外，还要培养懂得国际规则、具有国际交往能力的高职教师队伍和毕业生。为此，高职院校要坚持改革开放，积极推进国际交流，不断创新交流方式和渠道。除了要巩固传统的相互走访、出国访问、合作办学、学术交流等形式外，还要积极探索教师互派、学生互动、课题联合攻关、教改分工实验等合作形式，要扭转向职教发达国家单向性学生流动的被动局面，充分发挥自身优势，成规模、成建制地吸引国外教育对象向国内流动，甚至在国外建立分校，按照中国高职教育模式实施教育，要努力在国际社会争取更大的职教话语权，不断扩大中国高职教育的影响力。

（二）增强民族自信，营造中国特色高职文化

中国的教育现实是以较少的投入办成了全球最大的教育，高等教育巨大成就有目共睹，但全面提高高等教育质量仍然是尚待解决的重大政治问题和现实问题，赶超世界领先水平的高等教育更是有很长的路要走。而高职教育历史虽然较短，但是近些年高职教育的迅猛发展态势却令世界瞩目。据麦可思公司调查，近些年高职毕业生的就业率迅速攀升，有些特色鲜明、办学水平高的高职院校的毕业生就业率已经远高于一些本科院校，这实际上反映的就是社会对高职院校办学水平的认可度。有研究表明，高职院校人才培养的"增值效应"要高于一般本科院校，也有人断言，中国高职教育办成世界一流较之一般高校更有条件和可能。近几年中国各类职业技能大赛所展现的高职发展潜力、高职对经济和社会发展的贡献度已经令人刮目相看。所以，高职院校要增强自信，只要坚持高等和职业双重特质，坚定走自己的路，坚持与区域和行业发展紧密联系，培养不可替代性的高素质技能型专门人才，就一定能彰显中国特色高职文化的魅力。但是，从总体而言，我国高职教育还有很多难题需要破解，还要进一步深化改革，通过人才培养的特色和水平、对社会的切实贡献来实现高职教育的社会价值，通过各种形式的成果展示活动来昭示高职人才对经济社会发展的推动力，从而不断增强高职文化的社会影

响力。

(三) 尊重文化多样性,关注中外高职文化间性

文化多样性是人类社会的基本特征,也是人类文明进步的重要动力。中国高职文化有深厚的中国传统文化渊源,他国高职文化同样也有其传统文化渊源,虽然渊源各不相同,但彼此之间具有相互借鉴、相互影响、相互渗透、相互独立的"间性"特点。对中外高职教育之间相互作用的正确认识和理性分析,并以此为基础来洞察、发展中国高职教育文化,这既是对待世界文化多样性的态度,也是在多样性文化环境中思考、认识和发展自身文化的能力。不长的历史和快速发展的现实表明,我国高职院校的发展可以通过政府的政策支持、人才支持,快速解决难题,推动发展,还可以在中国传统文化氛围中,通过特有的组织力量实施文化强力影响,这是其他体制难以做到的,中国高职教育的发展具有明显的政治和组织优势。但是,随着现代信息技术的不断发展,各种文化相互激荡是不以人的意志为转移的客观现实,任何一个组织或群体都不可能游离于这一环境之外。作为高职院校,首先必须清醒认识中国特色的高职文化,根据自己对环境的适应力决定对他种文化的取舍;其次要通过开放交流,理解所接触的他种文化,取其精华,去其糟粕,在自觉自为的文化交流中,形成和平共处、各抒所长、联手发展的共同准则。在高职教育规模发展到一定历史阶段、高职教育国际化趋势日益显著和在人们对高职教育给予很高期待的特殊时期,高职院校更要关注文化间性,以使自身的发展建立在更高的起点,并不断增强自身的免疫力和发展力。

教育的宗旨是提高人的素质,教育的途径是以"文"化人,高职院校担当文化传承创新的使命,其本质是全面履行高职教育职能,不断发展壮大自己,以更好地培养高素质技能型专门人才。

参考文献:

① 罗忆.探析我国高等职业教育文化[J].乌鲁木齐职业大学学报,2010(2).

② 费孝通.费孝通论文化与文化自觉[M].北京:群言出版社,2007:190.

③ 周远清.提高教育国际化水平[J].中国高教研究,2010(5).

地方高校文化研究

论大学对城市文化的引领功能及其实现

李 峻 秦 军

摘 要：大学已经成为城市科技进步与经济发展的思想库与资源库，更是提升城市文化软实力的助推器。大学文化通过发挥人才聚合力来丰富城市文化的创生资源，通过知识的创新来提升城市文化的生命力，并利用其超强的辐射力提升城市的人文精神。为了使大学文化更好地引领城市文化，我们必须建立开放交流机制，促使大学文化与城市的良性互动；完善大学的文化贡献机制，促进大学与政府的和谐互补；构建大学文化的整合机制，实现大学与城市文化的系统共建。

关键词：大学文化；城市文化；引领功能；实现途径

现代城市是社会政治、经济与文化的区域性中心，也是区域竞争与国家竞争的重要参与者。世界文化发展委

作者简介：李峻，男，湖南新宁人，南京邮电大学教育科学与技术学院副教授，高等教育研究所副所长，硕士生导师，南京师范大学教育学博士后流动站研究人员，主要从事教育基本理论及教育政策研究。秦军，女，江苏南京人，南京邮电大学教育科学与技术学院教授，高等教育研究所所长，主要从事高等教育管理及计算机教育研究。

员会认为,现代城市已经发展到城市自身内在价值——城市文化竞争的阶段。城市文化既是城市品位的体现也是城市存在和发展的根基与精神动力所在,城市的文化资源、文化氛围以及文化个性是城市的核心竞争力之一。而大学与现代城市有与生俱来的联系,并已成为城市文化的创生地。因此,建立有效的机制发挥大学对城市文化发展的引领作用,已经成为现代大学与城市发展的重要理念与现实选择。

一、大学发展与城市文化的形成

从现代大学的发展史来看,大学的产生与成长一直没有脱离城市这个"母体",也正是如此,大学就顺理成章地成为所在城市文化的重要元素。尽管大学的形态具有多样性,既有单科性的学院,还有多科性的综合类大学,既有长达近千年的老牌大学,也有尚属于幼儿时期的新办大学,但是,从大学的最终目的来看,无论哪种形态的大学,研究高深学问、培养人才、传承与创造文化是其亘古不变的使命。从大学的发展历程来看,现代大学与现代城市文明几乎是一对"共生"关系,城市滋养了大学,而大学也成为了现代新文明形态的象征。

城市文化是由城市人在对自己生活的城市环境进行改造的过程中所累积的物质财富与精神财富的总和。现代城市以其资源配置的高效性、交通的便捷性吸纳了大量的社会精英、工商企业以及科学研究机构,由此产生诸多新颖的文化成果与令人耳目一新的思想观念,这些文化成果与思想观念不但成为城市发展的精神动力,而且会借助于城市超强的辐射力以及渗透力使这些城市文化作用于城市活动的方方面面,形成了包含经济、政治、管理、商业、教育、艺术等诸多领域相交融的复杂的多元文化结构,最终推动整个社会的进步。世界名城的名气不仅与繁荣的城市经济相关,更是与这些城市历经数百年、甚至数千年所沉积下来的城市文化息息相关。

现代城市之所以能推动社会的进步,这与城市中大学所担当的独特角色密切相关。现代大学不但为社会培养高层次的技能性、创造性人才,还通过对学术的自由探索来更新和创新社会的思想观念,以此铸造未来社会发展的文化精神与灵魂。大学中的学术群体对高深学问的自由探索,使他们具有独特的价值取向、思维方式以及行为规范,从而形成大学人与其他社会群体不同的团体意识与气质特征,而这些团体意识与气质特征通过历史的积淀与发酵就形成了大学文化。大学文化以追求真理、崇尚自由、严谨求实、开放包容的思维方式与精神气质为内容,以大学为载体,以大学人的传承与创新为方式来推动城市文化的发展。

社会学家认为,目前全球城市发展已经进入“大都市区时代”,在这个时代,城市发展的显著特征就是知识与人才成为城市发展的核心,城市文化是城市实力的重要指标。因此,大学在城市中的地位正日益彰显,大学的数量与质量成为城市评价的重要指标。大学具有人才培养、知识创新、技术进步、思想交流、知识转化等方面的优势,大学通过培养或者储备大量高层次的人才来夯实城市文化发展的基础;可以通过对高科技产品的研发与生产来提升城市的物质文化层次,可以通过将城市的文化理念以及文化特征特质渗透到产品中,增加产品的附加值来提升城市的文化品位,大学还可以利用自身先进而多样化的信息获取渠道与手段,广泛而频繁地与其他城市进行学术交流、传递并吸收优秀的城市文化,以思想启发、知识交流、行为带动等方式来提高城市的文化发展水平。西方国家的大学一直享有“国家人才思想库”以及“社会良心”之美誉。总之,大学已经成为城市的科技进步与经济发展的思想库与资源库,更是提升城市文化软实力的助推器。

无论是高等教育发达的英美国家,还是高等教育相对落后的发展中国家的现实表明,现代大学的发展已经同一个城市的发展甚至同国家强盛、社会文明进步紧密相关的。例如,美国的波士顿云集了哈佛大学、麻省理工学院等大批著名大学,而这些大学在2000年对该城市的经济贡献额为74亿美元,31900多名毕业生中多数留在波士顿,这些高校当年获264项专利,280个商业技术许可证,新建41个公司,为25000名非学位学生提供继续教育,[①]使得波士顿在城市的文化竞争力遥遥领先于美国其他城市。而人们谈起英国伦敦的时候,首先想到的就是她拥有的牛津大学与剑桥大学,两大名校已经成为伦敦的“城市名片”,而日本的东京大学、中国的北京大学与清华大学、武汉大学、南京大学、复旦大学等无不是所在城市的骄傲。

二、大学对城市文化的引领功能

大学在人才与科研环境等方面具有得天独厚的优势，是城市智慧的汇聚地，为城市文化的活跃、提高以及创新提供了无限可能。因此，大学文化和城市文化的其他要素之间存在一定的势差，居于城市文化的顶层，并且具有较强的能动性，充满着生机与活力。可以说，大学文化在复杂多样的城市文化生态系统中的生态位具有引领性地位，它属于城市文化的一部分，但是绝不是城市文化的附庸，它源于城市文化，但是又超越了城市文化，它面向城市，但是又以独特的个性和广泛的社会影响力来引领城市文化。

（一）大学文化通过发挥人才聚合力来丰富城市文化的创生资源

教育具有文化本质，是联系城市文化中其他要素的核心部分，也是促使城市文化变革的最关键要素。在城市文化系统中，大学有自己独特的研究视域与特点而区别于其他形式的教育，其高深性与高层次性决定了大学文化在城市文化中的特殊地位与作用。大学内的学术人致力于对前沿知识的传承、整理、交流以及创新，从而形成了与城市其他文化型态既相联系、又相区别的文化生态。现代大学从肇始之初就成为智慧与文化的聚合地，不仅以开阔自由的学术理念吸引了各个领域的杰出人才，更是成为各种不同思想流派互相交流、交锋以及融合的重要场所。特别是洪堡开创“教学与科研相结合”的现代大学理念以来，大学更是为城市的科技进步、产业发展以及社会的整体进步提供了重要的智力支持，大学不仅是精神文化的集中地，也是物质文化、制度文化的创新地与示范区。可以说，现代大学将其独有文化魅力转换为强大的向心力，引领着社会财富、知识信息、政治权力向大学汇聚，甚至型塑了整个城市的全部生活方式。也正是在这个过程中，大学文化服务社会、引领社会的功能得到了彰显与扩大。

总之，大学以高深学问的探究为己任，自然要聚集知识前沿的精英，他们往往是一个国家或城市中最卓越的学术人，不仅有博雅而高深的科学文化知识，并经过大学文化的长期浸润而养成了严谨的科学精神与高雅的人文精神。大学学术人的科学研究工作、教育教学活动以及著书立说无不是对城市精神文化与人文文化的提升与充实;而学术人所进行的社会活动就是通过自己的言传与身教将大学的人文精神和科学精神渗透到所在城市与社会,使之在社会的传播中得到弘扬,融合为城市精神与城市品格,成为城市文化的源泉。

(二) 大学文化通过知识的创新来提升城市文化的生命力

所谓的生命力是一种生物学的概念,就是指维持生命活动的能力、生存发展的能力。[②]借用此概念,城市文化的生命力就是指城市文化生存与发展的能力,这种生命力的应该体现在三个层面:一是城市文化禀赋是传承的与客观实在的;二是城市文化体系的运行是良性的,即始终处于适度的新旧更替之中;三是城市文化的吸引力、凝聚力以及影响力是持续的。

文化就是人化,就是说人是文化的创造主体,没有人的创造就不会有文化的存在,同时,没有文化的传承就不会有文化的稳定性,没有文化的创新就不会有文化的生命力。大学具有比较完备的知识创新机制以及人才更替机制,这正好成为大学文化创新的一个源泉。大学的人才竞争机制使大学形成绵绵不断的高层次与高素质的学生流与学者流,这正是大学实现人才常新的重要基础,更是大学文化创新的生力军。他们带着在大学获得的新思想、新观念、新知识以及新技术去服务社会,在无形中就为城市文化的传承与创新贡献了巨大的力量,更使城市文化始终处于一个新旧更替的良性动态循环之中,既秉承了城市的历史文脉又以鲜活的文化创新力更新着城市的文化。

大学文化之所以能担当起引领城市文化的历史重任,就在于大学以其强大的创新能力给城市文化赋予了生命力。大学的学术人经过自己的创造性劳动而产生新技术、新理论、新思想以及新制度正是大学文化创新力的具体体现。这些创新性成果无论在形态上还是在本质上都具有历史超越性,反映时代进步与城市发展的特点,是城市文化甚至整个社会进步的主要物质表现。我国城市的发展经验也表明,大学文化的创新性使城市文化始终处于社会文化的前沿,彰显着时代的特征,最新的科技成果与发明创造会大幅度地提升城市的文化品位及文化创新力。如江苏无锡曾数次在“城市综合实力”评比中的位次与其经济位次相去甚远,原因在于创新性文化不够,而后来无锡市引进北京邮电大学、电子科技大学、南京邮电大学等多所创新能力较强的大学进驻设立研究院，如今，最先进的“物联网”技术已经成为该城市的文化特质。

（三）大学文化利用其超强的辐射力提升城市的人文精神

大学对城市文化的贡献不仅仅表现在知识与技术的更新方面，还表现社会标准的建立以及社会理想的展示方面。大学文化具有超强的辐射力，很多大学都有自己的学术刊物、广播、电视台以及出版社，大学可以借助于这些有利条件将学术人的最新成果、思想观点及时而真实地向社会传播，使之迅速具有社会意义与社会价值，这不但使城市的文化市场及时得到新鲜的养分，还丰富充实了城市的文化市场。同时，大学经常举办的一些文艺活动以及学术交流活动往往能够以其形式上的清新活泼、内容上的健康丰富而引起社会各界的兴趣与关注，这种有形的文化传播方式无疑会将大学文化渗透到城市生活的各个方面。另外，大学人本身就是大学文化的使者，他们身上已经具有大学文化的特质，大学人参与社会的各种活动与城市市民之间的交往，无形中就将大学人先进的生活理念以及丰富多彩的精神世界展示给市民，并潜移默化地影响着市民的价值观，提升整个城市的人文精神。世界的大学发展史表明，很多新思想、新知识以及新的文化样态总是最早在大学产生并向社会传播，不可避免地影响社会，甚至决定着一个城市的精神走向以及生活方式。如，中国的“新文化运动”就是起源于北京大学的新思想、新知识以及新的文化发展，最终引领了城市的精神取向，成为改变国家命运的精神起源。因此，美国学者布鲁贝克高度赞扬 20 世纪 60 年代以来的美国大学，“不仅是美国的教育的中心，而且是美国生活的中心，它仅次于政府成为社会的主要服务者和社会变革的工具”③。

大学是一个带有浓厚的理想主义色彩的、研究高深学问的学术场所，这就决定了大学文化在城市文化体系中具有超前性、高层性以及理想化的特征，而正是这种基于现实又超前于现实的理想化追求会通过各种方式对市民产生巨大的辐射力，最终引起社会文化价值追求的深刻变革。大学文化借助于大学的人文社会科学研究以及各种传播优势而成为时代思维的航向标，为提升城市提供重要的精神产品。同时，大学文化具有的历史传承秉性以及创新性特质，使多元化的社会理念、生活方式以及思想观念都能理性地共存、交流、融合与发展，继而生长出新的思想、新的理念以及新的精神取向，并演变为城市的主流价值，最终影响整个城市与社会的精神风貌。

三、大学引领城市文化功能的实现路径

大学通过产生高深的思想、对前沿科技的探索、对高层次人才的培养以及本身的高雅文化来影响、引导并改造城市的世俗文化，使大学文化成为"城市之光"，照亮和引领着城市和社会的前进方向，为社会和城市的发展提供动力。就中国的实际情况来看，中国还应该在以下几个方面加强，以使大学文化更好地引领城市文化。

（一）建立开放交流机制，促使大学文化与城市的良性互动

开放性与包容性是大学的本质特征之一。大学本身需要与外界进行能量交换才能使自己具有可持续的发展力，同样，大学文化也需要在这种外向的交流中才能更好地维持与市民家庭、城市各界、社会各个领域之间建立起纵横交错的"互利关系"，发挥自己的文化辐射、文化改造以及与精神引领功能。

而大学文化与城市文化之间交流机制的建立必须立足于大学本身的文化资源优势以及城市文化发展的现实需求，从两个层面入手：一是实现精神层面的开放与交流，特别是发挥大学专家学者在城市文化发展顶层设计中的作用。城市的特色在于城市文化的个性，现代"城市经营"的理念已经成为一种共识，而城市文化与城市精神的设计是"城市经营"的首要环节。城市应该充分利用大学内专家学者的专业能力，对城市的文化资源开发进行充分的研究与规划，并通过专家讲座、名人讲坛等方式将先进的城市文化理念输入到市民之中；大学还可以通过多种方式参与城市的文化活动，如大学与社区协办各类文化活动或文化社团，可以实现城市与大学之间的精神交流，让大学真正地融入城市。二是实现空间的开放与交流，如大学文化场馆对市民的开放共享。大学拥有城市中最为先进或者独有的文化资源，如校史馆、博物馆、图书馆等，如果将这些文化设施当作一种"文化福利"最大限度地向市民开

放,不但可以充分利用这些设施为城市的科技发展提供广阔的服务与合作平台,还能让市民在大学的文化氛围中真正地感受文化的魅力,在潜移默化当中提升自己的文化素质。

(二)完善大学的文化贡献机制,促进大学与政府的和谐互补

城市的经营需要多个主体的积极参与以及优势的极致发挥。尽管政府掌握着经营城市的主要行政资源,但是,行政资源只能起到协调其他各种资源的作用,并且行政资源的利用方式和利用效率考验着政府的智慧。城市政府首先应该充分认识到大学对提升城市文化软实力的潜在价值,更要利用好自己拥有的行政执行力优势建立高效的大学文化贡献机制,使大学与政府之间的资源和谐互补。

首先,政府要合理规划大学的合理布局,让大学走出传统与世隔绝的"象牙塔"式的发展模式,不但要打造地理空间上的"大学城",更要将城区、社区、校区以及工业园区建设结合起来;建立大学师生以及大学活动深入基层与社区的长效机制,促进大学文化与城市文化有机结合,促使大学与城市各个领域的充分融合,打造文化意义的"大学城",推进学习型社会的形成。其次,政府需要建立合理的机制提升大学对城市的教育输出水平,特别要加大政府、企业人员进入大学接受职后教育和培训的制度供给,通过校企深度合作的方式,建立校企一体化的实验室,将大学教育置于科研与解决社会现实问题的过程中,实现大学与企业协同创新。最后,政府对大学既要建立保障性的拨款机制,又要建立激励性的拨款机制,这样可以为大学的基础性研究提供保障,也可以促进大学为城市发展提供创新性的优质服务,特别是促进大学围绕城市和社会发展的战略性目标,提供全景式、基础性、前瞻性以及前沿性的智力支持,使大学文化更广泛、更深刻地投射到城市,型塑城市的文化品格,形成城市持久的活力与竞争力。

(三)构建大学文化的整合机制,实现大学与城市文化的系统共建

任何文化都是体系化的而非片面的,大学文化与城市文化亦是如此。大学文化与城市文化是物质文化、制度文化以及精神文化的统一,不同时期的文化建设重点是不一样的,但是,其目的就是要实现大学或城市的整体和谐

发展。因此,要实现大学对城市文化的引领功能,必须建立文化整合机制,既要突出重点,体现文化建设的时代性,又要树立整体观念,体现文化建设的系统性与和谐性。

首先要以社会主义核心价值体系来整合我国大学文化与城市文化的价值取向。既要尊重大学文化的本质要求,又要着眼于中国特色社会主义建设的现实环境,以社会主义现代化建设的客观要求来丰富大学文化的时代内涵,使大学文化"化人"的目标与现代城市和谐文化建设的取向达成一致,从而为大学引领城市文化的正确发展方向提供保障。其次,以课堂教学、课余活动以及社会实践等环节为突破口整合现代大学文化的内容与载体,特别要探索具有时代特征、新颖高效的大学教育模式,将大学的道德养成功能、智力提升功能以及审美健体功能寓于丰富多彩的大学文化活动之中,不但能为大学文化的良性发展奠定基础,还可以为大学文化引领城市文化发展提供可行的路径。最后,要深入理解和了解大学人的文化生存方式,从生态学的视角和方法构建大学文化的整体性框架和系统化的运行模式。既要建设优美的大学物质文化,还要建设科学规范、廉洁高效的大学制度文化,更要努力培育特色鲜明、健康向上的精神文化,根据具体情况有所侧重,科学地整合各种文化资源,充满智慧地化解大学文化发展进程中的时代性矛盾以及对抗性矛盾,实现大学文化本身发展的整体性、系统性与动态平衡性。

参考文献:

① Lauren Marshall. Area Universities Enhance Regional Economy: Study Shows Institutions Make Business, Attract Business[EB/OL]. http://www.hno.harvard.edu/gazette/2003/03.13/01 – economic. htm /2006 – 07 – 17, 2003 – 03 – 13.

② 中国社会科学院语言研究所词典编辑室.现代汉语词典(修订本)[M].北京:商务印书馆, 1996: 1129.

③ (美)布鲁贝克.高等教育哲学[M]. 王承绪,等,译.杭州:浙江教育出版社,2002:112.

“江苏精神”视野下的高职校园文化建构

钱 涛

摘 要：精神文化是校园文化的核心和灵魂。高职校园文化建设的成功与否取决于校园精神文化的塑造。江苏高职校园文化的建构要以“江苏精神”为宏大背景，以校园精神文化的重塑、教育观念的更新和校园文化主体作用的发挥为基础，重点培养学生的科学和理性精神，倡导创业和创新精神，鼓励冒险和闯荡精神。

关键词：江苏精神；高职校园文化；建构

校园文化是人类文化体系重要的有机组成部分，是社会亚文化。高校校园文化是高校师生根据社会发展需要，在长期的教育教学管理及服务实践中所传承、创造、积累并共享的、以反映师生共同信念和追求的、具有高校校园特色的一切物质成果、精神财富及其行为方式的总和。校园文化对实现高校人才培养目标的实现起着不可估量的作用。江苏高职院校为本省经济、社会以及各行业的发展

作者简介：钱涛，女，汉族，江苏海事职业技术学院党委组织部长、副教授。研究方向：高职教育。

培养了一大批具有一定知识技能型、操作型人才，绝大多数毕业生将成为企业一线的中坚和核心。他们的理念和行为方式能否适应未来企业的要求，对他们能否立业成才有着重要影响。因此，重视高职院校校园文化的营造，研究江苏高职校园文化与“江苏精神”的融合，并以“江苏精神”为背景建设江苏高职校园文化具有非常重要的意义。

一、江苏高职校园文化的现状

（一）高职校园文化受到网络文化的严重冲击

网络文化是一把“双刃剑”，其高科技的特点使学生意识到脑力劳动和创造性劳动的重要性，但不可否认它也对大学生产生了许多负面影响。随着网络技术的日益普及，相当一部分大学生患有网络成瘾症。南京市玄武区一项针对南京 587 名大学生的调查显示，9% 的大学生承认他们为网络成瘾者，这属于一个偏高的发生率，而他们上网的目的，以玩游戏为多，而在心理冲突和困惑以及无法解决个人矛盾时，容易逃避现实，寻求在虚幻世界里的愉快感和满足感，造成网络成瘾。[①]患有此症的人上网后行为不能控制，通过上网来逃避现实，并经常出现焦虑、忧郁、人际关系冷淡、情绪波动、烦躁不安等现象，严重危害了自己的身心健康。网络既是信息宝库，又是信息垃圾场，大学生由于分辨力不强等原因极易吸收已污染的信息。陷入网络不能自拔的学生无法正常参与学校的各项活动，也就无法参与学校的校园文化建设。

（二）高职校园文化的“去学术化”倾向严重

学术文化一直是高校校园文化的重要组成部分，是高校特有的一种文化氛围。现代大学的学术性主要体现在服务社会和促进社会发展上。在知识经济时代，经济的发展是以知识的传播、生产、应用和消费为核心的，从这个意义上讲，社会理应将大学的学术性提高到空前的高度。大学的学术氛围及传统使得大学得以在某种理想状态下进行深高新类的科学研究。从这个意义上讲，倡导科学精神，重视学术文化是高校校园文化的价值取向。[②]高职院校由于建校时间短，师资力量相对薄弱，学生素质较低，导致校园科技文化缺乏，集中表现在：学术气氛不浓；学生学习劲头不足，钻研精神差；科研和教学的结合不够,科研成果少;第二课堂活动中,绝大部分为知识型、文体型、娱乐型活动,学术型、科技型或带有科研性的活动凤毛麟角;学生社团中带科技色彩与专业挂钩的学术型社团较少;等等。由于建校时间、校园面积等因素的影响以及人员、经费上的具体问题,高职院校在物质环境建设和文化设施建设方面仍需付出不懈的努力。

(三) 校园文化活动形式单调,层次偏低

校园文化活动在形式上可分为三大类:一是文化型活动,包括学术型、知识型、娱乐型活动;二是经济型活动,包括科技咨询型、服务型、商业型活动;三是社会实践型活动。目前高职院校的文化活动看,绝大部分属知识型和娱乐型,学术型、经济型活动鲜有涉及,社会实践型活动在起点、实效和计划性上也仍需提高。同时在我们的高职校园中,浅层次文化活动比重偏高;对中国传统文化不以为然,课桌文化、寝室文化充斥的大都是通俗文化、流行文化;学生课余时间活动单调,尤其高雅文化的活动较少。

二、"江苏精神"的内涵及其表现形式

改革开放以来,江苏经济飞速发展。与此同时,社会、文化、教育、科技等各项事业都取得了巨大的进步。江苏经济社会快速发展的原因是多方面的,江苏人独特的"江苏精神"无疑是其内在原因之一。这种精神是人们从事各种实践的心灵向导。江苏精神是江苏地域文化孕育的结果。江苏的地域文化为水文化,正是由水文化这一特定的地域文化才培育出江苏人自强、灵秀、宽容、守规等独特的精神。改革开放以来,江苏经济社会之所以能飞速发展,从精神层面上讲是由于具有江苏特点的精神之花,才结出江苏经济社会发展的独特道路和巨大成就这一硕果。江苏经济运行的独特道路是乡镇企业的异军突起、外向型经济的构建和民营经济的大潮涌起。这三次经济转型形成了经济社会发展的三个波峰,把江苏推到全国的前列。通过反思这三次经济转型,我们不难发现,其路径选择与江苏精神有着密切的内在关联。江苏经济社会发展进程向我们揭示,江苏发展成功之道的一个重要方面在于他们拥有自强、灵秀、包容、守规等"水文化"特色的人文精神。这种特色人文精神诸

因素的综合作用，涵养成江苏人一些独特的行为特征。他们能务实地从本地实际出发，探寻适合本地实际的发展道路能吃苦耐劳、自强不息，能够随着外部条件的变化，及时调整自己，抓住机遇等。[③]

江苏人以其浓厚的文化底蕴为背景，结合当代发展的实际状况，在“十二五”开局之年，将“创业创新创优、争先领先率先”命名为“新时期江苏精神”。专家解读“江苏精神”的丰富内涵就在于推进“两个率先”，创业是基础，创新是灵魂，创优是追求。坚持“两个率先”，争先是前提，领先是责任，率先是目标。[④]

（一）弘扬科学和理性的精神

科学与理性是一个国家和民族精神品格在不同方面的反映，它们不仅是现代化国家建设过程中不可或缺的精神构成的合理内核，也是民主法治的内在因素。科学的基本精神是实证、理性、探索与怀疑，其中最为重要的精神则是实证与理性。树立科学精神、培养科学意识，就是弘扬理性精神的过程。源远流长的“水文化”孕育了江苏发达的文明，崇文重教，致力科学，崇尚理性一直是江苏的优良传统。江苏素来是“鱼米之乡”，古人云“富而思文”，崇文尚智在江苏蔚然成风，江苏人的尚智也促使他们理性待人，理性处事，理性对物，温文尔雅，思考缜密。与其他地方的人相比，江苏人更加务实求真，更加容易接受和形成尊重知识、尊重人才等新的思想观念。这种重科学、尚理性的文化底蕴，为江苏经济社会的快速发展提供了强大的精神动力和智力支持，造就了历史的辉煌。

（二）倡导创业和创新精神

“水文化”赋予江苏人的灵秀和创业的灵感。改革开放以来勤劳智慧的江苏人，一直是创业创新的开拓者。发展乡镇企业的“苏南模式”和对外开放的“外向型经济”就是江苏人在改革大潮中的两大创举，为全国人民树立了一个典范。在新的历史条件下，江苏经济社会发展要进步解放思想，必须让“全民创业”成为江苏文化的主旋律。因此，培育和塑造以艰苦创业为主要特征的江苏精神，为江苏经济发展找到内生式发展的原动力，对江苏经济长期、持续、快速发展具有重要的意义。江苏具有独特的人文特质。崇文而不尚空谈、包容而不惧竞争、内敛而不失大气，是江苏人的典型风格；“三创三先”精神体现着江苏优秀传统文化的基因。

(三) 培育冒险和闯荡精神

是否具有冒险、闯荡精神,是一个人乃至一个民族是否具有创新欲望,是否具有改变现状的强烈冲动的一个重要心理特征。一个循规蹈矩、安于现状的人是绝对不会轻易支付冒险的代价的。智慧勤劳的江苏人开创“乡镇企业”的发展模式,发展“外向型经济”,无疑获得了巨大的成功。无论是乡镇企业异军突起时苏南农民“踏遍千山万水、吃尽千辛万苦、说尽千言万语、排除千难万险”的“四千四万”精神,还是20世纪90年代以来形成的争创一流的张家港精神、勇于争先的昆山之路精神、华西精神等,都是“三创三先”精神在江苏改革发展不同历史阶段的生动表现和典型阐释,已经成为江苏的发展之魂。敢为天下先、勇为天下先、能为天下先、始终领天下风气之先,是新时期江苏人的鲜明气质。兼具“自强、灵秀、宽容、守规”水文化精神内核的江苏人在新时期再次掀起创业、创优、创新的新高潮。

三、“江苏精神”关照下高职校园文化建设的路径选择

(一)“校园精神文化”的重拾

精神文化建设是校园文化建设最实质性和根本性的组成部分,它是校园文化所以存在的价值所在和意义所在,创造良好的精神文化氛围应从以下两方面入手:一是要培育高品位的学校精神。学校精神是一个学校在一定历史发展中由一定的历史传统、民族精神、理想追求和道德情操等凝聚而成的校园风气。它是一种合乎社会要求,体现时代精神,充分体现当代知识分子风貌的一种团队精神,包括尊重科学、追求真理的进取精神;刻苦学习,积极吸收古今中外一切优秀成果的拼搏精神;严肃地对待自己的生活、学习和工作的自律精神,团结乐群、严于律己、宽以待人的合作精神等。这种精神弥漫于校园周围又显形于个体行为,每所高校都应具有一种相对稳定又各具特色的学校精神。二是要加强文明校风建设。校风建设是校园文化建设的基础内容。在广大学生中树立刻苦学习、大胆实践的理想信念,让没有人生目标、没有成才观念、自我约束能力差、行为懒散的恶劣风气在学生中没有存在的

空间。[5]

（二）教育观念的更新

随着时代的发展和社会的进步，过去那种只注重知识传授和智能训练的大学教育已远远不能满足今天社会的需要。当今社会，教育更主要的目的是要教会学生如何做人，要培养学生的综合素质，特别要培养学生的创新能力。这种教育观念的转变使人们看到了加强校园文化建设、优化育人环境的重要性，也使人们懂得了课堂以外的文化熏陶往往对一个人的成长具有更大、更长远的作用。加强校园文化建设不仅是为大学提供一种新的教育内容和新的教学活动方式，更重要的是为实现大学教育教学方式提供新的视角。它的核心是人的全面发展，这与大学的培养目标是一致的，但这种教育观念的更新才刚刚开始，它与我国传统教育形成的固定模式，和人们业已形成的思想观念的交锋还将是长期的，人们在实际操作过程中仍然会时不时地沿袭惯用的手段和方式。因此，我们必须树立校园文化是衡量一个学校教育水平和管理水平的重要标志的观念，把加强校园文化建设提高到实现教育目标，更新教育观念的高度来认识，只有这样才能促进校园文化建设的良性循环，最终达到育人的目的。

（三）校园文化主体作用的发挥

校园文化建设的主体是大学生，他们在校园文化建设中扮演着管理者和被管理者、创造者和受益者两种角色。青年学生思维敏捷，接受新事物快，富有创造精神，对社会文化信息反映迅速，在他们身上蕴含着巨大的潜能，把这种潜能开发出来是使校园文化充满生机和活力的关键。各种校园文化活动开展的主角是大学生，尊重他们的创造精神，发挥他们的聪明才智，鼓励他们积极组织参与各种校园文化活动，例如成立各种学生社团，学生社团将一批志同道合的青年聚集在一起，大家相互启发，共同成长，锻炼才干。由于学生社团处在基层，各方面的条件很难保证，这就需要学生自己去创造各种有利条件去满足社团的运转，从而锻炼了学生不怕苦和创新精神，社团的成功运作也就越能体现校园文化的实力。这样学生从中受教育、长才干，在健康有序的校园文化活动中加强道德修养，补充课堂知识，培养实际操作能力和实践动手能力，从而达到提高综合素质的目的，这是加强校园文化建设的最终目的。

参考文献:

① http://www.20ju.com/cotent/V7058.htm

② 陈启文.高校校园文化环境建设路径探讨[J].中国高教研究,2006(12).

③ 冯必扬.江苏精神:江苏经济社会发展的内在动力[J].唯实,2005(4).

④ 沈峥嵘.三创三先:新江苏精神引领铸造新辉煌[N].新华日报,2011-11-27.

⑤ 白振飞.校园文化及校园文化建设[J].陕西师范大学学报(哲社版),2003(5).

高职"校地"文化融合的研究与实践

蔺 俊

摘　要: 在分析高职"校地"文化融合内涵、意义的基础上,本文以盐城纺织职业技术学院为例,提出了融入"四色文化",打造办学特色的实践路径。

关键词: 高职;校地;文化融合;研究实践

高职院校肩负着培养高素质技能型人才、服务地方经济社会发展的重任,具有区域性、开放性等文化特征,加强学校文化与地域文化的融合,有利于传承优秀文化,提高教育质量。

一、高职"校地"文化融合的内涵

高职院校文化即高职院校组织文化,是学校在长期的办学过程中培育形成并得到师生员工普遍认同的校园精神文化、物质文化、制度文化和行为文化的总和,既包括外

作者简介: 蔺俊,男,江苏盐城人,盐城纺织职业技术学院副研究员,主要研究方向:高等职业教育管理。

显的活动，又包含内隐的意识、价值、态度、制度等，是学校核心竞争力的重要内容。地域文化是一个地区自然文化与社会文化的结合，包括物质文化、政治文化、精神文化与生态文化，具有鲜明的自然特性和历史传承。源远流长的地域文化，既是高职院校文化继往开来的基石，又是高职院校文化与时俱进的动力，是高职院校文化建设的源头活水。高职"校地"文化融合，是由高职院校的历史使命和教育目标所决定的，学校文化与地域文化的相互作用与渗透，能够创造一种新的高职教育情景，对学生进行全面的素质教育，从而培养地方经济社会发展需要的不可替代的专门人才。

（一）高职院校"区域性"特征为"校地"文化融合增强了必要性

高职院校在服务方面具有"区域性"特征，"从地区的社会需要出发"，"为区域经济发展作贡献"是高职院校的办学宗旨和神圣职责。怎样更好地为区域经济社会服务、在服务中谋发展，是高职教育系统一直孜孜以求的问题。高职院校"区域性"特征决定了其专业设置和人才培养目标必须同区域产业经济发展相吻合，这种吻合看起来是产业链条的一致性，而其根基却是地域文化的同一性。高职院校要培养适应区域经济社会发展需求的人才，就需要加强"校地"文化融合。

（二）高职院校"开放性"特征为"校地"文化融合提供了可能性

高职院校的师生员工作为学校所在地区的居民，自然会受到地域文化的熏陶，因而地域文化在潜移默化中影响着师生员工的人生观、世界观和价值观。现代高职院校办学不可能"闭门造车"，需要与地方政府、行业、企业进行广泛深入的联系与合作，其文化建设的目的也不是营造一个"世外桃源"，而是要让学生在从校园到社会的过程中经历一个文化"缓冲地带"。学校文化与学生毕业后工作生活的文化环境有某种对接，才能够起到这种缓冲与过渡作用。高职院校文化和地域文化都以人为着眼点，重视人的价值体现，重视人的发展和素质提升，都具有导向作用、激励作用和凝聚作用，这为"校地"文化融合提供了可能。

二、高职“校地”文化融合的意义

一所学校有一所学校的文化。在高职院校发展中,底蕴深厚又充满活力的学校文化是学校发展的重要因素。高职院校的建设与发展,无不受到地域条件的影响和制约。结合本地区经济建设和社会发展实际开展具有地域特色的校园文化建设,既有利于师生潜移默化地接受地域文化的滋养,又有利于兼顾地域文化和校园文化的互补,是高职院校获取发展动力的根本所在。

(一) 高职“校地”文化融合是提升学生素养的需要

现代企业和市场选择人才看中的不仅仅是学生拥有的文凭和技能证书,更看重其综合素养。如是否热爱集体、胸怀大志,具有吃苦耐劳、默默奉献的精神,勇于创业、自强不息的品质。很多学生由于缺乏从业的综合素养,常常得不到用人单位的认可。而综合素养的提升仅仅通过知识和技能的学习是难以形成的,必须“接地气”,引导学生充分了解本地的经济、社会、历史、文化,毕业后方能与企业无缝对接,更好地为地区经济发展服务。这一环节需要通过“校地”文化的有机融合来实现。

(二) 高职“校地”文化融合是培育校园精神的需要

校园精神是一所学校在一定社会历史条件下,办学理念和优良校风的长期积淀,是一所学校的灵魂,是推动学校发展的动力源泉。校园精神深受地域文化的影响,是对地域优秀文化的传承和弘扬。地域文化资源中具有悠久历史的人文精神和文明遗迹是建设特色校园文化的丰富资源,高职院校脱离地域文化,校园精神就会成为无源之水、无本之木,缺少生命力。

(三) 高职“校地”文化融合是打造办学特色的需要

办学特色是高职院校的强校之本,没有特色的高职院校将难以持续发展。办学特色不仅体现在专业特色、管理特色、服务特色等方面,还表现在有特色的学校文化上。不管是哪方面的特色,如果没有特色文化作支撑,往往缺乏持久竞争力。高职院校在文化建设中引入优秀地域文化,实施“校地”文化融合,突出“区域性”特征,方能形成富有特色的高职院校文化,打造文化软实力,提升核心竞争力。

三、高职"校地"文化融合的实践

一方水土养一方人,一个地域有一个地域的文化。高职院校的办学宗旨是为地方经济社会发展服务,学校发展与所在区域经济社会建设密切相关。因此,需要在坚持职业价值导向的基础上,处理好开放性与选择性的关系,用多种方式将优秀地域文化融入校园文化建设之中,使学校文化与不断发展着的地域文化相融共生。当然,高职"校地"文化融合,不是学校文化与地域文化的简单叠加,也不是地域文化与学校文化的简单替代。盐城纺织职业技术学院(以下简称学院)地处文化底蕴丰厚的江苏盐城,是盐城地区第一所也是唯一一所服务地方经济建设主战场的综合型、示范性高职学院。多年来,学院以江苏省高等教育人才培养模式创新实验基地建设为载体,紧密结合自身实际和地区经济社会发展水平及文化特色,以育人为目标,以"源于地域文化、高于地域文化、辐射地域文化"为原则,多管齐下,博采众长,在学校文化与地域文化融合方面进行了积极的探索。

(一)融入红色铁军文化,凝练校园精神

盐城,钟灵毓秀,人杰地灵,是革命老区,红色根基深厚,素有"陕北有个延安、苏北有个盐城"之说。1941 年 1 月"皖南事变"之后,根据中共中央的命令,新四军在盐城重建军部。盐城大地从此拉开了波澜壮阔的红色历史,英勇顽强、无私奉献的铁军精神为世人传颂。盐城新四军纪念馆已被列入全国 100 个红色旅游经典景区,8 个展厅、数万件珍贵物品,展示着新四军重建后的光辉历程和不朽功绩。此外,盐城还有八路军新四军会师塔、粟裕指挥部、抗大五分校旧址等一批革命遗址。盐城革命老区因新四军而名扬四方,铁军文化已成为盐城红色文化的特色资源,铁军精神已深深扎根于盐城大地。

结合新时期"艰苦奋斗、创新创业、团结拼搏、进位争先"的盐城精神,针对学院地处经济欠发达的苏北地区、服务纺织服装艰苦行业的客观实际,经过公开征集、广泛研讨,全院师生员工达成了共识:学院精神和盐城革命老区精神一脉相承,学院所走过的路是一条艰苦创业、自强不息之路,其精神集中

体现在“艰苦创业、自强不息”八个字上。多年来，学院大力弘扬“艰苦创业、自强不息”的校园精神，构筑起全院师生员工共同的精神家园，并将其融入到学院改革、建设和发展的各项工作之中，融入到师生员工学习、工作和生活之中。在并校融合、校园建设、迎评创优、党建迎考、示范建设等一系列重点工作中，“艰苦创业、自强不息”的校园精神始终引导师生思想，升华人格品质，树立优良教风学风，统领校园文化建设，为学院改革与发展提供了精神支撑，对学院的各项工作发挥了很好的导向作用。

（二）融入蓝色海洋文化，开发新兴专业

盐城地处黄海之滨，500多公里长的海岸线，使盐城大地与蓝色的海洋文明有着与生俱来的联系。特别是江苏沿海开发战略上升为国家战略之后，盐城这艘巨轮正加速驶向蓝色的大海。随着港区建设加快提速，盐城临港产业迅猛发展。目前，港区在建和投产的亿元以上项目多达数十个。

经国务院批准的《江苏沿海地区发展规划》明确提出，要将江苏沿海地区建设成为我国东部地区重要的经济增长极。盐城处于江苏沿海产业带中部核心地位，具有对接上海融入长三角的区域优势、沿海生态环境和容量较大的优势、海岸线长和港口优势，盐城将建成中国风电之都、光电之谷和长三角北翼重要的物流基地。伴随江苏沿海开发战略的全面实施，盐城涌现了新能源、海洋工业、临港工业、港口物流等新型产业，吸引了像协鑫（集团）控股有限公司、华锐风电科技（集团）股份有限公司等国内一流的大型企业在盐落户。学院审时度势，抢抓机遇，将港口物流、风电设备、光伏等新能源专业（或专业方向）作为学院新的增长点来建设，并将这些专业建成学院的品牌特色专业，基本做到盐城地方经济增长点在哪里，学院的专业就办到哪里，从而更好地融入海洋文化，服务沿海开发。

（三）融入白色海盐文化，培育五实人才

盐城是全国唯一以“盐”命名的城市。在盐城市中心矗立着一座“中国海盐博物馆”，从远处望去，白色墙面场馆，犹如一串晶莹剔透的盐晶。馆内蜡像、雕塑、沙盘……记录着盐城的历史，再现古代盐城人“炼卤煎盐”、“晒海为盐”等生活场景。时至今日，白色海盐文化仍然伴随着盐城儿女生生不息。先民们战天斗地、朴实务实的精神品质，已经成为盐城地域文化的精髓。

多年来,学院在人才培养中注重融入地域海盐文化,着力培养具有"五实"特质的人才,即培养为人诚实、专业扎实、工作踏实、生活朴实、心态平实的专门人才。"为人诚实",是一种道德品质,也是现代企业员工必须具备的道德责任,更是一种崇高的"人格力量"。学院通过多种途径加强诚信教育,建立学生诚信档案,构建诚信测评体系,用制度来约束不诚信行为,切实增强学生诚信可贵、背信可耻的意识。"专业扎实",是高职人才培养的根本要求,也是学院"职业立身、技术报国"校训的重要体现。学院着力提高学生学习内容的岗位针对性、学习方式的灵活性、学习成果的实效性和社会适应性,在教学内容上融入产业、企业、职业要素,在课程建设上实施灵活的模块化课程,在办学模式上实行校企资源共享的管理平台,在培养方式上注重实习实训。"工作踏实",是一种工作态度,也是一种工作方法。学院在专业课中把企业的工作规范和典型事例融入教学内容,在专业岗位实训中创设真实的职业环境,在就业指导工作中让学生明确用人单位对高职生职业素质的要求,增强学生"干一行、爱一行"的意识,养成求真务实的工作作风。"生活朴实",是一种良好的生活习惯,也是一种健康的消费表现。学院加强海盐文化的宣传,培养学生自立自强的意志品质;加强正确消费观的教育,增强学生节俭意识;开展感恩教育,感受父母的艰辛与不易,自觉养成朴实的生活作风。"心态平实",是一种处事方式,也是一个人成熟的标志。学院积极开展心理健康教育,健全心理健康教育机制,培养学生宽容、进取、执著、奉献等优良品质;指导学生做好人生规划,准确定位,积极选择适合自己的就业岗位;组织开展丰富多彩的校园文化活动,拓展学生综合素质,提高自我调适能力,以良好的精神状态应对各种困难与挑战。

(四)融入绿色湿地文化,建设生态校园

盐城有湖泊、森林,气候宜人,生命多样,物种丰富,拥有太平洋西海岸最大的海岸型湿地,有"东方湿地之都"的美誉,被列入国际重点湿地名录。绿已成为盐城的主色调,生态则是盐城的闪光点。

借鉴地域绿色湿地文化,通过对学院历史、现今、未来以及用地现状和规划水系、地形的研究,学院新校区景观绿化设计以"建生态校园"为核心理念,建成了富有个性特色的"一心、两园、三轴、四层、八景"。"一心":中心生态

湖。“水”融会了纺织人心灵手巧的精神内涵,展现了师生的灵韵。中心生态湖是校园景观结构的中心,利用水体和小地形的变化,形成开阔的中心水面,营造出一片“虚怀若谷”的境地,构成一个翠林绿草、鸟语花香、波光倒影、动静有序的绿色中心和亲水空间,为师生提供一个学习、交流、休闲、倾听、静思的多元化场所。“两园”:金轮园、银梭园。金轮园在校园东南方向,银梭园在校园西北方向。“三轴”:礼仪轴、科技轴、生活轴。根据校园建筑的排布和入口的设置,将南、东两个入口及西北部生活区入口形成三个轴线。“四层”:四个空间层次。全校定位为一个生态园,根据园林尺度来划分,第一层次是以活体水面为纽带的中央生态区;第二层次是大组团间的园空间,形成多样化、人本化的绿化广场、园林景观;第三层次是组团内部形成的围合感较强的园林空间,为教学提供直接而富有生趣的理想环境;第四层次是建筑物上因园林与建筑穿插结合的绿色点缀。“八景”:包括“水滴石穿”、“纺织石雕”、“翠林碧影”、“桃李芬芳”等8个各具特色的景点。精心的设计,精巧的布局,精致的景点,成就了学院江苏省园林式、生态型校园的美誉。

参考文献:

① 陈文海.推进校企文化融合　构建高职特色学校文化[J].顺德职业技术学院学报,2008(3).

② 王东平,徐文.试论具有高职院校特色的校园文化建设[J].思想理论教育研究,2009(5).

③ 钱涛.高职院校“四特”校园文化的构建[J].江苏高教,2011(1).

④ 承剑芬.试论高职院校校园文化与区域文化的对接和交融[J].江苏高教,2010(1).

⑤ 王一群.基于地方高职院校校园文化与区域文化融合的研究[J].四川省干部函授学院学报,2011(1).

⑥ 张智颖.盐城“四色文化”色彩斑斓[N].新民晚报,2011-5-31.

⑦ 蔺俊,冯晓峥.坚持用铁军精神建设校园文化[J].铁军,2011(8).

我国地方高校的文化危机及发展路径

洪 林 胡维定

摘 要：地方高校是我国高等教育大众化的生力军。作为本地区的一个文化载体，地方高校在承担人才培养、科学研究、服务社会和文化传承创新等职能的同时，也受到地方优秀传统文化的深刻影响。但现实中的大学城，使地方高校原来潜在的大学文化出现荒漠；社会上的功利性，使地方高校的建设与发展出现浮躁；世俗的官本位，成了地方高校学术的腐蚀剂。坚持“以文化人”、重塑大学文化，坚定“服务理念”、摆脱功利化，坚守“学术文化”、远离官本位，是我国地方高校走出文化危机、早日形成特色、实现科学发展的力量源泉。

关键词：地方应用型本科院校；文化危机；需求导向；良性互动

作为地区重要的文化载体，地方高校一方面要受到地方优秀传统文化的深刻影响，另一方面其文化氛围和思想

作者简介：洪林，男，江苏盐城人，盐城工学院高教研究所所长，研究员，研究方向：院校改革与发展研究。胡维定，男，江苏泰州人，盐城工学院高教研究所教授，研究方向：教育哲学。

又在不自觉地对本地民众起着潜移默化的作用，从而影响区域文化的发展；在认识和吸收地方文化的同时，经过内化将其转变为新的文化形式，并通过教育活动进行传播，从而直接为地方经济文化和社会发展服务。这也是我国地方高校的共同责任。然而，随着高等学校从社会边缘进入社会中心，特别是随着近年来入学率的攀升、办学规模的扩张和大学城的崛起，人们也对教育质量问题、素质教育问题、毕业生就业问题表示深深的忧虑，其中相当多的问题可归结为文化问题。文化问题已成为我国地方高校发展的新的危机。

一、我国地方高校的文化危机

大学文化是一种在大学社区中生活的每个成员共同的价值观和这些价值观在物质与精神上的反映，它涵盖了学校的风格、观念、传统和价值标准，集中反映学校的学风和整体面貌。大学是学术的殿堂，大学最重要的职能是教学，大学学者的自身价值在教学和科研中得以升华，成为最受社会羡慕的少数职业之一。大学又是个人的领地，在这里，个人独立性受到最大程度的尊重，个人首创性可以得到最大程度的发挥。但现实中的我国地方高校与理想之间还存在相当大的距离，有些文化现象不得不引起人们的高度关注。

（一）大学城：远离文化圈的荒漠化危机

大学城在国外早已有之，如美国的哈佛、英国的剑桥都是名副其实的大学城，都是因大学的发展促进了城市的繁荣。城市因大学而名，大学成为城市的徽章，逐步形成著名的大学城；大学与城市在文化上的共生共荣，成为大学城的显著特点。近年来，我国许多地方在高等教育大众化背景下也纷纷建起了大学城。其最初原因是随着高等教育大众化，学校的办学规模在扩大，老校址无法延伸扩张，只能异地新建校园，形成一校多园。这种一校多园现象，资源难以共享，重复建设严重，办学成本增加；更重要的是多校区办学，教师讲完课便匆匆离开，师生关系的疏远，大学本真的丧失，中断了校园文化的传承。在这些问题没有得到有效解决的情况下，一些地方的政府决策者，又打出了城市建设中土地开发的商业牌，看到了大学校园建设的商机，开始规划大学城，开发成千上万亩土地，把新校园集中到一起，于是大学城像雨后春笋般兴起。时间不长,大学城的诸多弊端也开始显现出来。首先,大学作为知识的孵化器,与社会经济文化相互影响、相互辐射。一个远离都市文化圈的大学城,一个被城市边缘化的大学城,她对社会经济文化相互影响、相互辐射的作用无疑被弱化了。而大学文化、大学风格、大学精神与大学长期以来的固有校园自然环境、校园传统建筑风格、校园人文环境是息息相关的,莘莘学子正是在这种环境的熏陶下成才的。大学城虽多美丽壮观,但截断其久已形成的大学文化、大学风格、大学精神,由此产生的大学文化的流失则很难再生。在这样的大学校园中学习,除了学习专业知识,潜在的大学文化、大学风格、大学精神传承却被文化圈的荒漠取代了。其次,公办高校的建设本应由政府投资,而大学城的建设,通常是政府圈地、学校买单,几乎所有学校都是贷款建设,从此大学背上了沉重的债务。于是大学校长们把本来用于发展教育事业的经费,不得不用于偿还贷款利息。学生的缴费也部分用在了本应由政府投资的基建项目中,这对缴费上学的学生及其家庭是不公平的,对学校也是不公平的。第三,据教育部《2011 高招调查报告》显示,全国高考生源 2008 年到达历史最高人数 1050 万后,最近两年累计下降了 200 万,并呈现加速下降趋势。最近 3 年全国高考平均录取比例从 2008 年的 57% 增长到 2010 年的 69.5% ,2011 年超过 70% 是必然结果,从而将导致部分高校出现生源不足的严峻局面,使办学资源造成严重浪费。"这一严峻局面势必对只会盖楼的大学形成压力,促使它改换套路,提高自己的办学质量①"。

（二）功利化:地方高校的浮躁性倾向

中国高等教育走向大众化以来,在功利化驱使下,社会浮躁也侵入了地方高校的校园。一是地方高校向政府邀宠、向企业献媚已不是个别现象,使高校失去了独立办学和学术自由的品格;高校向官员屈曲、向名人取悦,使其坚守学术、崇尚真理的品格大打折扣。甚至一些地方名牌高校也不惜降格以求,纷纷举办以官员和老板为对象的博士、硕士班,向影视明星、体育明星开绿灯,降低了大学招收博士、硕士、本科生的标准,违背了教育公平原则;大学拜倒在官场、商场和名利场的麾下,影响了大学应有的尊严。二是什么专业热门就办什么专业,这种由利益驱动而不是由人才驱动、素质驱动的办学热情,很容易走上功利化办学的歧途。有一个现象,如今高校哲学专业招生萎缩,而经济类专业日益红火,是我们不再需要哲学的思维来锻造民族灵魂,还是我们只需要 GDP 而顾及不了灵魂的锻造?一两个人或一小部分人没有哲学思维仅仅是文化层次和素质的低下,整个民族没有哲学的思维,那就是社会的全面倒退、民族脊梁的丧失。这种由经济驱动的人学功利化现象,正在日益销蚀大学的崇高。三是少数知识分子做学问的功利化。古人讲究板凳要坐十年冷,讲的是做学问不能急功近利,要下真工夫、花大气力、做真学问。然而可以毫不夸张地说,今天大学的学问,被功利化腐蚀得较为严重,每年各级机构立项的科研项目,严重地表现出三多三少:基础性研究少、应用性研究多,而应用性研究中大多没有应用价值;原创性研究少、重复性研究多,而重复性研究中大多没有再创价值;研究成果多,成果转化少,而不少研究成果中缺乏社会价值或经济价值。职称论文大多也成为没有学术价值的文字垃圾。我国有 2000 多所高校,数千份公开和内部大学学术刊物,发表数十万篇论文,至少有一半是职称论文,这些论文要么重复着早已说过上百次的话、毫无新意;要么到处下载、拼凑成文、毫无学术;要么花钱雇抢手、拿钱买版面、毫无学问。如果翻开不同刊物同一题材的论文,很容易发现你中有我、我中有你。

(三)官本位:地方高校学术的腐蚀剂

早在 20 世纪 60 年代,国家主席刘少奇就对掏粪工人时传祥说过,国家主席与掏粪工人都是为人民服务,只是岗位不同。少奇同志的话,体现了典型的社会主义民主制度下人与人的平等关系。老一辈无产阶级革命家去官本位化的高风亮节至今是我们学习的榜样。然而今天,官本位渗透到许多领域,教育领域也不例外。一是公办高校都有行政级别之分,学校的命运基本掌握在各级行政主管部门手中。高校领导基本上都由上级任命,办学资源日益集中在各级行政主管和行政官员手中,成为各级官员包括高校内部各级干部手中瓜分的蛋糕。招生指标由上级下达,办学经费由上级拨付,学校评价由上级组建专家组考察,科研项目、专业设置、学科建设、校园建设都由上级批准,总之,各级行政主管部门的行政权力渗透到高校的每个角落。特别是一些地方高校,几乎变成了地方解决干部级别的去处或者是政府机关干部解决自己行政级别的挑板。政府官员到高校兼职,引进了地方政府的权力结构机制,又有力地推动了地方高校的官本位化。二是高校内部等级制日行其道,行政权力结构紧密,监督机制虚位。一方面,高校办学资源被各级行政权力控制,基本没有办学自主权;另一方面,高校又是一个相对的独立王国,高校领导作为学校最高权力层,缺乏监督。上级主管部门难以进入深层监督;同级纪律检查部门往往都由校领导兼职,部门自身无权监督;普通教师干部少有话语权,无从监督。高校的一个关键岗位,其处长的权力有时也能一手遮天,他把握着学校的教学资源,因此不少博士、教授不惜竞争一个科长职务便不足为奇。三是行政权力与学术权力严重失衡,学术问题在一些高校已经蜕化为一种权力寻租。官员、老板读博士是不少高校滚滚不尽的经济收益,也是我国地方高校奇特的风景,于是便有真正十年寒窗的学子面对官员博士愤而退学的报道。

官本位在本质上是封建主义专制和等级制的产物,它代表的是长官意志,维护的是长官利益,体现的是长官权力结构,它与社会主义民主平等格格不入。在政治上,它是我们建设社会主义法治社会可怕的敌人;在经济上,它是发展社会主义市场经济最危险的拦路虎;在文化上,是消解大学学术自由、学术平等,破坏高等教育游戏规则最令人憎恨的腐蚀剂。今天,许多人在思考"钱学森之问":为什么我国大学培养不出大师级人才?其实,钱学森心中早就有了答案,否则为什么他总是不愿意比其他科技人员更特殊?为什么他总是不愿意享受官员特殊待遇?为什么他一生总是试图从自己身上去官本位化?我国大学的官本位现象,是我们难以培养出大师级人才的首要原因。

二、我国地方高校的文化发展路径

胡锦涛总书记在庆祝清华大学成立100周年大会上的讲话,是指导我国高等教育改革与发展的纲领性文件,也是我们重新认识大学功能的理论指南。将文化的传承创新明确为大学的第四大职能,是总书记对大学和高等教育规律的重新认识,对全面提高我国高等教育质量和地方高校的文化发展都具有十分重要的现实指导意义。文化的传承创新既是大学担当的天然使命,也是社会进步的直接要求。大学要注重坚守使命,守护大学的精神,自觉抵制浮躁、诱惑,避免急功近利,要追求真理,崇尚科学,服务于社会发展的长远目标和人类高尚精神的追求。

（一）坚持"以文化人"，重塑大学文化

对高等教育人文理念的呼唤，是当下各类高校的共同愿望。面对20世纪科学主义思潮的泛滥，在进入21世纪的今天，作为人类精神家园的大学应更多地坚持人文主义教育的理念。坚持"以文化人"，就是要通过校园文化发展，变校园"文化荒漠"为"文化绿洲"，在大学文化发展过程中高度关注和树立人文理念，注重人文精神的培养。美国思想家艾伦·布鲁姆在《美国精神的封闭》一书中提出，大学教育的最高目的是追求完善的人性和永恒的真理。大学的功能除了向社会输送人才，进行知识创新并促进社会科学技术的进步外，还需要向社会传播精神价值，这种精神价值主要是人文精神。我们培养的学生不仅是技术专家和会谋生的"应用型"人才，而且还应有着强烈的人文和社会关怀，而不是沉醉于自己个人的小世界里。通过教育，应使他们成为有高尚人格和优雅气质并热爱生活、热爱祖国、热爱社会、尊重他人、明辨是非的具有浓厚人文精神的"全面的人"。[②]美国《科学》杂志曾于2008年7月刊载《美国大学博士学位获得者综合报告》。该报告显示，美国大学博士学位获得者中，来自中国清华、北大两校的本科生数量名列全球前两位。调查称，他们中的大多数表示将留在美国工作。"这表明来自我国高校出国深造的留学生，当他们在美国就业并成为业务尖子后，其多数人的文化选择和服务选择，首先是美国而非祖国。"重物化目标而轻精神因素，是我国高校偏重工具理性倾向的重要表征。这是由于人文教育被职业教育所屏蔽而导致的必然结果，即偏重知识灌输与技能训练，忽视科学精神与科学思维养成，忽视心灵教化与人格培养。对此，地方高校要引起高度重视。

（二）坚定"服务理念"，摆脱功利化倾向

在办学实践中，常常把大学的社会服务职能理解为大学对于社会所应承担的职责和效能，这种理解方式带有突出的"自我中心"倾向，总是按照大学自身惯常的人才培养、科学研究和社会服务的逻辑来与地方沟通。相反，地方则习惯于按工业经济、农业产业、服务流通、教育文化的思考方式与大学对话，因此，在社会服务的过程中存在话语差异。这个问题的背后实质是大学社会服务的理念需要转变。威斯康星大学校长查尔斯指出："教学、科研和服

务都是大学的主要职能，更为重要的是作为一所州立大学，它必须充分考虑每一项社会职能的实际价值，换句话说，它的教学、科研、服务都应考虑到州的实际需要，大学为社会，州立大学要为州的经济发展服务。”[③]实际上，查尔斯强调，大学的社会服务应当以社会需求为导向，当代美国出现的“相互作用”大学，使大学的社会服务从传统的“自我中心”模式转变为“他方中心”模式，更强化了需求导向的核心理念。我国地方高校确立需求导向为核心的社会服务理念，需要在实践上把握两个问题：一是推进城乡统筹，确立服务基点。地方高校大多分布在中等城市，且由地方投资、地方管理。而中等城市恰恰又是推进城乡统筹的主体和纽带。贯彻落实科学发展观，统筹城乡发展，是关系我国未来发展和长治久安的重要战略部署。统筹城乡发展，教育是突破口，作为教育发展龙头的高等教育责无旁贷。新农村建设和推进城乡一体化的进程，客观上为地方高校的发展创造了良好机遇，使地方产生了接受高校服务社会的重大需求。以江苏为例，全省现有人口 8000 万，其中农村劳动力 2660 万，到 2020 年，江苏城市化率若以 70% 计，并考虑每年新成长的农村劳动人口，会有数百万农村剩余劳动力有待转移，显然这要涉及教育、就业、商业、交通、住房、食品、环保、安全等众多问题，这些问题无疑是江苏地方高校发展的重大机遇。所以，地方高校要在推进城乡统筹发展中找准服务基点，把握城乡统筹发展的需要，变被动适应为主动融入，从学校实际着手，结合城乡统筹发展所带来的新需求来调整自身的服务面向，成为推进城乡统筹“发动机”；要摆脱模仿研究型大学的发展模式，走出“象牙塔”，以对城乡统筹的贡献和成为同层次的精英而自豪。二是植根地方特色，打造服务亮点。中国幅员辽阔，每个地区的地理条件、人口状况、产业结构、生活习俗各不相同，富有地方特色的社会经济文化格局正是应用型本科院校发展的天然沃土和特色之源。所以，地方高校所面对的“地方”、服务的对象各不相同，要巧打“地方牌”，打造社会服务的亮点，形成社会服务特色。

（三）坚守“学术文化”，远离官本位

自大学于中世纪产生以来，由于社会发展的需要和大学自身的实践，到 20 世纪初随着“威斯康星理念”的出现，大学的三大职能——人才培养、科学研究和社会服务得以确立，也为世人所接受。然而，人们在大学的社会服务

职能方面存在的诸多模糊和混乱思想，却不得不引起我们的高度重视。过去，人们要么把人才培养、科学研究都作为社会服务而泛泛而谈，要么将满足经济发展要求作为高校唯一的服务内涵，从理论和实践上均摇摆不定，且大多被视为学校发展的一种负担，学校高高在上，自我陶醉，“等客上门”而导致被动。对于地方高校的持续发展而言，这些理念已完全不能适应时代的要求。坚守“学术文化”，坚持地方高校的人才培养、科学研究、服务社会和文化传承创新，就是需要我们更加清醒地认识到，高校的社会服务职能在本质上就是如何处理高等教育与社会发展的关系问题。历史地看，高校的社会服务职能已经从“被动应答”转向“主动适应”。在20世纪70年代的美国，源于“威斯康星理念”的大学社会服务，呈现出一种全新的形态——“相互作用大学”，从而在根本上深化了高校的社会服务职能，拓展了大学文化的内涵。“相互作用大学”的核心战略是使大学与其所在地区的企业界、公众以及政界领导间建立一种积极的双向作用的伙伴关系，承担为社会发展提供战略性和前瞻性策略选择的重任。“相互作用大学”的形成标志着美国高等学校社会服务职能开始从传统的“自我中心”服务模式向“他方中心”模式转变。高校扮演的已不再是一个置身于社会之外的批评者角色，而是充当一个积极参与者的角色。[④]李培根院士曾指出：“反思高等教育存在的问题，我认为可以用边界问题来概括。学校的边界、专业的边界、课程的边界、课堂的边界、教师隶属的边界、学生个体之学习的边界等，都需要我们进一步思考。总而言之，我们需要对高等教育的边界进行再设计。”[⑤]对于地方高校来说，要寻求适度的服务边界，谋求准确的服务重点，在履行社会服务职能的过程中，必须关注自身的底色与本色，尊重自身的历史传统基础，界定好自身服务的边界，在高等教育已经形成的生态群落中追求自己的办学特色，不贪大求全，实现服务社会和自身的发展。这就是地方高校坚守自己“大学文化”的基本含义。

参考文献：

① 张磊. 破产危机下，大学生该换换套路了[N]. 每日新报，2011-05-04.

② 朱承，柳蔚枝. 谋生也要谋道——论大学教育中的人文理念[J]. 上饶师范学院学报，2010(4):113.

③ 刘宝存. 威斯康星理念与大学的社会服务职能[J]. 理工高教研究，

2003(5):18.

④ 唐斌,尹艳秋.走出象牙塔:从“威斯康星思想”到“相互作用大学”[J].辽宁教育研究,1997(4):90—91.

⑤ 陈健,沈兵虎.对我国当前大学社会服务职能优化的几点思考[J].新闻界,2009(3):42.

浅谈地方文化视阈中的高职院校园文化建设

丛彬彬

摘　要：为实现建设社会主义文化强国的奋斗目标，必须调动、凝聚各方面力量。作为社会文化大系中特殊的亚文化的校园文化和地方文化，相互支撑、相互促进。服务于地方发展的高职院的校园文化建设一方面需要地方文化的浸润，另一方面也传承、引领地方文化，促进地方文化的大发展、大繁荣。

关键词：高职院；校园文化；地方文化；融合；发展

"国民之魂，文以化之；国家之神，文以铸之。"文化是一个民族的精神与灵魂，是国家发展和民族振兴的强大力量。

《中共中央关于深化文化体制改革推动社会主义文化大发展大繁荣若干个重大问题的决定》提出了"建设社会主义文化强国"的奋斗目标。此举充分符合我国实际，符合党和国家事业发展的要求。而事实证明，只有调动、凝

作者简介：丛彬彬，女，江苏如东人，南通航运职业技术学院副教授。研究方向：宣传思想工作。

聚各方面力量，才能推动社会主义文化大发展大繁荣。

作为社会文化大系中的特殊的亚文化，校园文化是一所学校在长期发展运转中逐步形成的特有的精神环境和文化形态，是学校师生员工普遍认同并遵循的价值观念、思维方式、行为准则的综合反映，是学校师生员工的教育实践活动方式及学校凝聚力和活力的源泉。地方文化是指地方成员通过开展实践活动而创造出来的一切物质和精神财富的总和，它依托自身的历史文化、地理位置、人力资源等优势，具有鲜明的区域特色。只有"地方文化为区域内的学校注入了核心发展力，学校文化建设需要地方文化的浸润，让学校文化建设扎根于传统与现实的文化土壤之中，从地方文化中汲取营养，孕育出超越历史与现实的具有个性特色的文化，才能使学校文化更具生命力和感染力"。

在服务地方经济发展的过程中，高职院的校园文化不可避免地受到地方历史、沿革、文化渊源、地理环境的影响，自然而然地带有地方文化的种种特征。但是，大部分的高职院建成时间不长，文化底蕴薄弱，且没有把校园文化软实力放在学校办学方向和培养目标大背景下来规划实施，因而，在办学条件明显改善的情况下，文化软实力滞后发展，也因此影响了人才培养的质量。为此，高职院要抓住文化这块生存和发展的基石，并且从地方文化中汲取营养，丰富内容和内涵，从而凸显学校文化特色，打造校园文化品牌。同时，服务于地方文化，传承、引领地方文化，促进地方文化的大发展、大繁荣，这也是高职院拓展服务社会功能、成为地方社会主义精神文明基地和辐射源，促进社会和谐的使命之所在。

一、弘扬城市精神

文化的力量，就一个民族而言，深深熔铸在其生命力、创造力和凝聚力之中，体现为民族精神；就一个城市而言，很大程度上体现为城市精神。城市精神是一种宝贵的社会资源和竞争力，它以其共同的价值观、世界观等理念规范、引导人们的行为，是城市历史、现实与未来的统一，是城市软实力的重要组成部分，是城市的灵魂。比如西安市的城市精神概括为"承古开新的境界，开放包容的胸怀，勤奋进取的精神，文明诚信的风范"，重庆市的城市精神概括为“登高涉远，负重自强”，南通市的城市精神概括为“包容会通，敢为人先”。这些城市精神无不具有鲜明的地域特征和深厚的地方文化底蕴，充满人文力量，为高职院开展思想政治教育提供了充足的养分。高职院在开展思想政治理论课建设时，可以将城市的人文精神渗透到教学中。一方面，通过组织学生参与城市精神大讨论，提升思想理论课的吸引力；另一方面，对学生进行全方位的城市文化精神教育，使城市精神进一步弘扬，促进学生爱国主义思想的形成和人格理念的提升。

大学生社会实践活动也是宣传城市精神，使之不断深化、细化、物化、实化，成为人们的共识与行动的有效途径。高职院可以以学生社团和实习创业基地为依托，组织学生深入社区、农村，广泛开展丰富多彩的“文化下乡”活动，通过文艺作品表现城市精神，宣传典型，塑造城市精神，从而发挥大学文化辐射社会的功能，起到舆论引导、文化传播的作用。

二、传播地方传统文化

我国许多地方有着多年的发展历史，在漫长的历史进程中积累了丰富的、具有鲜明地方特色的文化遗产，文化底蕴极为厚重。优秀的地方传统文化是中华传统文化的重要组成部分。对于地方社会而言，地方传统文化作为一种社会整合的力量，可以把人们日常生活中的方方面面结合到一起，发挥非常广泛的凝聚社会功能和潜移默化的教育功能、寓教于乐的娱乐功能，对构建和谐社会具有不可代替的推动作用。

（一）将地方传统文化教育贯穿教育教学的全过程

相对于本科院校，高职院更强调高技能人才的培养，在一些传统文化的传承方面又有着得天独厚的条件。

江苏省南通市是江苏省非物质文化保护的重点地区之一，传统美术和传统手工技艺类的刺绣、扎染、蓝印花布等一大批非遗项目在全省全国独树一帜，影响深远，加强文化遗产保护是南通市文化建设的重要内容之一。2008年，南通航运职业技术学院举办了非物质文化遗产进校园活动，集中展现老、中、青三代国家级、省级的艺术大师以及民间老艺人的精品佳作，同时还在学院组织主题讲座、工艺美术家现场创作等活动。该院人文艺术系还聘请工艺美术大师担任学院的客座教授，将非物质文化遗产制作引进课堂，使“蓝印花布”“剪纸”“风筝制作”等传统工艺得到了传播。

苏州工艺美术职业技术学院开设了苏绣设计与制作专业，内容涵盖刺绣基础、刺绣技艺等课程，形成了学院、企业、行业、政府四位一体、四方互动、合作办学、合作育人、合作就业、合作发展的苏绣办学理念，不仅促进了专业结构的优化和专业水平的全面提高，更开创了一条传承与发展民间传统工艺的道路。

此外，还可以组织学生参观地方文化景点，增加大学生对地方传统文化的感性认识；举办讲座、展览，编写教材，真正使传统地方文化进课堂，进校园。

（二）建设蕴含地方文化特色的校园文化环境

学校在设计、建设校园文化景观时应充分挖掘地方传统的内涵，突出地方传统文化特色。学校可以在校园中建造地方历史文化名人雕像，打造地方文化长廊，通过体现地方文化传统的词汇命名学校的建筑、桥梁、人工湖。比如，南通素有“崇川福地”之称，南通航运职业技术学院以“崇川”命名公共教学楼，旨在表明植根南通、海纳百川、博取众长、发展学院之意。

（三）将地方传统文化精神熔铸进校园文化精神

校训是大学文化精神的核心和灵魂，是一所大学文化精神的集中体现。许多大学基本价值观取向的各个方面都是对中国文化传统的弘扬，如清华大学的“自强不息，厚德载物”、西南大学的“含弘光大”、复旦大学的“博学而笃志，切问而近思”等。高校通过制定校训，凝练校园文化精神，对受教育者人品的塑造有着积极影响。

凝练校训的过程中熔铸地方传统文化精神，无疑也是对地方传统文化的弘扬。张謇作为中国近代史上的一位重要人物，他缔造的不仅仅是“中国近代第一城”，更赋予了江苏省南通市这座城市伟大的精神内涵。而张謇所体现的爱国、爱乡、爱民的情怀和自尊、自立、自强的精神，更是南通文化史上不可多得的宝贵财富。南通大学的校训“祈通中西，力求精进”，南通纺织职业技术学院的校训“忠实不欺，力求精进”，南通航运职业技术学院的校训“自勉自奋，祈通中西”或源于张謇先生题字或出于张謇先生文章，既是对张謇先生的纪念，体现其思想精髓，又体现了校园精神的追求和价值取向，更彰显了地方文化渊源的思想政治教育功能。

三、对接企业文化

企业的盈利性和社会责任要求其在追求利润的同时必须加强赖以可持续发展的企业文化建设。校园文化和企业文化是地方的基层文化资源，在知识经济时代，寻找校园文化与企业文化的互补、互动和双赢，不仅对校企双方具有深远的战略性意义，也必将带动、促进地方文化的繁荣。

对于高职院来说，随着办学规模的不断扩大，与企业、行业的关系日趋密切，融入企业、服务企业、双赢并进已成为其发展的重要途径。而高职院的教育教学质量决定着企业员工的素质，校企文化的结合又是创建学习型企业的有效途径，对于提高企业的整体素质和综合竞争力将发挥重要作用。

要对接企业文化，首先校企双方必须建立共同的人才观，这是校企文化融合的基础。高职院校应以培养企业、地方所需要的高技能人才为最高办学目标，以为企业服务的质量作为基本的价值标准，使培养的人才符合企业的需求。其次，要将企业的价值观、企业的精神、企业的社会责任作为高职学生企业文化素质教育的基本内容，使其与学校的校风、学风、校训等紧密联系在一起。第三，在办学过程中，高职院的专业设置、课程开发、课程体系建设、教学内容和教学手段等方面都应反映企业和社会需求，教室、实验实训场所要营造出职业氛围与环境，将企业文化融入到人才培养的全过程，实现校园文化与企业文化的融合。

四、助推地方文化品牌打造

文化品牌是文化地域性、人群性的客观表现，也是文化差异性、特色性的本质要求。文化品牌是地方城市最宝贵、最有价值的城市财富，也是城市竞争力的制高点。近年来，各地都发掘、整合、利用区域文化资源，培育特色文化亮点，打造地方文化品牌。文化品牌建设属于精神产品，它的打造需要规划设计、环境支撑、政策配合和人才支持。它的创建方式应该是通过核心价值的提升、知名度美誉度的扩大，通过长期潜移默化的影响才能形成；需要通过搭建乡村平台、校园平台、企业平台,举办各种文化艺术节和各类文体赛事等形式多样的活动,让艺术节和文体赛事成为提炼挖掘文化精品,培养打造文化品牌的摇篮。

高职院不仅具有文化人才,更具有文化受众。一方面,可以利用本校的人才优势,对地方特色文化进行研究与开发,尽力将特色文化项目打造成精品,同时通过支持教师贴近社会,积极与政府、企业合作,把知识优势转化为文化产品。另一方面,校园也是地方文化品牌发挥效应的场所。比如各地的文化大讲坛走进校园,就扩大了听众范围,让更多的人享受到了精神食粮。各地开发的红色旅游品牌,也对大学生起到了很好的教育作用。

再者,高职院还是文化的孕育地。丰富多彩的校园文化中的精品,通过凝练、挖掘、深化,可以脱颖而成为地方文化品牌。高职院还可以成为地方文化品牌打造过程中的实践者和倡导者。"濠滨夏夜"是江苏省南通市家喻户晓的特色夏夜广场文化活动,是闻名全国的特色文化品牌,融思想性、艺术性和娱乐性于一体。南通航运职业技术学院自 2007 年,连续 5 年参与濠滨夏夜文艺演出,既形成了自己的品牌文化,又借这个舞台宣传、展现了自己。

立足地方文化,融入地方文化,建设与地方文化互融相长的校园文化模式是高职院校园文化建设的必然要求,也是使高职院校园文化更具生命力的有效途径。但是,这是一个复杂的系统工程,具有多侧面、多角度、多层次的特点,不仅需要正确的指导思想和明确的目标,更要具有系统的理论支撑和有序的实践验证,需要不断地探索和研究。

参考文献:

① 梁发祥.浅谈市(州)辖区独有高校对地域文化的构建与传承[J].菏泽学院学报,2008(7).

② 张玉君.论地方高校在保护和传承地方传统文化中的作用[J].江西教育,2011(5).

③ 肖建中.新建本科院校在地方文化建设中互动机制探析[J].中国高等教育,2011(2).

④ 杨子微.加强学校文化建设,全面推进素质教育[N].淮安日报,2009-9-23.

基于非物质文化遗产特点的地方高校在“非遗”保护、传承与创新中的作用研究

——以徐州地区非物质文化遗产保护、传承与创新为例

刘 娟 钱 道

摘　要：如果说物质文化遗产是人类的“静态财富”，那么非物质文化遗产则是人类的“活态灵魂”，是一个民族珍贵的精神家园、民族文化的生命密码，承载着独特而丰富的想象力、文化意识和民族精神。高等学校作为优秀文化传承的重要载体和思想文化创新的重要源泉，在全社会共同保护和传承非物质文化遗产的过程中始终发挥着重要作用。本文以非物质文化遗产的六大特点为切入点，对地方高校在非物质文化遗产保护、传承中的作用进行分析，结合地方高校对非物质文化遗产保护、传承的工作实践，提出地方高校在非物质文化遗产保护、传承中具体做法。

关键词：非物质文化遗产；地方高校；保护；传承；创新；作用

作者简介：刘娟，女，江苏徐州人，徐州工程学院淮海地区非物质文化遗产研究中心教授；钱道，女，江苏扬州人，徐州工程学院淮海地区非物质文化遗产研究中心讲师。

中国共产党第十七次全国代表大会第一次在党的政治报告中使用了“非物质文化遗产”概念,将非物质文化遗产推向了一个新的历史高度。中华民族悠久的历史,为我们留下了丰富多彩、灿若星河的历史文化遗产,其中,非物质文化遗产作为历史文化遗产的一部分,是民族传统文化的珍贵记忆,是值得倍加珍惜的人类心灵世界和精神家园,对于人类生存与发展具有独特的意义和价值。如今,无论是政府、学界还是商界、媒体正掀起一场对非物质文化遗产的挖掘、保护、研究、利用的探讨与实践。然而,在全球一体化浪潮的冲击下,现代化工业文明的迅速扩散对保护和传承非物质文化遗产形成相当挑战。鉴于此,如何科学有效地保护和传承具有巨大历史文化价值的非物质文化遗产仍是摆在我们面前的一项新课题。

胡锦涛总书记在庆祝清华大学建校 100 周年大会上的讲话中指出:“全面提高高等教育质量,必须大力推进文化传承创新。高等教育是优秀文化传承的重要载体和思想文化创新的重要源泉。”高等学校特别是地方高校在推动服务地方经济文化发展,保护、传承非物质文化遗产,弘扬中华民族优秀传统文化的时代重任中具有得天独厚的资源与优势。文化部副部长、中国非物质文化遗产保护中心主任王文章指出,“对于丰富而深厚的非物质文化遗产,我以为,应该按其自身演变的进程去演变、去发展”,要“在实施科学保护上用力”。笔者认为,“实施科学保护”,就是要遵循非物质文化遗产自身演变规律,根据非物质文化遗产自身的特点,进行保护、传承与创新工作。王文章副部长在其编著《非物质文化遗产概论》中概括了非物质文化遗产的基本特点,分别是独特性、活态性、传承性、流变性、综合性、民族性及地域性,作为具体的非物质文化遗产项目,大都具备以上特点并各有侧重。本文以徐州地区非物质文化遗产保护、传承与创新为例,从非物质文化遗产基本特点分析入手,探讨地方高校在非物质文化遗产保护、传承与创新中的作用,认为地方高校是非物质文化遗产口传与心授的重要载体,保护与传承的重要阵地,发展与创新的重要平台。

徐州市是淮海经济区的中心城市,有着源远流长的历史传统与积淀丰厚的非物质文化遗产。作为中国历史文化名城,徐州有着 2600 多年的建城史,汇聚了丰富的非物质文化遗产资源。“徐州剪纸”入选“人类非物质文化遗产代表作名录”项目,有 9 个项目入选国家级非物质文化遗产名录项目,分别是“徐州剪纸”、“徐州梆子”、“江苏柳琴戏”、“徐州琴书”、“徐州香包”、“邳州跑竹马”、“邳州纸塑狮子头”、“丰县糖人贡”、“徐州鼓吹乐‘唢呐艺术’”。入选省级非物质文化遗产名录项目43个,入选市级非物质文化遗产名录项目101个。现有国家级非物质文化遗产项目代表性传承人5位,省级非物质文化遗产项目代表性传承人24位,市级代表性传承人62位。这些灿烂夺目的非物质文化遗产在徐州的灵魂深处打下了一个个光芒耀眼的文化烙印,也更需要保护与传承。

一、口传与心授的重要载体——基于非物质文化遗产的独特性与活态性

联合国教科文组织2003年10月在巴黎会议通过的《保护非物质文化遗产公约》中对“非物质文化遗产”作出界定:“‘非物质文化遗产’指被各群体、团体、有时为个人视为其文化遗产的各种实践、表演、表现形式、知识和技能及其有关的工具、实物、工艺品和文化场所。”它包括:口头传说和表述,以及作为非物质文化遗产媒介的语言,表演艺术,社会风俗、礼仪、节庆,有关自然界和宇宙的知识和实践,传统的手工艺技能。

非物质文化遗产的独特性在于非物质文化遗产通常是通过文学、艺术、民俗等形式表现或存在,这些具体的行为、方式、礼仪、风俗都具有各自独特而唯一的特点,体现了国家、地域或民族的独特创造力和丰富想象力,每一项非物质文化遗产都区别于其它项目,是唯一的和不可替代的。这种独特性要求传承者必须亲自体会与感悟。非物质文化遗产的活态性显示在它更加注重人的价值,重视活的、动态的因素,重视思想、情感、精神和观念的表达与反映。是通过人的表演、制作和展示而反映出来,无论是口头传说、表演艺术还是礼仪节庆、手工艺技能,无不包含着活态的个人风格或集体风范,它不是完全可以通过书本知识获得,必须通过言传身教、声形并茂的方式来传达的。

如民间剪纸艺术是我国传统的民间文化之一,其作用可以作为装饰,也可以成为节日庆祝中的一种方式。徐州剪纸以邳州剪纸艺人的作品为代表的民间剪纸艺术,其作品题材大多来源于乡间劳动生活场景,从而使邳州剪纸作品形成了自己独特的风格,并又随着时代的发展而层出不穷,丰富多彩。

邳州剪纸从风格上看属于北方一派，与南方流派的严谨、细腻、精致相比，其剪纸线条粗犷、造型古拙、构思奇特而不拘泥于传统，其现实主义和超现实主义手法使邳州剪纸既具有徐州地区两汉文化的独特遗风，又表达了手工剪纸艺人心目中的生活，真实而生动体现了劳动人民的生产和生活，形成了优秀的文化审美价值。剪纸艺术是动态与静态的完美结合，在传承剪纸艺术时如果只欣赏剪纸艺术作品是不能够完全领会艺术的独特内涵、创作技巧及精神价值的，必须通过传承人亲自示范、现场展示才能完整呈现活态的艺术创作过程，品味文化精髓。非物质文化遗产的独特性与活态性表明了这种文化遗产主要要通过口传与心授的方式得以传播和继承。王文章主任认为："随着全球化趋势的发展，经济和社会的急剧变迁，当代文化生态的改变，世界各国都面临非物质文化遗产的社会存在基础日渐狭窄，主要依赖口传心授方式加以传承的文化遗产不断消失，许多传统技艺濒临消亡的境况。"而高校正是这种口传心授的重要载体。

（一）着眼于文化基因与民族记忆，秉承"文化传承"理念

非物质文化遗产体现了一个国家、地区和民族独特的表现力、创造力和感染力，展示了源远流长的当地生产生活风俗，表达了人们对生活的美好祝愿与向往，蕴含着深刻的文化基因，承载着特色鲜明的民族记忆，是民族智慧的结晶与民族发展的源泉。现代民族文化不可能建立在空中楼阁之上，传统与现代并不是水火不容的完全对立，而是辩证统一的关系。传统民间文化是现代民族文化的基础和来源，现代文化是传统文化的延续和发展，并在未来也会成为传统文化，人类文明之光便在这种循环往复中不断向前、变化发展。秉承"文化传承"理念就是要将这种独特的优秀民间文化继承和传播开来，让文化基因和民族记忆不被忽视遗忘并一直保持下去，使传统文化生生不息，成为现代民族文化的灵感和源泉。

为了使文化基因与民族记忆一直保持下去，地方高校在保护传承非物质文化遗产时要注重其独特而唯一的特点。如在传承邳州剪纸艺术时要注重北方一派的独特风格，组织师生深入当地县区，开展田野调查，走访民间艺人，耳濡目染，积累原汁原味的原始素材与感性认识，深入了解并深切感受邳州剪纸这项非物质文化遗产的内涵与魅力，培养学生对非物质文化遗产研究

的人文情怀与社会责任感，让师生在“走出去”的过程中真正领悟非物质文化遗产的高超、精湛创作技艺与蕴藏的价值，不断传承民族的记忆。

（二）着眼于存在形态与呈现方式，构建“口传心授”新模式

“非物质文化遗产是一种独特的文化现象，它有一个世代绵延的文化传承过程。如果站在人类历史发展的高度来看非物质文化遗产现象，即发现它的活态流变性是其传承的一个重要规律。”[①] 与静止形态的物质文化遗产不同，非物质文化遗产的形态总是鲜活生动的，即使这种文化遗产的最终表现形式可以是物态的，如剪纸、风筝，或者需要一定的物质辅助手段，但文化遗产的核心内容却始终是与人本身密不可分的，是以活的形态出现的，是以人为本的活态文化。非物质文化遗产更注重技能技艺等实践传承，更注重动态化的呈现过程，这种存在形态和呈现方式的特性需要在保护的过程中构建“口传心授”新模式。

高等学校有着丰富的教育方法和教学经验，地方高校又有着更为深厚的地方文化背景，对地方民间传统文化饱含浓厚感情，也进行相关研究。针对非物质文化遗产活态性的特点，需要构建“口传心授”新模式。笔者认为地方高校可以构建“1+1”互动教学新模式，即安排一个专业教师与一个民间艺人共同开设一门课。由民间艺人现场表演，从传承人的角度传达艺术创作技艺、呈现创作过程，总结心得体会，由专业教师负责现场讲授，从非物质文化遗产学的学术角度讲授某种遗产的起源、发展及流变，归纳艺术价值，既满足教学规范要求，又能让学生充分领略原汁原味的民间艺术，提高教学效果，使青年学生在接受民族民间优秀传统文化的同时理解现代文明精神，让古老的非物质文化遗产焕发生机和活力。

二、保护与传承的重要阵地——基于非物质文化遗产的传承性、民族性与地域性

非物质文化遗产传承性在于非物质文化遗产内容的继承和传播主要依靠世代相传保留下来，“以语言的教育、亲自传授等方式，使这些技能、技艺、技巧由前辈那里流传到下一代，正是这种传承才使非物质文化遗产的保存和

延续有了可能”[②]。非物质文化遗产的传承性特点是在活态性特点基础上生发而来,这一特点要求我们必须树立对非物质文化遗产保护与传承的理念,进而加快对“非遗”保护与传承的速度与力度,以免更多的非物质文化遗产因缺乏保护与传承而濒临失传的危险。非物质文化遗产的民族性与地域性在于某一项非物质文化遗产总是在某个民族的人民之中产生,并深深地打上这一民族的烙印,体现了这个民族独有的智慧、审美、价值及情感等,而某个民族大都具有自己特定的生活区域,这种自然地理环境形成了民族的生产生活、文化传统等。非物质文化遗产便在民族性与地域性二者相互作用、相互影响中逐渐产生并传播开来。如徐州香包工艺,自汉代时便已出现。徐州香包工艺独特,尤以绣工精美见长。图案繁多,生动活泼,既有民俗寓意的祝福吉祥图语,也有简洁夸张的花草纹案,色彩突出暖色调大红色或橘黄色,显示出一种华丽之美,具有相当高的工艺价值。同时亦兼具药用价值,根据祖传秘方选取数十种中草药填入香包之中,使其散发自然芳香,具有养气调神之功效。生动、简洁、粗犷、质朴,局部刺绣恭谨细腻,神形兼备,惟妙惟肖。这与徐州本地汉画像石的艺术造型风格颇有神似。香包工艺主要是靠手工艺人现场制作传授制作技艺,多以家族传承的方式,同时徐州香包又具有不同于其他地区香包工艺的鲜明的地域特色。徐州是两汉文化的发源地,徐州香包工艺传承了以黄淮流域为中心的汉民族的民族智慧、地域特色和价值理念,具有独特的民族气息,浓郁的地域色彩,和一以贯之的文化传统。非物质文化遗产的传承性、民族性与地域性特点要求我们必须对其进行保护与传承。

(一) 保护面临生存濒危的非物质文化遗产,要采取科学有效方式

随着现代化进程的加快和经济全球化浪潮的冲击,许多民间优秀传统文化的保护与传承面临严峻挑战:许多富有特色的民间艺术已经失传或正在消失,许多具有历史科学文化价值的民俗备受冷淡,许多民间独门绝技后继乏人,等等,这些非物质文化遗产的抢救、保护工作显得尤为重要,必须采取系统、科学、有效的方式。

为了全面、科学地采集本地区非物质文化遗产作品,忠实记录各种民俗文化面貌,地方高校可以对本地区非物质文化遗产建立非物质文化遗产研究

资料专题数据库,收集、整理有关本地区非物质文化遗产的文字、录音、录像、数字化多媒体等资料,建立非物质文化遗产影像档案,使其成为本地区历史和文化记忆库,为我国非物质文化遗产保护、传承起到重要的支撑作用,也为非物质文化遗产研究者提供便捷的服务。为了对本地区非物质文化遗产进行科学而有效的整理归纳,地方高校还可以将普查整理的结果以年鉴编辑的方式记录并保存下来,将整理的结果系统化、规范化,这种科学、系统的方式可以对非物质文化遗产进行有效的保护,保持其原汁原味的文化形态,为进行传统文化教育、民间艺术教育奠定基础。

(二) 传承优秀的非物质文化遗产,将其融入大学校园文化建设之中

非物质文化遗产的传承主要依靠世代相传的方式保留下来,事实上,能够被称为非物质文化遗产并进入国家级、省市级非物质文化遗产名录的文化遗产均具有优秀的品质,是一个民族创造并传承下来的文化精华,承载了厚重的历史文化社会信息,影响了一个民族的价值观念、道德准则、审美习惯、生活方式等,是民族文化的瑰宝。高校校园文化建设是高校的精神气质,地方高校在长期的办学过程中融合地方历史文化逐步形成自己优秀的文化传统和校园文化特色,其建设没有一个永恒的模式,它总是围绕学校的教育思想、教育特色,遵循文化建设的规律,有目的、有计划地不断促进高校功能的实现并为其发展争取更大的优势。将非物质文化遗产的保护、传承、研究与校园文化建设相结合,既增强了学生宣传和保护非物质文化遗产的自觉意识,又丰富了校园文化活动的内容与形式,二者相互促进,共同发展。

为了使非物质文化遗产传承和保护工作进课堂、进学生头脑,地方高校可以利用校园文化艺术节、“非物质文化遗产日”以及端午节、重阳节等传统节日,举办“非物质文化遗产校园巡展”、“非遗”专题展览和地方戏曲、曲艺、民俗游艺活动等专场演出。每年6月第二个周日是我国文化遗产日,地方高校志愿者还可以“保护民间文化 感受中华文明”为主题开展大学生暑期社会实践活动和“民间文化推广和传承”为主题的宣传活动,利用网络优势,建立民间文化保护QQ群,在网络上开通“民间文化推广志愿者”主题博客等。在这些保护和传承非物质文化遗产的活动中,学生们可以深切感受民族民间文

化的弥足珍贵,更加喜爱民间艺术,以丰富多彩的校园文化潜移默化影响学生,激发学生对非物质文化遗产的喜爱之情,从而升华为对祖国、民族的热爱与自豪,同时提升学生对传统文化学习之兴趣,对大学生进行人文底蕴、人文品格和人文情怀的培育与熏陶,打造异彩纷呈的校园文化。

三、发展与创新的重要平台——基于非物质文化遗产的流变性与综合性

非物质文化遗产的流变性在于非物质文化遗产在传播的过程中,常常与当地的历史文化和民族特色相融合,从而呈现出继承与变异、一致与差异的辩证性。非物质文化遗产的流变性要求我们要把非物质文化遗产与当代文化建设相结合,不断融合当代文化艺术因素,进行发展与创新。非物质文化遗产的综合性在于许多非物质文化遗产在其产生、传播、演变和发展的过程中往往吸纳了多种文化艺术因子,以文学、音乐、舞蹈、绘画等多种形式表现出来,从而对人们产生认识、欣赏、教育、娱乐、信念、科学等多种作用。非物质文化遗产的综合性特点要求我们必须不断创新非物质文化遗产的传承方式,使古老的非物质文化遗产迸发出新的生机与活力。如徐州梆子,是由其原生地山西、陕西经河南、山东传入徐州地区的。后山陕梆子长期受徐州地区民间音乐、说唱艺术和方言习俗影响,逐步衍化成梆子声腔体系中自具特色的重要分支——徐州梆子。徐州梆子广泛流行于苏鲁豫皖四省接壤的广大地区,抗日战争时期,徐州地处战略要冲,许多爱国名伶及文人汇集于此,他们的参与使徐州梆子在剧目、表演、导演、音乐唱腔等方面获得了许多提高。同时,徐州梆子戏以"慢板"、"流水"、"二八"、"非板"四大板为主,以枣木梆子为主要打击乐器,综合了历史故事、民间传说、音乐、舞蹈、美术等多种表现形式,在集体创作之中得以呈现。徐州梆子传承久远,艺术含量较高,是综合各种表现形式的产物,具有很高的历史、文化和社会研究价值。高等学校作为社会的知识精英,有着强烈的非物质文化遗产保护意识,具备文学、艺术、民俗学等多学科人才,而地方高校又有着与地方政府、相关机构等长期交流合作的渊源与传统,使得地方高校在传承具有流变性和综合性的非物质文化遗产工作中更具优势、更有特色。

（一）推进理论创新，承担历史使命

非物质文化遗产是各个时代生活的有机组成部分，是一定时代、环境和文化的产物，是集体智慧的结晶，在其传播过程中呈现出继承和发展并存的状况，传承过程中“使传承的技艺与技能因创新和发展而有所增益”③。高等学校是新文化、新思想的发源地，也是唤醒整个社会文化遗产保护意识的有力承担者。地方高校通过深入研究、共同探索，发现非物质文化遗产保护与传承的规律，对非物质文化遗产开展行之有效的保护与传承，并通过进课堂、进科研、教育教学、理论研究等方式传授给青年学生，使青年学生对祖国优秀传统文化更加了解和喜爱，培养他们传承民族民间文化的信念和信心。

地方高校可以与地方政府、科研院所等共同承办非物质文化遗产学术论坛，邀请国内外知名专家、学者开展学术交流与研讨，通过专家讲座、交流等使非物质文化遗产学术研究向纵深方向发展；设立科研专项基金，资助非物质文化遗产为研究内容的科研课题，给非物质文化遗产研究提供发表阵地与交流平台，从多方面对非物质文化遗产挖掘、保护、传承、研究，进行广泛而深入的探讨，为更好地保护和传承非物质文化遗产提供有建设性的建议，推进“非遗”文化建设的系统化和规范化，使“非遗”学术研究常态化。

（二）加强校地合作，构建高校、地方政府与传承人合作新模式

非物质文化遗产的保护与传承是有一定的原则，但却没有固定不变的方法，因此，在对非物质文化遗产的保护与传承工作中，地方高校可以构建高校、地方政府与传承人交流合作新模式。高等学校在非物质文化遗产的保护与传承工作中所发挥的作用是任何一方都无法代替的，它承担起了唤醒社会保护意识、救亡文化遗产的重任。通过学术研究、课程建设、校园文化培育等多种方式对非物质文化遗产进行科学有效的保护与传承。然而，这个过程必须有政府部门的整合与协调，建立包括政策、资金、法律等完善的组织管理体系。传承人的创作是非物质文化遗产无形的精神因子，是民族文化生命的密码，他们所具有的特有思维、精湛技艺、文化意识是珍贵而无法复制的。构建高校、地方政府与传承人交流合作新模式，就是要从发挥各自所长并整合三股力量的优势资源入手，调动一切积极因素，地方政府对非物质文化遗产进行普查认定、建立名录、资助扶持；高校对非物质文化遗产进行宣传教育、学

术研究,建立研究基地;传承人主动转变观念、扩展传承范围和途径,探索非物质文化遗产新发展,采取措施,形成合力,共同构建交流合作新模式。

参考文献:

①②③ 王文章. 非物质文化遗产概论[M]. 北京:教育科学出版社,2008:18—19,53,259.

校园文化建设研究

依托社团文化建设 提升大学文化境界

——基于理工科高校视角

赵晓春 刘景尧

摘 要: 高校社团文化是大学文化的有机组成部分。文章首先论述了理工科高校在大学文化和社团文化发展中的瓶颈与困境。其次,分析了社团文化在大学文化中的价值定位。基于两者之间相辅相成的关系,本文提出在人文底蕴欠缺的理工科高校,借助加强社团文化建设促进大学文化的传承与创新不失为一条重要而便捷的路径与模式。

关键词: 社团文化;大学文化;理工科院校

文化是大学的灵魂,是大学发展的核心竞争力所在。大学文化是经过长期积淀和创造而形成的物质文化、精神文化和制度文化。大学文化集中体现了大学独特鲜明的个性和办学理念,是大学群体意识的集中体现。

高校社团是由在校学生基于共同的爱好和追求而组织起来的群众性、自发性学生组织。高校社团文化,是指

作者简介: 赵晓春,女,安徽滁州人,副教授,河海大学常州校区大学生社团指导中心主任,主要从事思想政治教育和心理学研究。刘景尧,男,河南新密人,硕士,河海大学常州校区讲师,主要研究方向:思想政治教育。

大学生社团在长期的活动中所创造的精神财富、文化心理氛围以及承载这些精神财富、文化心理氛围的活动形式和物质形态，是高校社团物质财富与精神财富的总和。高校社团文化是大学文化的重要部分，是大学文化的核心内容。

作为我国高等教育院校重要组成部分的理工科院校在大学文化和社团文化发展中存在什么问题？两者如何协同发展、相得益彰？这是本文重点探究的问题。

一、理工科高校的大学文化与社团文化发展瓶颈分析

（一）理工科高校文化建设的困境

理科、工科是我国大学中最大的学科，理工科高校肩负着为国家培养高素质专业型人才的重任。而与文科类、师范类、综合类等院校相比而言，理工科高校最缺乏的就是文化气氛，人文学科建设普遍滞后，人文学术成为“弱势群体”。原华中理工大学校长杨叔子，称现在的大学、特别是理工大学，“出现了五重五轻”，第一偏颇便是“重理工轻人文”。[①]具体表现为：人文、社科专业少，师资匮乏，尤其缺少高素养的大家、大师，文化素质教育表面化；人文社科资料、图书匮乏，文艺活动单一，水准较低，难以满足师生的需求；对人文社科科研扶持力度严重不足，哲学社会科学处于边缘化状态；理工科高校的管理和教师队伍多数毕业于理工科院校，许多人本身就轻视文科，自身也缺乏人文素养，对学生进行人文精神的熏陶就显得力不从心。[②]

另一方面，由于高中阶段过早文理分科，许多理工科学生知识结构不甚合理，人文知识非常匮乏，同时受轻文传统观念和功利主义的影响，对人文类的课程缺乏兴趣，抱着“打酱油”的心态混学分。他们在学习上过于追求实用，认为只有自然科学才是真“科学”。

上述这些问题不仅不利于理工科学生综合素质培养，更制约着大学文化建设和品位的提升。

（二）理工科高校社团建设中的问题

综合起来，理工科高校社团和其他综合性大学社团相比，主要有以下问

题与不足：

1. 社团分布格局明显失衡

在理工科校园里，学生社团虽然种类繁多，但由于学校对学生社团建设方向缺乏正确的引导和规划，社团分布格局失衡。娱乐类社团偏多，人文社科类偏少，理论学习类更少，学生参与数也较少。娱乐消遣型社团固然有丰富课余生活、有益身心健康的存在价值，但不应成为学生社团文化的主流，否则，就难以发挥社团在完善学生综合素质、促进大学文化建设中的积极作用。

2. 社团缺少必要的文化底蕴和精神

各社团文化活动的出发点往往停留在满足会员浅层次兴趣爱好的出发点上，活动品质较低，没有充分融合交叉学科的优势，没有充分利用学校的人文资源，社团横向交流少，内部凝聚力弱，难以形成社团文化精神。

3. 社团活动组织上缺乏持续性

社团活动随组织者个人的忙闲而忽冷忽热，缺乏持久性。由于理工科高校自身课程特点，学生学习压力普遍较大，大多数组织者由于课余时间少，鲜有时间周密策划，活动组织热情不高，复制的多，流于形式的多，有启迪、有创意的少，对社团成员缺乏吸引力，并由此诱发新会员流失等问题。

4. 学校大多忽视对社团的扶持与培育

在受重视程度上，学生社团远比不上学生会，社团活动往往被认为是学生们的自娱自乐、小打小闹，十分缺乏智力与物质支持。为了举办像样的活动，社团负责人需要化大量精力纠结在"拉赞助"上，这也挫伤了他们的积极性，使社团活动浅薄化，造成"为活动而办活动"的形式主义。

以上这些问题都对理工科高校社团的建设与发展造成严重影响，给校园文化氛围营造抹上阴影。

二、社团文化在大学文化建设中的价值定位

社团是高校文化建设的生力军，社团文化是大学文化的重要有机部分。社团文化在彰显大学核心精神、实现大学文化功能、传承与创新大学文化方面起着举足轻重的作用。在理工科高校文化建设中，厘清社团文化在大学文化中的价值定位，能够增强积极建设高校社团文化的意识，能够在实践中更

好发挥社团文化在提升大学文化境界中的作用。

(一) 社团文化彰显了大学文化的核心精神

大学精神是一所大学在其成长的过程中,长期积淀而成的大学人共同的理想追求、价值观念、思维习惯和行为准则,展现着大学自身的气质、品位与精神风貌,是一所大学生命力、凝聚力和创造力的源泉,是大学文化的支柱和灵魂。[③]以人为本、多元并存、自由民主是每所大学大学精神的共性与核心。

以人为本是教育的根本出发点,是大学文化建构的根本立足点。大学文化是一种以人为中心、突出人的发展、人的尊严,体现人文关怀和道德情感的文化。各种高校社团的诞生,正体现人性化要求,依据价值追求多元性和个性发展差异性特点,尊重大学生的权利和追求,为大学人的全面发展营造出良好的人文环境。

"道并行而不相悖,万物并育而不相害"。大学文化应是一种"和而不同"的文化,是一种多元化的文化。大学文化的发展,需要以海纳百川的广阔胸襟,扩大交流,沟通融会,汲取精华,创新知识,在多文化的相互交融中形成自己的独特风格,展现出多姿多彩的文化形态。校园中政治理论类社团、学术科创类社团、文化艺术类社团、体育健身类社团、公益志愿类社团、合作交流类社团、实践促进类社团、地域文化类社团[④]等五花八门的社团互动、协作的现象,社团多元化发展的目标,正是大学多元并存、兼容并包精神的具体展现。

追求自由、倡导民主也是大学文化的核心精神。学术自由是学者追求真理的先决条件,民主精神则体现了时代的进步。只要在社团管理方面体现了适度的民主与自由,就能激发年轻学子的自主和热情,使大学生社团充满创造力和进取心,而生机勃勃、精彩纷呈的社团活动又能为大学文化精神注入新的活力,使社团文化和大学文化形成良性互动。

(二) 社团文化实现了大学文化的基本功能

大学的生存发展主要通过其文化的社会功能来实现。大学文化的基本功能是传承知识、培养人才和社会服务。[⑤]这些功能也要通过学生社团文化活动来贯彻和体现。

大学文化的第一个基本功能是传承知识。传承知识、传播真理是大学的重要使命。大学社团开展的各种文化活动、实践活动，是对第一课堂的延伸。丰富多彩的活动扩展了学生的知识面，有利于同学们强化课内知识，拓展学习能力。大学文化的第二个基本功能是培育人才。大学社团的各种文化活动，以喜闻见的形式实现爱国主义、民族精神的教育，潜移默化其人格，于无声处陶冶其情操。社团形成的良好管理制度和运行机制、活动的有效组织，有助于培养大学生的组织能力、管理能力和合作能力，也有助于培养大学生的社会责任感和事业心。大学文化的第三个功能就是服务社会。不少社团组织面向社会，开展公益活动、社会服务、社会调查，为大学生了解社会、观察社会、体会社情架起了桥梁，这些活动增强了大学生的爱心与热心。

（三）社团文化实现了大学文化的传承与创新

每所学校都有自己不同的文化传统与特色，经过长期积淀而不断传承和发展。学生社团是由志趣相投的学生组成，其成员为实现共同意愿而开展活动，遵循认同的价值观念、行为规范和规章制度，并经由新老成员的衔接不断发展和延续下去。因此，学生社团自产生那天起，就成为创造、传承和发展学校文化的有效载体。

另一方面，由于学制限制，社团组织成员并不总是处于稳定和平衡的状态，而是处于不断适应、不断重组当中。每隔几年，学生社团成员就会全部更换，而由于这种更换是分批进行的，又具有一定的连续性。因此，社团成员的高流动性和相对连续性使得社团的创建宗旨、指导思想和文化传统得以一脉相承，而具体的活动范式又有所发展和创新。这种传承中有发展、创新中有传承的特点，是各学生社团在保持各自特色的同时得以蓬勃发展的根源，也是大学文化得以传承和发展的重要路径。[6]

三、理工科高校加强社团文化建设是提升学校文化境界的重要路径

理工科院校如何在现有学科设置和师资配备基础上，提升文化境界、彰显学校文化特色？我们认为，借助推进社团建设、充分发挥社团潜质不失为一条重要而便捷的途径。

(一)以先进文化引领社团文化建设,促进大学文化发展

先进文化是大学文化的基石,是大学的生存境界。[7]先进文化是人类文明进步的结晶,它反映了人类社会发展的基本趋势和基本规律。对先进文化的倡导和追求,是当代中国全党、全社会文化自觉的重要标志。大学文化是先进文化的直接表现。当前,应在科学发展观指导下,把社会主义核心价值体系更智巧地融入大学文化之中。

大学生是时代的骄子,社团的骨干将成为社会发展未来的中坚力量。因此,作为大学文化有机组成部分的社团文化,其科学发展、和谐发展应突出政治导向,突出文化的时代性和先进性。所以,社团文化不仅应体现自己的特色,还要彰显时代前进中先进文化的要求,以先进文化引领社团文化。这种先进文化就是建设中国特色社会主义的文化。通过各种丰富多彩的社团活动来体现先进文化的必然要求,这就要避免社团活动过于功利化、低俗化,强调社团活动的时代性、进步性。要强化大学生的政治思想教育,尤其加强对社团骨干知荣明耻和爱国精神、科学精神和人文精神的教育培训。寻找喜闻乐见的形式,铸造人格和品格,致力建设品位高雅的高层次社团,为培养社会主义事业的建设者和接班人打下坚实的基础。

(二)以品牌铸造提升社团品质,彰显学校文化特色

"社团精品化战略"是高校社团做强、做优的重要途径,是优化校园文化、提升大学文化品质、显示学校文化特色的有效方式。实现这一战略,需要从以下三方面着手。

1. 领导重视,健全管理

领导重视是高校社团建设的有利条件。实践经验表明,学校党委、行政如果高度关注社团活动,并对有关职能部门提出具体要求,尤其在场地、设施、经费等方面给予硬件支持,就有利于社团活动向高水平、高规格方向发展。

健全规章制度是社团建设的重要保障。要促进大学生社团的蓬勃发展,必须建立健全各项规章制度。通过制度建设促进理工科高校社团建设的规范化管理,从而使社团活动规范化、制度化,具有可持续性。

2. 干部培养，强化指导

要特别重视对社团干部的选拔和培训，形成科学、合理的任免制度和奖惩机制。一个社团的发展潜力、社团活动的成效，往往取决于社团骨干的素质和能力。要特别注重强化社团骨干队伍思想过硬、素质全面、有工作能力、有奉献服务意识等方面的素质，从而加快学校文化的发展。

要为每个社团配备指导教师，提供有力的智力支持。按照“大力扶持理论学习型社团，热情鼓励学术科技型社团，积极倡导志愿服务型社团，正确引导兴趣爱好型社团”的原则，在人文气息薄弱的理工科院校尤其要积极鼓励人文社科的教师担任理论学习型社团的顾问，定期参加社团组织的活动，并以此作为绩效考评的参考指标。

3. 树立典型，培育精品

在领导重视、制度管理的前提下，在骨干培养、教师指导的基础上，打造精品社团，突出社团特色，提升社团活动层次就成了社团建设的目标和动力。对于理工科高校社团而言，课余时间少的特点决定了社团活动必须要贯彻“少而精”的理念，推进优秀社团品牌化进程。⑧同时，各个社团应积极利用高校的人文资源，弥补其人文精神之不足。校方要积极完善激励机制，评选出年度工作优秀社团和优秀社团干部，在活动中树立典型，在竞争中培育精品。

精品社团的榜样示范作用，可带动其他社团形成追赶超越之势，在校园中形成昂扬向上的良好氛围；精品社团富有特色和创意的高质量活动，满足了理工科大学生在精神文化生活中的饥渴，提升了大学文化的品位。

（三）以自主创新发挥社团潜质，全面繁荣大学文化

高校社团的发展要有自主性。学生社团之所以受到学生们的普遍欢迎，原因就在于它是大学生自己的，其活动宗旨符合了大学生的兴趣和需求，社团扁平化的管理模式，给了学生更多自主空间和活动参与的自由度。在社团活动的策划组织过程中能更多地体现学生的意志。失去了自主性，社团就没有了生机活力。当然，社团的自主发展要以遵守国家的方针政策和学校管理的相关规定为前提。

新时期理工科大学生是有个性、有思想、重理性、讲民主、思维活跃的一代，作为他们重要的第二课堂——学生社团具有广泛的群众性，内部氛围更

轻松民主,思想言论更自由活跃,同学关系更平等协调。这种打破年级限制、跨越专业视阈的集思广益、思维碰撞,有利于成员间的信息交流、知识拓宽,更有利于灵感涌动、创意迸发。而践行各种自主策划的社团活动对培养社团成员的创新能力作用更是巨大。

可见,自主与创新是大学生社团的活力源泉、优势特点,如果理工科高校坚持以人为本的管理理念,在保证、维护、发展社团的自主性、创造力上有所作为,定能使理工科大学生们的课余生活充满情趣,使大学校园呈现“百花齐放,百家争鸣”、大学文化全面繁荣的局面。

参考文献:

① 陈平原.大学何为[M].北京:北京大学出版社,2006:173.

② 屈宏,等.浅议理工科高校大学文化建设[J].教育教学论坛,2012(4):53.

③ 胡显章.推进大学文化建设的几点思考[J].中国高等教育,2010(18):23.

④ 伍德勤.大学生社团活动的理论与实践[M].合肥:合肥工业大学出版社,2011:11.

⑤ 李静.论大学生社团文化与大学文化的特色发展[J].黑龙江教育,2011(4):54.

⑥ 施杨.充分发挥学生社团在学校文化建设中的积极作用[J].当代教育论坛,2010(8):102.

⑦ 纪宗安,马秋枫.先进文化与大学创新[J].中国高等教育,2006(11):15.

⑧ 赵恒煜.理工科高校品牌社团构建模式探析[J].广东科技,2011(22):65—66.

基于微博的大学校园文化品牌的强化认知

郭荣梅

摘　要: 校园文化品牌建设的最高境界是传播。文化品牌传播必须适应周围文化环境才能正常进行。微博作为人们学习工作生活的一种方式,已然成为一种新的时代文化——微文化。作为一种新的文化,其与大学校园文化建设必是相容相生共促的。探讨在微博环境下,进一步明确校园文化品牌建设理念,进一步打造校园文化品牌个性特征,做好校园文化品牌的强化认知工作应是当前高校宣传思想工作者的重要课题之一。

关键词: 微博;校园文化品牌;强化认知

"文化化人"。校园文化品牌的培育会使得大学校园文化具有特质和光点,以至被关注、被倾慕、被学习,继而产生强大的影响力、号召力和示范效应,以形成校园文化品牌建设和大学生思想政治教育之间的信息回路,更好地营造出健康向上的校园文化氛围,更好地、有效地实现大学校人才培养目标。文化品牌培育工作是一项长期而艰

作者简介: 郭荣梅,女,江苏南京,南京交通职业技术学院副教授,研究方向为高校校园文化、宣传思想。

巨的工作,它需要我们教育工作者长期经营。品牌建设的最高境界是品牌文化的传播。传播中的受众强化认知是需要通过一定的传播媒介实现的。而媒介的使用是随着时代的前进而不断发展变化并应运而生。微博是校园文化工作者当前不能回避、不可回避的媒介之一。

一、微博与大学生校园文化生活的相容共生

(一) 微博已广泛成为大学生新宠

微博客(简称“微博”)是一个基于用户关系的信息分享、传播以及获取平台。在微博上,用户可以通过电脑、手机、即时聊天工具等多种途径随时随地向网站发布文字(不超过140个字符)、图片或视频,也可以及时关注和转发其他用户发布的信息。

2007年,饭否网将微博概念引入中国,短短数年取得惊人发展。根据中国网络信息中心发布,截至2011年,中国的微博用户已突破了2.5亿,并主要集中在80后、90后的青年人和大学生。有调查显示,94.3%的人表示微博在改变自己的生活;67.1%的人表示微博能即时交流,改变了交友、沟通的方式和习惯;64.9%的人认为上微博更容易形成特定的小圈子;60.8%的人表示微博能随时随地记录,改变了表述和思维的习惯。[①]

据调查,截至2011年6月20日,全国已有403所高校在新浪开通微博,有200余所高校在腾讯开通微博,在腾讯开设高等院校二级机构的有800多个。[②]2011年7月,陈伟健、陈永强等人对广东地区10所高校学生以及刘春雁对上海地区4所高校学生使用微博现状进行的调查研究显示[③④],微博已渗入当代高校的各个角落,大部分高校学生每天都会花半小时左右时间在微博上。

作为大学生的新宠,微博已成为大学生随时信息分享的空间、自由交流的平台和表达自我的乐园。微博应用的平民化、传播光速化、发布和交流方式多样化、半实时半广播的特点,方便了大学生的写作与阅读,方便了大学生阐述心灵,为每一位大学生草根微博博主提供了成为“意见领袖”的机会,也为新闻媒体提供了新的线索平台,为宣传思想政治教育工作者提供了发布与

观测舆情信息的场地，让需要进行危机公关或澄清事实的学校和个人有机会随时向世人阐释……

（二）微博对大学校园文化建设已产生影响

大学校园文化建设主体是青年大学生。微博作为具有明显传播优势的新型网络信息平台、网络社交工具具有强大的传播力和温暖的亲和力，已被许多喜欢新鲜事物的大学生作为获取资讯、信息交流、抒发情感、记录生活的首选使用工具。既然微博已经走进大学校园文化建设的主体——大学生——的校园学习生活中，那么大学借助微博这个新的载体进行校园文化品牌营销，推进校园文化品牌建设就是大势所趋了。事实上，它的出现已经对传统的校园文化品牌经营产生了一定的冲击。

同时，大学校园文化品牌的维系需要创新。在市场经济时代，品牌老化是一个客观的社会现象。由于各种主客观原因，校园文化品牌的知名度、美誉度也会不可避免地出现某种程度的下降，在校内外的影响力降低，师生参与积极性下降，因此需要品牌维系。品牌维系分为两种，即保守性维系和积极性维系。校园文化品牌的维系更多地需要积极性维系，它是提升校园文化品牌产品形象的传播经营手段，以及内部产品创新、质量管理等的方式，是一种积极主动加强品牌形象的战略，其核心是根据师生需求和文化发展变化规律不断创新。微博的出现为校园文化品牌创新提供了可能。

（三）大学校园文化品牌建设需要新媒体微博

在实际工作中，任何一个校园文化品牌其实都不一定能得到每一位大学生的认可。因各种原因，大学校园文化品牌建设基本上还处于初级阶段，一些大学里，大学生参与校园文化品牌建设的热情还不是很高，教师引领校园文化品牌建设的参与度也不高。微博能调动广大师生积极性，发挥学生群体作用，使善于沟通者、不善于沟通者都能有施展的舞台。另外，校园文化品牌建立起来后需要广泛传播。只有经过传播，品牌价值和文化内涵才能获得受众认同。根据文化传播的适应原理，文化传播应适应周围文化环境，传播才能正常进行。大学校园文化品牌传播要适应信息时代传播特点。

二、基于微博的校园文化品牌培育需要更明确的人性化理念

（一）校园文化品牌建设需要明确的理念

一般来说，作为校园文化消费者和传承者，大学生接受一个文化活动或文化品牌的过程大致上有三个阶段，即认知阶段、情感阶段、行为阶段。他们认知一个品牌往往是由名称进而感受服务再进而接受其宣称的理念。而作为校园文化品牌的培育者，思路正好相反，首先得弄清楚校园文化品牌建设的理念，即精神内涵。校园文化品牌之所以是品牌，它一定蕴含着丰富的文化信息、文化价值和文化个性，有如校园中的常春藤，在师生中具有很高的知名度、美誉度，并能吸引更多的校外、社会资源为其服务，促其进入良性的发展循环。而一个品牌最独一无二且最有价值的部分往往体现在文化活动理念之中，它具有一定的包容性和延伸性，能够帮助品牌在不同阶段以不同方式进行持续和统一的沟通，使一个个校园文化活动不会成为"仅此一次"的孤立行动。

（二）校园文化品牌建设的根本理念是人性化理念

大学校园文化作为大学多年长期的文化积淀而形成的特定环境的群体文化，具有浓厚的传统特色，同时又具有强烈的时代特征。作为社会文化中的重要组成部分，它具有作为文化现象存在而具有的共性如阶级性、继承性。中共十六届六中全会建社会主义和谐社会的战略部署中提出要建设社会主义核心价值体系为根本的和谐文化。有学者指出，"和谐文化是以社会主义核心价值体系为根本的社会文化；和谐文化是在继承和借鉴中实现历史超越的文化；和谐文化是充分体现人文关怀的大众文化；和谐是积极引领社会思潮的主导文化"[⑤]。另一方面，作为一种特殊的文化现象，大学校园文化还具有理想主义色彩、教育性和突变性等特殊性。它与其他文化形态的一个重要区别就是其有意识的、有明确的教育性。自产生那天起，校园文化便担负起教育主体的职能。因此，人性化理念应是校园文化品牌建设的根本理念。

同时，品牌是一种活生生、会呼吸的东西，它有鲜明的性格。从师生角度来说，品牌形象就是大学生自我形象的延伸。因此，信任、依赖、理解和关怀

等都是校园文化品牌个性与师生尤其是青年大学生间建立"友谊"所首要传达的信息。"有品位的校园文化必定高度关注人的问题,致力于人性塑造、身心开发、道德人生这样三个维度建设,以促进人的全面发展为最高追求目标"⑥。以这种人性化的关系来确定校园文化品牌建设的理念,会给校园文化品牌形象的塑造、培育创造更多的空间和弹性。

(三) 基于微博传播的校园文化品牌建设更要突出人性化理念

在新媒体尤其是微博时代,大学思想政治教育工作者还面临这样一个问题,当今的大学生处于各种信息交汇中,对社会的实时动态都有较强的好奇心。他们关注微博,更会较社会其他人士先尝试微博。微博时代开启的是一对多、多对多的沟通,其"每一个人都是通讯员、都是一个媒体"的无中心、无权威和自由平等特性使我们思政工作者的主导性日渐丧失,这是挑战、是危机、是担忧,但微博的强大传播力、温暖的亲和力、技术的先进性以及蚕卷式发展是我们无法回避的。在这个过程中,有明确的人性化的校园文化建设理念更是不容忽视、不可忽视的,我们只能迎立而上,去适应它、挑战它、利用它。

三、基于微博的校园文化品牌培育需要更鲜明的个性特征

(一) 打造校园文化品牌个性特征要有好的创意

大学校园文体活动年年搞,舞会、文艺晚会、各类体育比赛……用传统方式达到以新奇吸引更多的师生参与到活动中来的可能性不大,力求变中以创意取胜是开展校园文化活动的总体思路。

一般的创意就是人们常说的"好主意、好点子"。需要指出的是,从一个校园文化品牌培育的全过程来看,创意并非空中楼阁,并非一两个灵感,它需要一定的系统性,是建立在坚实的文化活动策划基础上的,既受定位策略、诉求策略、表现策略和媒介策略的制约,还要有相对的新颖性、相对的超前性和可操作性。它需要培育者从书本上学习,更要从实践中积累和领悟。微博就是好途径之一。

微博是一个非常碎片化的媒体平台,其语言生动活泼,表达方式灵活,有

价值信息的出现和精彩思想的迸发带有非常大的偶然性。微博改变着人们的信息获取方式，信息从“媒体”—“自媒体”—“我关注的自媒体提炼并分享出来的信息”，有价值的信息就这样一层层地被“提取”出来，用易于被大学生接受的微博语言或方式转发，然后形成了精彩信息大爆发。这种海量的信息爆发能使校园文化品牌培育者学习的途径大大拓宽和便捷。

对搜集到的文化信息，采用移植法、分解法、组合法、重点法、实证法、伏笔法、背景转换法等加以应用或组合应用；再从微博的使用者——大学生的视点来考察，也就是说从人性化角度以创新化姿态来领导文化发展，一个富有创意又有亮点闪现的校园文化品牌就会呈现在师生面前。再通过微博这样一个聚合的平台，让各种拥有相同爱好的大学生聚集起来，相互成为粉丝，相互被关注，在“随风潜入夜，润物细无声”中，悄然将学生引入校园文化活动氛围之中，形成校园文化品牌建设的有效回路。

（二）打造校园文化品牌个性特征要注意演绎鲜明的主题

有了开阔的思路，还要确定鲜明的主题。微博的集散式、爆发性、无中心性，要求校园文化活动的主题必须改变过去“一个具体的活动方案针对某一问题”的活动方案式，过渡到今天的“主题活动”式。主题活动是指围绕一个主题，鲜明而突出地提出所要解决的课题，运用多方面的知识、多种能力、多种手段指向问题的解决，使实施过程充满立体感，发挥整体效应。

当前，适应校园文化品牌活动演绎的主题可从大学师生欢迎、困惑、急需的角度去选。如大一新生的学会共同生活，大二学生的学会认知，大三学生的学会生存，等等。在主题的演绎中还要注意层层推进、层层深入、广为辐射，避免使微博上的文化话题碎片化。如当前正开展的向雷锋同志学习活动，活动设计可分成几个阶段来进行：第一阶段是“学雷锋”活动，让学生知晓平凡岗位中的雷锋有哪些先进事迹；第二阶段可开展“寻雷锋”活动，找找身边的活雷锋，举办如“赞雷锋”的报告会等，激发学生学习热情；第三阶段“做雷锋”活动，学习雷锋，从我做起；第四阶段可开展“选雷锋”活动，在同学之间评选“活雷锋”等。这样相互衔接、推进的活动，能使活动主题不断深化。微博上的有关话题阶段性递深，将会大大增加文化品牌传播功效。

（三）打造校园文化品牌个性特征更要有鲜亮的名称或符号

品牌的名称或符号是建立品牌的基础。品牌名是消费者在挑选和消费产品时所依赖的最清晰可辨的符号，对许多文化活动来说，品牌名称是使之与其他品牌差异化的重要手段。一个成功的名称或符号能整合和强化一个品牌的形象，并且让消费者对于这个品牌的印象更加深刻，为品牌的成功奠定基石。从这个角度讲，品牌就是产品。可以说，在校园文化品牌的培育过程中，如果有这样的名称或符号，对于品牌的建立将会产生举足轻重的影响；若没有这样的名称或标志，一定程度上就会阻碍文化品牌的成功。因为消费者接受品牌的第一步就是认知品牌的名称或符号，这个第一印象将会主导一切策略，甚至左右产品和品牌。一个好的名称或符号，可以表现品牌的功能并传达这个品牌的"感情"。

微博空间小，但传播密集，在给校园文化品牌设计名称或符号时，切忌假大空、随大流，以免沉入信息海洋中。而应该针对大学生的情感心理喜好，结合文化个性特征尽可能把学院的历史、办学理念和品牌的特性融入其中，为品牌设计一个易懂易记、便于区别、富于情感内涵的名称或符号。这个名称或符号要尽可能地贴心、赏心悦目、有活力，吸引粉丝迅速齐聚。

四、基于微博的校园文化品牌强化认知需全过程专注

校园文化品牌形象是品牌、产品与师生之间的一种情感联系，文化品牌形象的培育过程就是所有师生接触的过程。在校园文化品牌形象的培育过程中，必须专注于这种联系和交流，因为只有通过持续不断的沟通，才能表现出品牌的差异性，才能最终赢得师生的喜爱和忠诚。在利用微博进行校园文化品牌强化认知时，还可在以下几个方面做出努力。

要多发布音画影像内容。微博的传播趋势是信息娱乐化、新闻娱乐化、媒体娱乐化。而且受众最愿意转发的内容通常是以视频、图片、声音等形式出现，这同时也是受众经常评论的内容，文字结合动态感觉的微博内容更具传播力。

要多发布校园文化活动中的新鲜新奇事情。有调查显示，微博受众最主

要的发布内容就是关注个人,包括心情、兴趣爱好、刚发生的轶事。微博受众受好奇心心理驱使,会首先关注新鲜、新奇的事物。发布一些具备创新性、新闻感的文化品牌话题,可以更具有传播的受众基础。比如,在活动传播中可适当贴一些名人名言贴和问候贴等。这种新鲜话题可以提升文化品牌的亲和力,提升人性化形象。

要注意培养校园文化品牌大学生"微博意见领袖"。引导这些大学生"领袖"在校园文化品牌建设中发出建设性的声音,掌控文化传播态势,形成生生、师生、师师以及领导的互动,推动网上、网下求同存异,形成文化舆论场。

可把微博作为一个文化品牌营销的窗口。微博时代,传统校园媒体不能无所作为,要积极拓展思维,利用微博这个平台,实现线上和线下的品牌联动效应。如新一年校园文化活动启动之际,盘点年度校园文化活动微博以及校内外辐射力的表现,收集汇总相关微博并进行点评,必要时编辑印发,既提升相关微博的人气,又增加了传统媒体的关注,合力推进校园文化品牌的锻造与培育。

参考文献:

① 王聪聪. 民调:94.3%的青年表示微博已改变自己生活[N]. 中国青年报,2010-8-24(7).

② 纪绘. 校园微博使高校管理驶上快车道[N]. 中国青年报,2010-6-20(11).

③ 陈伟健,陈永强,等. 高校微博使用状况调查报告[EB/OL]. http://wenku.baidu.com/view/fa502cd0240c844769eaee3d.html.

④ 李开复. 微博满足了每个人非常原始的一种愿望[EB/OL]. http://tech.sina.com.cn/i/2010-11-16/11144870926.shtml.

⑤ 吉明明. 论高校校园文化建设[J]. 市场调研,2007(10):98.

⑥ 钱涛. 提升大学校校园文化软实力的思考[J]. 思想政治教育研究,2008(4):101.

论学生社团建设在大学文化传承创新中的积极效能

罗兰英

摘　要：大学肩负着文化传承与创新的职能，学生社团作为大学文化的重要载体，其特有的性质符合了大学的文化自觉、文化自信、文化自强的文化传承创新的要求。要有效发挥学生社团建设积极效能，推进大学文化传承创新发展。

关键词：学生社团；文化传承创新；积极效能

2011年4月，胡锦涛总书记在清华大学百年校庆上的讲话中指出，"全面提高高等教育质量，必须大力推进文化传承创新。高等教育是优秀文化传承的重要载体和思想文化创新的重要源泉"，"要积极发挥文化育人的作用"。文化传承和创新是贯穿于整个高等教育过程的灵魂。学生社团建设是大学文化的重要载体，对大学文化传承创新起到积极作用。

作者简介：罗兰英，女，常州工学院艺术与设计学院党委副书记、讲师。

一、大学文化传承创新的主要内容

文化是人类在社会发展历史过程中所创造的的物质财富和精神财富的总和,大学文化作为社会文化系统的重要组成部分,是指在大学校园地理区域中,由全体师生员工在教育、教学、学习、生活等活动中创造形成的物质财富和精神财富及其创造形成过程的总和,是大学围绕人才培养、科学研究、社会服务而形成的具有凝聚力、有组织的统一行动的显性和隐性的价值统一。大学文化就其内部构成可分为物质文化、制度文化、精神文化和行为文化四个层面,大学文化的传承创新体现在这四个方面。

(一)物质文化的传承与创新

物质文化是大学文化的空间物态形式,是学校通过长期发展沉淀、积累下来的一种外在的显性的文化,主要包括环境文化、设施文化等。我国大学目前方兴未艾的基础设施建设,就是力图通过"大楼"来显现学校的一种物质文化,有的大学在建设中未能正确把握物质文化的真谛,只注重"新、高、大",而忽略了物质文化建设应与学校的人才培养需求相结合,应体现大学的人文精神的传承与创新。因此,在大学的基础设施建设中,要把握环境育人、人文相衬、科学合理的原则,形成优雅的校园环境、完善的硬件设施、良好的校园氛围。要引导学生正确解析校园景观的意义和价值观,培养学生的校园认同感,提高学校的文化品位和学术氛围,以深厚、高尚的物质文化特色陶冶人、凝聚人、培养人。

(二)制度文化的传承与创新

制度文化是指包括规章制度、道德规范与行为准则、奖励惩罚措施等校内一切制度形态的总和,具有很强的组织性、纪律性的特点。制度文化对规范言行、维护秩序、培养人才具有重要作用,是大学良好学风校风形成的重要保障。在制度文化建设中,要注重公平性、民主性和透明性,调动师生参与制度建设,突出目标要求、价值观念、素质体现、态度作风等精神层面的要求,把精神要求与具体规定相结合,把"软文化"和"硬制度"相结合,使制度既能起强制作用,又能起激励规范作用。同时制度建设要注重与时俱进,结合形势的变化,对制度不断进行补充、完善,使制度能最大程度地调动师生的积极性和创造性，推进学校的办学发展，彰显制度文化的激励人、鼓舞人、教育人的魅力。

（三）行为文化的传承与创新

行为文化是指全体教职员工在教学、科研、管理、学习、生活和服务等实践活动中的行为习惯和方式以及在此基础上形成的教风、学风、班风、校风等。行为文化鲜明地反映了大学的办学理念、精神面貌和价值观念，是对大学设立的基本要求、办学的宗旨及方向、人才培养质量标准的认知和体现，是大学文化中最活跃、最生动、最形象的展现部分。

（四）精神文化的传承与创新

精神文化是指通过大学师生员工长期努力积淀而成的稳定的共同的追求、理念和信念，包括价值观、审美情趣、办学特色、历史传统、学校精神等，具有历史性、稳定性、导向性、独特性等特点。精神文化形成后，建立起自身的行为准则、价值取向和规范体系，引导群体成员的行为、心理，使其在潜移默化中接受共同的思想引导和人格塑造，进而产生巨大的向心力、凝聚力和感染力。因此，精神文化是每个大学的精髓和灵魂，是大学办出水平、办出活力的源泉和动因。

二、学生社团在大学文化传承创新体系中的地位和作用

学生社团是大学生依据兴趣爱好自愿组成，按照章程自主开展活动的学生组织。学生社团经过大学生成员长期的社团活动逐步形成了自己的特色文化，即学生社团文化。社团文化从属于大学行为文化，是大学文化显性表达形式之一，学生社团文化作为独立的文化系统，具有独特的物质形态、规章制度、行为模式和精神财富。

大学文化传承创新既要有参与的主体——全体师生员工，也要有传承创新的载体和平台，学生社团为大学生群体提供了参与校园文化建设的平台。学生在社团活动中发挥自己的兴趣爱好，学习有关知识，提升自己的能力素质，学生社团成为大学开展人才培养、科学研究和社会服务的重要途径，成为大学文化积极的传承力量、践行力量和革新力量。

目前，每个大学的学生社团分类方法不同，按照功能来划分，大致有四

类:专业学术类、文化艺术类、体育健身类、志愿服务类。学生社团的多样化、特色化发展,契合了大学文化建设的传承和创新发展的使命需要。具体体现在以下三个方面:

(一)学生社团的自发性契合了大学的文化自觉使命

费孝通先生于1997年在北京大学社会学人类学研究所开办的第二届社会文化人类学高级研讨班上首次提出"文化自觉"概念。文化自觉是指生活在一定文化中的人对其文化有"自知之明",明白它的来历、形成过程、所具的特色和发展的趋向。"大学教育必须培养大学生的文化自觉"。大学的文化自觉表现在对社会文化本质、规律和大学的文化自身的正确认识,引导大学生形成全面、系统、长远的文化观,引领社会文化的走向。学生社团是大学生为了实现成员共同的意愿、目的而自愿组成,并自觉接受社团章程规定,自主开展活动,引领大学某一领域的学生活动。学生社团的这种自发性、自觉性正是大学的文化自觉使命的体现。

(二)学生社团的活跃性契合了大学的文化自信使命

大学的文化自信是对自身文化价值的充分肯定和自身文化生命力的坚定信念,培养大学生传承中国传统文化知识,借鉴吸收外在的优秀文化成果,并与时俱进创新大学文化。大学的文化自信源于对大学历史的高度认同和大学前景的坚守从容,源于历史传承与发展创新的坚持和运用。学生社团围绕统一的社团宗旨,组织成员开展丰富多彩的活动,有利于优秀校园文化的继承和发展,有利于增强校园文化活动的活跃性。每年随着大学新生入学,一批新生力量充实到学生社团,给社团带来新的活力,促进社团的持续发展。学生社团活动的活跃性、传承性符合了大学的文化自信使命追求。

(三)学生社团的开放性契合了大学的文化自强使命

大学的文化自强是指大学立足自身实际,凝练大学价值共识,突出自己的特色,走自己的文化发展道路,建设具有强大的吸引力、影响力、创造力的文化体系。各类学生社团在发展中走特色之路,形成自己独特的社团魅力、社团文化。学生社团作为一个开放组织,吸纳了不同专业、年级、班级、性别和民族的学生,各种思想、习俗、学识在社团相互交汇、相互影响,拓宽了学生的交际范围。学生社团将社团活动延伸到其他高校和地方建设,开展跨校级交流活动和融入地方文化活动，发挥大学文化对社会文化的辐射源和助推器的作用，响应了大学文化自强使命的召唤。

三、有效发挥学生社团建设积极效能，推进大学文化传承创新发展

学生社团因其兴趣的一致性、参与的广泛性和明确的目的性而成为大学凝聚学生、培养学生实践能力的重要阵地，是校园文化活动第二课堂的主力军，学生社团建设成为大学文化建设的重要内容。但目前国内大学的学生社团建设还存在许多问题，如对学生社团建设的重要性认识不够，学生社团的组织管理不健全，物资条件保障不充分，社团成员积极性调动不全面，等等，影响了学生社团的蓬勃发展和持续发展。因此，要有效解决制约学生社团建设发展的这些瓶颈问题，构建学生社团文化的特色发展、科学发展、和谐发展，促进大学文化使命的实现。

（一）改变忽视学生社团建设重要性的认识，树立社团文化育人的学生社团建设理念

在传统观念看来，大学人才培养的主渠道是课堂教学，又称为第一课堂，学生社团只是学生自娱其乐的工具。这种观念忽视了学生社团文化的教育引导功能。学生社团具有成员群体内部的趋同性特点，社团活动深刻影响着学生的思想品德、行为规范、生活方式和价值取向，有利于学生开阔视野，增长知识，陶冶情操，是实现思想政治教育的新渠道。学生社团具有成员兴趣一致性特点，尤其是专业社团强调运用专业知识，在探究、实验、创作等实践活动中帮助学生巩固专业知识，完善知识结构，提高科学素养，锻炼、培养和发展创新实践能力；社团活动还与社会文化相结合，搭建了学生与社会文化的沟通平台。学生社团具有成员的协同性特点，社团活动的顺利开展考验了成员之间的默契配合。在活动中，学生既各司其责又互相支持，提高了学生的组织能力、协调能力和合作能力，促进团队意识的养成，社团成为培养学生团队工作环境的实践领域。因此，在学生社团建设中要加强对学生社团工作重要性的认识，树立社团文化育人的工作理念，将学生社团建设纳入大学的

人才培养体系中，从学校领导到职能部门、教学院系的负责人，都要强化这种认识，从思想根源上重视学生社团建设的重要意义。

（二）改革学生社团建设的组织管理体系，建立合力推进的学生社团建设组织机制

学生社团作为一类学生组织，其管理体系大致有两种。一种是分散管理，大学的团委、党委宣传部或学生工作处各管一部分学生社团，这种管理看似清晰，实际是多头管理，易造成学生社团的混乱和无序，不利于学生社团形成凝聚力和影响力。一种是共青团全包，学生社团统一由团委管理。这种管理统一、规范，但也有不足，形成共青团单打独斗的学生社团管理局面，共青团则因资源有限、指导力量少，对学生社团活动尤其专业学术类社团缺少专业支撑，不利于学生社团的健康有序发展。

因此，在学生社团建设中要建立多层次社团工作管理体系。首先从校级成立大学生社团工作领导小组，此小组是全校社团建设和管理的领导机构，由有关校领导和教务、科研、学工、后勤、团委及各相关教学单位负责人组成社团工作高规格的“智囊团”，负责学生社团的规划发展、建设指导和组织协调。其次校团委在校党委的领导下负责学生社团的指导和管理工作，在团委设立大学生社团联合会，具体负责和协调全校社团建设和管理工作，负责学生社团日常管理、活动监督及学生社团的指导和服务。各教学单位及职能部门为学生社团的建设和发展提供必要的支撑，逐步形成党委领导、行政支持、团组织专门管理、各指导单位具体实施的学生社团管理格局，提高学生社团的组织化管理水平。

（三）改善学生社团活动的物资保障条件，建立多元化投入的学生社团建设保障体制

学生社团活动的开展需要有一定的场地、设施和经费的投入。当下，学生社团活动经费往往是包含在大学共青团的活动经费之中，经费有限；学生社团活动的场地、设施也多因为要让位于课堂教学的需要而缺乏，学校共享的公有资源，因管理程序的复杂而不能得到共享。“硬件”条件的不足，限制了学生社团活动的开展。

因此，在学生社团建设中应将学生社团活动经费纳入学校人才培养经费的预算范围之内，为每个社团设置专项建设资金，同时针对品牌社团、优秀社团和特色社团活动加大经费资助力度，为学生社团活动的开展提供有力保障，支持和引导、监督学生社团通过吸纳社会赞助和提供有偿服务的方式筹措活动资金。学校有关部门要在活动场地等方面给予支持，规划、建设学生社团活动中心，设立社团活动宣传栏，完善社团网站，为社团开展活动提供必要的条件。

（四）改良学生社团工作的队伍建设结构，建立科学合理的人员选拔考核管理机制

学生社团活动的开展需要“硬件”条件的配备，更要“软件”条件——人的参与。学生社团活动的“软件”包括指导老师和社团成员。担任社团指导教师的多为学校的专业教师或共青团干部或校外专家，在学生社团发展中起策划、参谋、指导和监督的作用，是把握社团发展方向的“总舵手”。在现实工作中，专业教师承担了繁重的教学科研任务，投入到学生社团的精力有限；团干部忙于琐碎的共青团事务，也无多少时间来指导社团；外聘校外专家也有专职工作，只能利用业余时间到校指导，在时间上、精力上的安排上不能保障。学生社团干部尤其是社团的负责人，是学生社团的领军人物，担当了处理社团事务、决定社团发展目标、实施社团活动计划的主要角色，学生社团干部的思想素质和行为方式成为社团的形象和代表。学生社团指导教师、社团干部的积极性和创新性调动是否充分，关系到社团是否能正常发展和活动。

因此，在学生社团建设中要建立科学合理的人员选拔考核激励机制。学校要制定学生社团指导教师选聘办法，明确指导教师的权利和义务，对工作成绩突出的指导教师要给予表彰和奖励，同时在职称评定、年度评优、专业进修等方面优先予以考虑，鼓励全校广大教师和科研人员积极指导大学生社团活动。各学生社团指导单位要把好选聘关，对指导不到位或缺位的教师，要及时调整，校外聘请的指导教师要加强沟通、交流和督查，形成全校关心、支持、参与学生社团建设的良好氛围。对学生社团干部要建立选拔、培养和考核相结合的任免奖惩制度，强化“全员管理”的社团管理理念，激发全体社团成员的活力，开展形式多样、格调高雅的社团活动，形成百花齐放、百家争鸣的社团文化。

高职院校文化建设的路径与思考

——以江苏食品职业技术学院为例

赵炳起 卞莉莉

摘 要: 本文通过高职院校文化建设的路径研究与思考,总结了如何构建具有高职特色的大学文化,并以江苏食品职业技术学院校园文化建设的实践案例,阐述了高职院校应坚持大学文化、行业文化和地域文化的互融发展,探索出一条与自身实际相适应的、符合高等教育现代化要求的校园文化建设路径。

关键词: 高职文化;建设;路径

文化或许是世上最难定义的词语之一,但在特定的语境中,不同的人对文化的理解又往往存在一个最大公约数。大学文化是基于制度基础之上的,在历史的广度和深度上被广泛达成共识的理念、思想,以一种上善若水之形态,在物理校园和精神校园中自然表露的精神。大学文化是一个传承与创造双向互动的过程,其主体是与之有关联的所有人。它可能呈现于冰冷的雕塑,可能寄寓在灵动的水波,也可能深藏在少女柔软的情怀,优秀的校园文化总

作者简介: 赵炳起,江苏食品职业技术学院党委书记,研究员,硕士研究生,研究方向:高等教育管理;卞莉莉,江苏食品职业技术学院党委宣传部长,副教授,管理学硕士,研究方向:高等教育管理。

能在激励人生的同时拨动每个人内心深处的琴弦，引发心灵细微的悸动。

高等教育现代化的实现，不仅需要可计量的指标现代化，而且需要与现代化建设相适应的现代化的校园文化。基于这样的考量，高职院校作为大学的重要组成部分，如何在传承的基础上戮力创新，构建起具有高职院校特色的大学文化，对加快高等教育现代化进程有着特别重要的意义。江苏食品职业技术学院始终坚持大学文化、行业文化、地域文化互融发展，探索出了一条与自身实际相适应的、符合高等教育现代化要求的校园文化建设路径。

一、用大学文化铸魂，在人才培养中体现文化传承

学校是文化传承、文化发展、文化实践、文化创新的殿堂。凡大学就有大学文化，高职院校也不例外。从本质上讲，职业教育与学术教育分别从属于高等教育的两大体系，即工作体系和学术体系，因此可以从文化载体、教育体系、核心教育内容上将这两类教育分别归于不同的文化体系，即技术文化体系和科学文化体系。高职教育的“高等性”和“职业技术性”就从根本上决定了高职院校具有大学文化内涵。

目前不少人对职业技术教育的人才培养观念有误区，重视了“职”而忽略了“高”，注重对学生技术的培养，轻视大学精神的塑造，大学精神缺失正成为一个严峻的现实。从文化角度看，这种重技轻德的高职院培养出来的学生涵盖不了对人的全面发展的整体要求，它忽略了学生的综合素质的培养，必然导致毕业出来的学生缺乏就业弹性和可持续发展，将来也不能担负起传承社会主义核心价值体系的重要职能。因此，每一个高职院校必须重视大学精神的凝练，丰富学校精神文化建设，提升人才培养的整体质量。

江苏食品职业技术学院近年来一直立足区域发展，瞄准行业动态，贴近企业需求，以培养“π”型学生素质构成模式为切入点，确立人才培养的“双基”理念，即基于学生的全面发展，基于社会岗位需求，着力提升学生的人文素养和科学素养。

“π”型强调的是大学生“专业素质和拓展素质”共同提高，二者缺一不可。学院按照“π型”理念，通过“专业素质模块和拓展素质模块”这“两条腿”各占50%的分值考核，来构建新的综合素质评价体系。其中，“专业素质

模块”方面主要是通过日常教学、实习、实训实现的，而实施“拓展素质模块”方面的亮点在于系统性很强，有一套整体方案，并对学生实行量化评价、过程评价，引导性强，能全方位调动学生积极性和主动性。

基于“π 型”理念的综合素质评价体系已经成为学院构建大学文化的核心驱动力。围绕大学文化构建、学生素质拓展，学院坚持把学工处、团委等部门开展的日常教育和主题教育等有关内容纳入“思政”教育体系；把“思政”理论课实践教学环节与团委开展的公益活动、社团活动、“三下乡”社会实践、校园文化活动等融合为一体；把学工处的学生日常行为考核纳入“思政”课平时成绩，从而形成“大思政”教育观。这一做法不仅整合了资源，避免了课堂教学与课外教育在内容上的重复，而且成为培养学生爱国情操、理想情怀、担当精神等重要载体，进而丰富了大学文化的内涵。这一创新性的做法于 2011 年受到江苏省教育厅高校思想政治理论课建设情况专项检查组专家的充分肯定。

当然，在高职院校构建大学文化并非易事，一方面因为高职院校的定位决定了职业技能培养的核心地位，另一方面因为大学文化建设的历史往往较短。但必须坚持的一个信念是，高职院校必须用大学文化铸魂，用大学精神培养、感染、激励每一个学生，从而提升学生的人文科学素养。在构建大学文化的过程中，需要不断创新方式方法，探索更多像“大思政”体系这样的大学文化建设路径，从而为高职院校构建大学文化提供更多的经验。

二、以行企文化为核，在互融共生中彰显文化特色

高职院校具有突出的职业性特征，校园文化的指导思想和建设理念，不仅要适应时代文化的发展和大学文化的演进，更要突出行业企业特色，实现与行业企业文化的深度融合和全面对接。构建基于校企文化融合的高职文化，形成与本科院校相比的职业性特征、与一般高职院相比的行业性特征和与同行业高职院相比的专业差异化特征，是高职校园文化建设的重要内容。

江苏食品职业技术学院作为国内唯一以食品行业为背景、以食品科学技术应用为特色的公办高职院校，始终坚持把构建大食品文化体系作为学院文化建设的内核，着力推进行业企业文化与校园文化的互融共生。学院与江苏

省餐饮行业协会联合成立江苏淮扬菜烹饪学院,与江苏今世缘酒业有限公司联合成立江苏今世缘酿酒学院,覆盖了相关企业生产经营与管理等各个领域,真正做到了与企业产业链的全过程无缝对接,形成了鲜明的行业企业文化。具体到课程的设置上,学院以工学结合为切入点,以职业素质和职业能力培养为主线,按照"校企合作全程贯穿,工学交替全面实施"的思路设计动态化人才培养方案,完善"多元融合、学做一体"的人才培养模式,根据不同专业特点和企业生产发展的需要,将通用职业素养、职业岗位要求与专业课程体系和教学内容融合,将企业生产过程与教学实践活动融合,将企业评价与学院考核融合,将企业文化与校园文化融合,真正实现教、学、做一体化。

师资建设是学院推进行企文化与校园文化互融的又一重要路径。学院规定,专业带头人每年安排不少于1个月的时间到本行业龙头企业或较有影响的企业挂职锻炼,其他专业教师每年安排不少于2个月时间参加顶岗实践。与此同时,学院先后从江苏省食品工业协会、江苏雨润食品产业集团有限公司、中粮东海粮油工业(张家港)有限公司、江苏今世缘酒业有限公司、南京金陵饭店股份有限公司等行业企业聘请40余名管理精英、行业专家、能工巧匠担任兼职专业带头人或兼职教授。通过行之有效的政策措施,专业教学团队骨干教师的专业能力和实践水平不断提高,食品加工技术、生物技术及应用等2个专业教学团队分别于2008年、2009年被遴选为江苏省高校优秀教学团队。

在专业设置、课程安排和师资培养等领域全面建立校企互融机制的基础上,学院把"立德尚能,以生为本"作为学院人才培养的核心追求,逐步形成了以"良心"、"诚信"为核心内容的大食品文化体系。食:人之良心,只有有良心的人才能从事食品行业合格人才的培养;品:字从三口,众人之口,指人要言而有信,只有讲诚信,人品才能正。这是食品学院独特的校园文化和精神追求。围绕这些聚焦点,学院确立了"三区一林"的建设思路,将学院划分为主题教育区、励志成才区、校企合作区、校友纪念林,通过"路文化"、"园文化"、"石文化"、"湖文化"等载体分别打造不同的区域文化,如"诚信文化"、"廉政文化"、"校友文化"等,营造浓郁的育人氛围,并依托食品科技园、实验实训场地,宣传食品文化,促进学校与行业、企业文化的深度融合。

食品安全是食品文化建设的基础,也是构建食品文化体系的重要组成部分，将“食品安全文化”这一具有丰富育人内涵的先进文化理念引入校园文化的建设中，这是学院文化建设的亮点和特色。学院充分利用高职院校与政府、行业、企业的合作优势，借助社会与企业的文化资源，成功策划、组织一系列富有特色和吸引力、感召力、影响力的“食品安全文化”活动，通过构建涵盖“食品安全文化”的课程体系和校园文化活动体系，搭建人生导师平台，强化食品安全对外宣传等形式整合学院资源，全员参与，宣传、推广食品安全教育，引导学生明确食品安全责任使命，唤起全社会的良知和共识，并利用校企合作文化建设项目，设立食品安全课题，进行专项研究。这些不仅是学院文化建设的需要，培育和造就适应时代要求的新型人才的需要，更是学院承担社会责任，引领社会主流文化的集中体现。

坚持把行业企业文化作为高职院校文化建设的内核，取决于高职院校人才培养的宗旨。但高职院校如何实现行业企业文化与校园文化的互融，却是一个开放性的未完成的课题。一方面，在价值构建和追求中要体现办学特色，围绕办学特色推进行企业文化进校园；另一方面，在培育高职特色的校园文化实践中要弘扬中华传统文化和学校的文化底蕴、价值认同。只有充分考虑这两方面的因素，高职院校才能够探索出独具自身特色的文化建设的有效路径。

三、融入地域文化，在服务社会中突出文化引领

任何文化的形成都不能脱离特定的自然环境，这也是不同类型的文化相区别的重要标志。对大学文化建设来说同样如此，在特定自然社会环境中形成的大学文化，当然也不能不受到自然社会环境的制约。从高等教育发展的层次来说，部属高校在发展中往往占据着更多的学术资源，因而处于高校金字塔的顶端。但地方院校也有其优势，这就是地方院校的发展融入了地域文化，进而呈现出独特的本地性文化或在地性文化。从这个意义上说，包括高职院校在内的地方院校完全可以从其所处的独特区位优势和地理环境出发，寻找其独特的资源优势把握区域文化的特色优势，寻求高职文化的生长空间。

江苏食品职业技术学院地处淮安，这是一座历史文化名城，一代伟人周

恩来总理的故乡,历史名人众多,文化积淀深厚,大运河孕育的开放与包容文化、西游记塑造的创新与灵动文化、周总理的博闻强识、诚信亲民文化、韩信的感恩文化、关天培和梁红玉的爱国文化等,这些独特的地域文化资源为高职院的文化建设提供了极大的生长空间。在推动校园文化与地域文化融合发展的过程中,学院通过开展大家论坛、社会教育、技能训练、文化传播等活动,为区域社会提供具体有效的服务。积极参与建设区域文化产业建设,建立区域文化研究平台,提升区域文化软实力,使学院逐步成为区域先进文化的示范点和辐射源。与此同时,学院不断跟踪和研究地域文化的演进和流变,着力把握新时期地方经济社会发展中出现的新的文化动向、文化类型和文化实践,并根据学院自身实际积极引入校园文化建设之中。比如恩来班的建设,恩来精神的培育与弘扬,民族英雄的不屈气节,才子大家的浪漫情怀,感恩诚信的优秀品质,这些都丰富了校园文化的内容,使校园文化彰显浓郁的地方色彩。

对江苏食品职业技术学院文化建设路径的梳理,主要集中于大学文化、行企文化、地域文化三个方面,主要突出不同文化类型的融合以及文化建设的传承、创新,突出文化对高职院校建设发展的引领和带动作用。通过梳理,可以得出以下几点感受:

一是文化是高职院校建设发展的灵魂,也是高等教育现代化的灵魂。高等教育现代化不仅意味着硬性指标的实现,更需要高校校园文化的建设和涵养。纵观世界高等教育特别是发达国家高等教育发展的历程,校园文化所起的作用难以估量,不仅培育了健康向上的校园风气,也形成了不断延续的大学精神。

二是高职院校文化建设必须走多元共生、融合发展之路。高职院校的禀赋决定了以职业技能教育为基础的行业企业文化的内核地位,但建设一所现代化的高职院校,却决不能仅仅依托行业企业文化来开展校园文化建设。虽然职业技能教育是高职院校教学实践的主要内容,也是高职院校为社会做贡献的基础,但是为社会培养什么样的人才,却不仅取决于职业技能教育的成败。现代化的高等教育需要培养适应现代化要求的人才。在这个意义上,大学文化、人文科学素养、地域文化等因素对人才培养的作用亟须得到高度重视。高职院校的校园文化建设必须走多元共生、融合发展之路,否则高职教育的意义将仅仅被化约为向学生传授职业技能和颁发文凭,从而造成人才素养的缺失。

三是高职院校文化建设必须跳出围墙,走出书本,走进企业,走向社会。学之大者,为国为民。高等教育固然需要象牙塔般的教学和治学环境,但高校本身却绝不是象牙塔,不是社会上的一座孤岛。相反,一所高校特别是高职院校的建设发展,深深地嵌入到国家和地方经济社会发展的历史境遇中,深刻地受制于时代精神和大学文化、地域文化等因素的变迁。只有在这一基础上不断探索文化建设的路径,才能确保高职院校文化建设具有时代性、针对性、合理性和可行性,从而推动校园文化的不断丰富和传承,进而促进学生素质提升、高校建设发展以及整个高等教育现代化进程的不断加速。

参考文献:

① 邓耀彩. 论高职院校的文化定位[J]. 高教探索,2005(4).

② 黄浩伶. 引入企业文化　构建新型的高职院校校园文化[J]. 经济与社会发展,2006(11).

③ 吕秋薇. 高职院校应加强文化素质教育[N]. 光明日报,2012 - 06 - 02.

校企文化研究

互动与交融:高职校园文化与行业文化关系的主旋律

曹叔亮

摘　要: 校园文化与行业文化的互动与交融是由高职教育的本质要求与人才培养目标决定的,是高职校园文化与行业文化丰富内涵与凸显特色的需要,是实施校企合作、工学结合的需要,是高职学生就业与创业的需要。高职校园文化作为先进文化引领行业文化的发展,行业文化促进高职校园文化的内涵提升与外延发展。明确高职校园文化与行业文化互动与交融的指导思想;引入优秀的行业企业文化,建设开放式的校园文化;实现高职校园文化建设多元化、多样化、多渠道化;找准高职校园文化与行业文化的契合点,构建学习型组织文化;确立高职校园文化与行业文化的互动长效机制。

关键词: 高职院校;校园文化;行业文化;互动;交融

作者简介: 曹叔亮,男,内蒙古察右后旗人,助理研究员,管理学硕士,主要研究方向:高等教育管理、高等职业教育。

高职教育“依托行业、服务行业”的特点决定了高职院校具有明显的行业特色,大部分高职院校的学校名称、专业设置及服务面向具有鲜明的行业特征。因此,行业文化对高职院校的办学行为与校园文化有显著影响。从高职院校的办学趋势来看,校园文化与行业文化将成为高职院校教育软环境的两个重要方面,是高职院校办学过程中的重要精神财富,是高职院校办学资源中无法估价的无形资产,是影响高职院校办学的基础性、长期性、战略性要素。二者的互动与交融是新时期高职院校文化与相关行业文化之间关系的主旋律,对于高职院校文化的传承与创新,以及提高人才培养质量具有十分重要的意义。

行业文化凝聚着同行业的价值观、发展观,它具有相对于其他行业的独特性,在同行业中又具有它的公共性,在行业发展中具有引领性。这与高职教育在高等教育中的公共性和职业性相吻合,是高职校园文化与行业文化相融相合的最基本条件。①

一、高职校园文化与行业文化互动与交融的必要性

高职校园文化与行业文化是直接影响高职学生职业生涯发展的重要环境因素。因此,加强二者的互动与交融有利于提高高职院校校企合作的有效性,有利于提高高职院校的办学质量,有利于提升高职学生的职业素质与综合素质。

(一)高职教育的本质要求与人才培养目标决定了二者的互动与交融的需要

《教育部关于以就业为导向深化高等职业教育改革的若干意见》(教高[2004]1号)明确指出:高等职业院校要主动适应经济和社会发展需要,以就业为导向确定办学目标,找准学校在区域经济和行业发展中的位置,加大人才培养模式的改革力度,坚持培养面向生产、建设、管理、服务第一线需要的“下得去、留得住、用得上”,实践能力强、具有良好职业道德的高技能人才。加强高职校园文化与行业文化的互动与交融有助于提高高职人才的实践性、行业性与社会适应性,符合高职教育的本质要求与人才培养目标。

(二) 高职校园文化与行业文化丰富内涵与凸显特色的需要

高职校园文化与行业文化在内涵特征方面有一些共同点:二者皆来源于客观的社会生活并具有层次性;二者的产生、发展与变迁都离不开一定的行为载体;二者都需要特定的主体来传播与发展;特定的制度载体是二者得以反应在高职学生学习与生活中的重要因素;二者的核心都是一种价值体系。[②]因此,高职校园文化与行业文化的互动与交融有助于丰富二者的时代内涵,也有助于凸显二者的特色,如高职校园文化的行业特色与行业文化的学术特色。

(三) 实施校企合作、工学结合的需要

"依靠行业企业发展职业教育,推动职业院校与企业的密切结合。要继续办好已有职业院校,企业可以联合举办职业院校,也可以与职业院校合作办学。企业有责任接受职业院校学生实习和教师实践"。"行业主管部门和行业协会要在国家教育方针和政策指导下,开展本行业人才需求预测,制定教育培训规划,组织和指导行业职业教育与培训工作;参与制定本行业特有工种职业资格标准、职业技能鉴定和证书颁发工作;参与制定培训机构资质标准和从业人员资格标准;参与国家对职业院校的教育教学评估和相关管理工作"。[③]上述政策内容要求高职校园文化与行业文化加强互动与交融,为实施校企合作、工学结合奠定坚实的基础。

(四) 高职学生就业与创业的需要

"高等职业院校要及时跟踪市场需求的变化,主动适应区域、行业经济和社会发展的需要,根据学校的办学条件,有针对性地调整和设置专业。要根据市场需求与专业设置情况,建立以重点专业为龙头、相关专业为支撑的专业群,辐射服务面向的区域、行业、企业和农村,增强学生的就业能力"[④]。"积极鼓励学生自主创业。学校应开设创业课程,培养学生的创业意识,为学生自主创业提供实际锻炼的平台,并在管理制度等方面创造条件,促进他们成功创业"[⑤]。高职校园文化与行业文化的互动与交融有利于提高学生面向行业的就业竞争力与自主创业能力。

二、高职校园文化与行业文化的互动关系

(一) 无形资产与精神财富:高职校园文化与行业文化的共同属性

高职校园文化与行业文化是高职院校可持续发展的重要文化基础与内外软环境。高职校园文化是高职院校无形资产的重要形式,高职院校的办学理念与办学特色主要通过高职校园文化表现出来,先进的高职校园文化来源于高职院校所有成员共同的办学理念。行业文化通过校企合作、工学结合等途径与高职校园文化产生互动与交融,并逐渐将行业发展理念、行业精神与行业信息等传递到高职院校的办学理念与办学特色中,使高职院校的办学方向与社会发展同步或超前。可见,高职校园文化与行业文化都是高职院校不可估价的无形资产与精神财富。

(二) 高职校园文化作为先进文化引领行业文化的发展

高职校园文化属于社会文化中的高级层次,是高职院校在长期的发展过程中所积累的,已经被高职教育历史证明是正确的、值得后来者学习的、可以指导高职院校未来发展的优良传统。高职校园文化的内涵、结构、核心都是教育先辈们经过漫长的历史与实践不断总结、筛选和凝练出来的,作为高职院校这一组织形式的上层建筑的顶端部分,高职校园文化具有引导高职院校所依托行业文化建设的理论与实践价值,"为行业文化源源不断注入新活力,是行业文化辐射之区"⑥。

(三) 行业文化促进高职校园文化的内涵提升与外延发展

相对于高职校园文化具有较强的理论性而言,行业文化具有更强的实践性。行业文化作为高职院校教育软环境的重要方面之一,凭借其历久弥深的实践真知充分弥补了高职校园文化的实践性不足。随着社会经济的逐步发展,行业文化也把富有不同时代气息和变化着的行业环境信息等在内的新成分传输到高职校园文化中,从而极大地完善了高职校园文化的时代性和环境适应性,"行业文化是校园文化充足的养料,是高职院校特色之源"⑦。行业

文化中的有益成分被逐渐提炼为高职校园文化的新内涵,有利于高职校园文化的完善与创新;而且,由于行业文化的渗透,高职校园文化的外延进一步扩大,逐步由封闭式向开放式过渡。

(四) 相对独立性:高职校园文化与行业文化的个性体现

建设与发展中的高职校园文化,一方面要借鉴行业文化,从实践中吸收其实用价值;另一方面,也对行业文化的形成与发展具有重要的影响作用。但是,高职校园文化毕竟是一个独立的事物,在受行业文化的影响及对其影响的同时,可能随当时的时代背景,社会环境,国家法律、法规、政策等因素的影响而产生一些相对独立的新特点,这些特点有些适应现存行业文化的要求,有些不一定适应。而行业文化本身也是一种自成体系的社会亚文化,具有自身发展的规律性和明显的相对独立性。

三、高职校园文化与行业文化的交融途径

加强高职校园文化与行业文化的互动与交融,必须互相借鉴,吸收精华,摒弃糟粕。既要从内涵方面互相提升发展层次,又要从外延方面全面开放、互为补充。加强二者的互动与交融,建设符合科学发展观要求、富有行业特色的高职教育文化是高职院校发展的重要目标之一。

(一) 明确高职校园文化与行业文化互动与交融的指导思想

加强高职校园文化与行业文化的互动与交融,必须确立"以高职院校为主体、以行业企业为主导、以互动双赢为目标"的指导思想。高职院校充分发挥主体作用,使行业文化的价值观念在高职校园文化中得到内化,通过开设课程、举办讲座、实训实习、文化活动等方式将行业文化教育纳入高职教育的整体规划中;在传播与实践行业文化的同时,向行业输送人才,从而促进行业文化的提升。行业企业发挥主导作用,通过设立奖学金或助学金、共建实训基地、提供行业发展信息等途径为高职校园文化建设提供物质支持;通过派出高管担任兼职教师、为师生提供实践进修机会等途径为高职校园文化建设提供智力支持;通过共同设立研发中心、合作开展培训、组建专业委员会、开展订单式培养等途径为高职校园文化建设提供组织与制度保障。高职

院校与行业企业共同促进高职校园文化与行业文化的互动与交融,使在校学生感受到行业文化,体验学生与行业职工的双重角色,走上工作岗位后迅速进入岗位角色,实现校企“零距离”对接。[8]

(二) 引入优秀的行业企业文化,建设开放式的校园文化

高职校园文化与行业文化之间存在一种辩证的互动关系,高职院校必须采取“走出去、请进来”的发展策略,加强这种互动关系,才能使高职校园文化变得更加开放。“在这一探索和积淀的过程中,主动实现校企之间文化的互动、互融和互惠,具有特殊的时代意义和社会价值”[9]。一方面,高职院校可以通过校企合作、联合办学的渠道组织教师到行业企业挂职锻炼,参与生产管理、技术开发等工程实践活动,在促进合作办学与产学研对接的同时,加强双方的文化交流;通过顶岗实习、假期实践等形式组织学生参与行业企业的生产生活实践,在真实的工作情境中体验行业文化的精神。另一方面,聘请行业领导、企业高管、技术专家参与专业课程开发;聘请行业专家和行业企业的工程技术人员参与学校的实践教学;邀请行业专家与高管来校开展行业企业文化和规章制度教育;邀请行业劳动模范、知名校友介绍行业从业人员的职业道德与规范,引导学生树立正确的职业观;邀请优秀行业企业到学校进行企业文化展示,向师生传递企业文化的内涵与核心价值。

引入优秀的行业企业文化,高职校园文化的内涵将得到有益提升,有利于核心价值体系的特色凝聚,形成“植根于行业、养成于校园、结果于社会”[10]的开放式校园文化系统。抑或可以建设“类企业化的院校文化”[11]:把为企业培养应用型技术人才作为办学目标;把为企业服务的质量作为基本的价值标准;把为企业服务作为最大价值取向;把企业化办学作为办学理念;在制度与行为上从多方面向现代企业学习和借鉴。

(三) 实现高职校园文化建设多元化、多样化、多渠道化的发展趋势

经过10年的快速发展,高职教育始终大力推进体制机制创新,并逐渐向多元化办学格局转变。与此同时,现代高职校园文化建设已呈现出多元化、多样化、多渠道化的总体发展趋势,尤其是主体的多元化已经多次写入职业教育的政策文件中。传统的封闭式办学观点认为,校园文化建设主体仅有校

内的教师、学生与管理者；校园文化建设主要依赖校内的第二课堂或文化活动；校园文化的渠道也仅限于校园内部。现代的开放式办学观点则认为，对于依托行业办学的高职院校来说，过去的校园文化建设主体、形式、渠道都显得比较单一、片面；高职校园文化建设主体必须进一步多元化，不仅校内各群体要积极参与其中，建设多姿多彩的校园文化，而且要吸引行业群体的积极参与；建设的形式更加多样化，应积极走出校园，参加行业组织的各种技能竞赛与科技文化活动等；建设渠道除了校园内部之外，应积极参与行业企业的生产实践活动等。

（四）找准高职校园文化与行业文化的契合点，构建学习型组织文化

高职院校文化与行业文化虽然存在差异，但彼此也有契合之处，二者具有一种“和而不同”的关系。二者的契合性主要表现在学习型组织文化上：第一，要素的契合。二者的学习型组织文化具有基本相同的要素，其核心与精髓最终都归结为精神文化。第二，功能的契合。二者的学习型组织文化在各自的学习型组织内部所起的作用基本一致。第三，结构的契合。二者的学习型组织文化结构出现同构现象。高职校园文化与行业文化互动与交融有利于构建校企合作、文化契合的学习型组织，以学校、学生、企业三方互动为前提，深刻领会学习型组织的要义，构建灵活多样的学习型组织模式，建立一个互惠共赢的联合体。[12]

（五）确立高职校园文化与行业文化的互动长效机制

高职校园文化与行业文化互动与交融是一项基础性、战略性的工作，也是一项长期的、系统的工程，因此，组织制度与机制是最终取得显著成果的重要保障。二者的互动与交融必须有规范、完善的制度体系来保驾护航，立足当前，着眼长远，积极建设互动、互融、互惠的长效机制。通过确立校企合作办学的体制机制，构建订单式培养模式，开展多种形式的产学结合等载体，搭建高职校园文化与行业文化的互动平台，实现二者的交融与渗透。

参考文献：

①⑥⑦ 夏洁露．融入行业文化　丰富高职校园文化内涵[J]．浙江交通

职业技术学院学报,2008,9(2):73—77.

② 曹叔亮.基于行业文化视角的高职校园文化建设[J].高等职业教育,2010(1):94—96.

③ 国务院.关于大力发展职业教育的决定(国发[2005]35号)[Z].2005-10-28.

④ 教育部.关于全面提高高等职业教育教学质量的若干意见(教高[2006]16号)[Z].2006-11-16.

⑤ 教育部.关于以就业为导向深化高等职业教育改革的若干意见(教高[2004]1号)[Z].2004-4-2.

⑧高庆.高职学校文化建设与企业文化对接的思考[J].沈阳工程学院学报(社会科学版),2008,4(4):553—556.

⑨ 李仁平.略论高职校园文化建设中的校企合作问题[J].武汉职业技术学院学报,2009,8(2):43—45.

⑩ 夏洁露.高职校园文化与行业文化对接路径探讨[J].浙江交通职业技术学院学报,2009,10(1):70—74.

⑪ 陈定樑.高职院校思想引领与文化载体关系探析[J].中国职业技术教育,2010(12):36—40.

⑫ 金辉.高等职业教育深化校企合作的应然路径[J].教育研究,2010(4):56—59.

浅谈高职校园文化与企业文化的融合特点

王昌国

摘　要：高职校园文化与企业文化虽有差异，但都包括物质文化、制度文化和精神文化等层面。本文对二者的的融合特点进行研究，总结实现高职校园文化与企业文化融合的必然性、民族性、多样性和发展性的四个特点。

关键词：高职院校；校园文化；企业文化；融合

近些年来我国高职教育异军突起，显示出蓬勃生机。在高职教育发展的过程中，人们越来越清晰地认识到：只有自觉地把校园文化和企业文化融合起来，才能更好地为生产、建设、管理、服务一线培养高素质的技能型应用人才。《国家高等职业教育发展规划（2011—2015 年）》提出："完善校企合作制度，努力实现校企人才共享、设备共享、技术共享、文化互补、管理互通，促进校企深度合作。"其中，"文化互补"就是两种文化互化与融合的重要内容。立足培养高端技能人才，"把工业文化融入职业院校，做到产业文化进教育、工业文化进校园、企业文化进课堂"，为

作者简介：王昌国，男，河北正定人，紫琅职业技术学院副院长，副研究员，大学本科，研究方向：职业教育、民办教育、教育教学及管理。

构建符合学生发展、适合企业人才培养需求的新型校园文化提供了方向。[①]笔者以为当前高职校园文化与企业文化的融合呈现出以下特点。

一、高职校园文化与企业文化融合具有必然性

经济发展靠科技,科技运用靠人才,人才培养靠教育。在各类教育中,高等教育尤其是高职教育同经济的发展关系十分密切,没有它,先进的科学技术和先进的设备就不能成为现实的生产力。高等职业技术教育培养的是未来的职业人、技术人才,这就决定了高等职业教育与企业的极为密切的关系。[②]

在国外,德国职业教育采用"双元制",美国的社区学院"普及开放"教学模式,日本的高等专门学校"五年一贯制"教学模式,英国的技术学院"工读交替"教学模式,这些都说明了校企文化融合能够保证高职院校毕业生与企业人才需求直接对接,是培养社会欢迎的高素质技能型应用人才的重要环节和必经渠道。

在国内,当前开放和竞争已成为经济社会发展的主流。不论是高职院校还是企业要想在市场竞争中取胜,就必须具备可持续发展的竞争优势,而自觉地实现校园文化和企业文化的融合,正是校企实现双赢的战略基础。

从高职院校方面看,教育部在《关于加强高职高专教育人才培养工作的意见》中指出:"要根据高职高专教育培养的目标,针对地区、行业经济和社会发展的需要,按照技术领域和职业岗位(群)的实际要求设置和调整专业"。高职院校办学离不开企业单位参与的原因是:企业对人才的需求是高职教育赖以生存的基础,企业对自身需要什么专业的技术应用人才,需要什么样规格的人才最清楚;企业是学生实践教学与岗位实践的重要基地,也是一些新工艺、新技术、新设备、新材料的学习场所;企业的技术、管理骨干人员是高职院校兼职教师的重要来源。[③]

从企业方面来看,它需要高职院校向其不断地输送技术应用型人才和提供职工技术培训。一些中小企业还需要高职院校的技术转让、推广以及管理咨询服务。双方现实的和潜在的需要是他们结合的动因,因此产教结合、校企文化融合就成为一种必然趋势。

二、高职校园文化与企业文化融合具有民族性

作为观念形态的文化是一个社会的灵魂，它是一定经济和政治的集中反映，又对经济、政治的发展有着巨大的反作用。文化在空间上有地域之分，在时间上有古今之分，在性质上有先进与落后乃至腐朽、反动之分。

中国共产党十七届六中全会中共中央关于深化文化体制改革的决定指出，“文化是民族的血脉，是人民的精神家园”，“文化建设是中国特色社会主义事业总体布局的重要组成部分。没有文化的积极引领，没有人民精神世界的极大丰富，没有全民族精神力量的充分发挥，一个国家、一个民族不可能屹立于世界民族之林”。中国有五千年的文明历史，中华民族以其独特的智慧和进取精神，创造了光辉灿烂的中华文化。民族精神是民族文化的本质和灵魂。一个国家如果没有民族精神就没有凝聚力，没有生命力。在五千多年的历史长河中，我们中华民族形成了以爱国主义为核心的勤劳勇敢、团结统一、爱好和平、自强不息的民族精神。这种民族精神过去是、今后也永远是中华民族生生不息、发展壮大的精神支撑。

高职院校和企业在加强文化建设时，都必须继承和弘扬以中华民族精神为核心的民族文化。当前，经济全球化进程不断加快，现代传媒迅速发展，加快了世界范围内的交流和碰撞，这既为我们借鉴和吸收人类文明的成果，形成有中国特色的社会主义性质的人类文明成果提供了条件，同时，也对保持我国文化的特性和优良传统提出了挑战。文化作为维系一个国家和民族的精神纽带，一旦丧失了民族特性和民族精神，就必然导致整个民族的衰亡。在高职校园文化与企业文化融合时，必须坚持民族文化的主体性。

紫琅职业技术学院是江苏省南通市的第一所民办高职院校，近年来他们与南通国盛机电有限公司建立了校企合作关系，校企文化相互渗透，相互学习。国盛集团的企业理念是“产业报国，惠泽社会”，这和紫琅学院的“真心办学、良心育人”厚德强能的办学理念也是相通的。国盛集团资助学院办了两个“国盛班”。在“国盛班”上比较系统地介绍国盛企业文化；紫琅学院也派出教师帮助企业总结经验，提升企业文化品位。前不久，双方在认真学习党的十七届六中全会精神的基础上，把办校、办厂的目的升华到构建和谐社

会、振兴中华上来。

校企文化融合这个课题是以教育为"和合"的促进因素,追求经济社会的和谐发展,也是对中国传统思维方式弘扬的结果。就我国传统的思维方式而言,其重要特点之一就是强调万事万物的普遍联系和相互作用,强调整合性及和谐性。同"天人合一"观演化而来的普遍和谐思想和由此建立起来的"和谐文化"是中国传统文化的重要特征。从这个角度看,我们开展"高职校园文化与企业文化融合的实践与研究",可以说是新时期校企合作、弘扬中国优秀民族传统文化的有益尝试。

三、高职校园文化与企业文化融合具有多样性

我国历史悠久,幅员辽阔,行业众多,各地校企文化在融合时,受到诸多因素的影响,呈现出了多样性。其主要原因有以下几点。

(一) 受区域经济文化的影响

我国东、中、西部的经济发展很不平衡,国民生产总值之比大致为 6 : 2.5 : 1.5。由于经济条件、发展阶段、教育环境不同,高职教育的规模、机制、办学特色、培养质量也出现差异。江苏省近年来经济发展较快,GDP 已跃居全国前茅,全省的高职高专院校发展到 78 所,其中民办高职院校 25 所。每个地级市至少有 1 所高职院校。例如,苏州市的国民经济生产总值位居全省第一,该市的每个县级市都有高职院校,其中苏州工业园区职业技术学院实行"前校后厂"办学模式,出现了校企和谐发展,经济、社会效益比翼齐飞的大好局面。无锡市职业技术学院根据江苏省制造业是支柱产业、无锡市朝着特大型城市发展具有东南沿海经济发达旅游城市经济特色的特点,在专业设置时以现代制造业为中心,向城市化建设、信息化商务、交通运输等领域拓展,共设机械、机电技术应用、电气与自动控制应用等 8 大类,工程科目 30 多个专业。由于学院紧贴当地经济发展需求,积极推进校企合作、产教结合,校企文化相互借鉴、相互渗透、相互融合,出现了校企共荣的良好态势。而我国西部的一些省份,由于受经济基础相对薄弱的制约,高职院校则数量不多,校企文化融合的进展也相对缓慢、滞后。

（二）受地区经济和产业结构的影响

当前，在整个国民经济中第二产业所占比重较大，因此，为工业服务的高职院校就比较多。这类高职院校办学时间长，文化积淀比较深厚，校企文化融合的成效相对显著。在进入国家示范高职院校建设行列中，大多数院校是为第二产业服务的。许多高职院校广泛调研社会各行业对高职人才的需求，研究人才市场的变化规律，从而适时地调整、设置相应专业。天津职业大学建材轻工业学院，经过调研，了解到该市改革开放以来引进了50多条新兴建材现代化生产线，为保证这些现代化生产线的正常运转，以及消化、吸收这些现代化技术装备，必须有大批既懂新型材料基础知识，又能亲自动手掌握生产线上的现代化设备和先进工艺，能直接从事生产活动和生产管理的技术人才，因而设置了“新型建筑材料”专业，培养了一大批实用技能型人才。南通航运职业技术学院瞄准国际海事公约，根据国际航运劳务市场向中国大陆市场转移的新形势，培养现代新型船舶复合型层次航海技术人员。许多海运公司不仅提供学生的实习实训基地，而且资助学校购买实验设备器材，为学生提供服装等劳护用品和一定生活费用。近年来，南通航运职业技术学院的毕业生供不应求，成为人才市场的“抢手货”。

（三）受改革开放深度的影响

中国共产党十一届三中全会以来，党和国家在经济、政治、教育、科技等各个领域进行了体制、机制改革，同时有计划、有步骤地推进对外开放，开创了“全方位、多层次、宽领域”的开放局面。在改革开放的过程中，各地经济社会发展有先有后、有快有慢，这也是造成校企文化融合多样性的一个因素。

广东地区是我国改革开放的前沿，那里的“三资”企业比较多，市场经济的步伐相对迈得较快，接受西方国家先进的经济、文化影响也要早一点多一点。20世纪90年代初，当内地企业还普遍依靠价格、倾销等常规手段你死我活地争夺市场时，深圳大学和一些高职院校就开设了当时才问世不久的《公共关系学》等西方经济管理学的有关课程，不仅向学生们讲授，而且还面向社会为企业管理人员作讲座。许多企业学习了国外先进管理经验后，积极实施“互惠互利、共同发展、共同繁荣”的价值取向原则，收到了很好的效果。深圳职业技术学院敏锐地提出了自己的办学理念是“深圳的经济增长点在哪里，我们就把专业办到哪里","融合职业资格标准,突出职业综合能力培养",深圳职业技术学院越办越好,被国家确定为首批示范性高职院校。

2006 年 7 月至 11 月间,温家宝总理先后四次主持召开教育座谈会。他在会上强调指出:"职业教育是面向人人的教育。"同时,他还揭示了职业教育长期的双重任务,即既要发展其学历教育,培养社会需要的技能型、应用型职业人才,努力造就未来的社会生产力大军,使之具有发展后劲;又要开展各项岗前和在岗人员的培训,通过这种非学历的职业教育,大力提高城乡广大从业人员适应科技发展和社会进步的就业能力,努力把人口负担转化为宝贵的人力资源。紫琅职业技术学院坐落在南通市港闸区,近年来该地区船舶工业发展迅猛,急需大量的高级电焊、冷作工人。紫琅学院在港闸区政府的帮助下,主动上门服务,与南通通顺船舶制造公司等多家船舶企业签订了职工培训协议,实行"订单式"培养,认真完成"培养"和"培训"双重任务,这说明民办高职院校在实施校企文化融合中同样可以大有作为。

四、高职校园文化与企业文化融合具有发展性

世界上的一切事物总是发展变化的,因此高职校园文化与企业文化的融合也必然是一个不断向前发展、水涨船高的过程。

校企文化的融合是以发展中的经济为基础并促进经济发展不断走向繁荣的。20 世纪中叶以来,世界上出现了又一次科学技术革命,以电子信息、生物技术和新材料为支柱的一系列高新技术取得了重大突破,带动了各个国家乃至整个世界产业结构的发展变化、升级换代。随着生产的发展,社会分工和生产专业化、社会化程度不断提高,国际间的经济联系也日益密切,使社会分工走出国界,发展成为国际分工,使生产社会化向生产国际化发展,从而使生产和消费越来越具有世界性,世界经济呈现一体化趋势。世界制造业正在向亚洲、特别是向中国转移。现阶段,我国产业结构呈现出以下趋势:一是 IT 产业迅速发展;二是经济的外向度扩大;三是第三产业日益兴旺。经济发达的江苏已进入工业化转型期、国际化提升期、城市化加速期、市场化完善期、信息化渗透期。在这种经济社会发展的背景下,企业文化、高职校园文化必然要随着发展,并要通过校企文化的融合,促进经济社会更好更快地发展。

校企文化的融合是以社会主义政治文明建设为前提并推动社会主义政治文明建设不断向前发展的。中共中央关于深化文化体制改革的决定指出，“当今世界正处在大发展大变革大调整时期，世界多极化、经济全球化深入发展，科学技术日新月异，各种思想文化交流交融交锋更加频繁，文化在综合国力竞争中的地位和作用更加凸显，维护国家文化安全任务更加艰巨，增强国家文化软实力、中华文化国际影响力要求更加紧迫”。温家宝在政府工作报告中也指出，在干部群众中要继续加强以社会主义、集体主义、爱国主义为核心的思想道德教育，提高公民素质，促进人的全面发展。我们在实施校企文化融合的过程中，一定要坚持社会主义核心价值观的要求，特别要针对高职学生和青年工人社会阅历浅，缺乏实践，对外部世界的看法有时还比较幼稚，对西方文化中的糟粕缺乏识别和抵抗能力的特点，坚持用马列主义、毛泽东思想、邓小平理论、“三个代表”重要思想和科学发展观教育和引导青年，善于发现运用企业、学校改革和发展中出现的生动鲜活的事例，用富有时代精神的，体现真、善、美的伟大理想去感召他们，帮助他们树立正确的世界观、人生观和价值观，帮助他们学好本领，争做全面发展的具有创新精神的当代新人。同时，也把民办高职校园文化与企业文化的融合发展到更高的水平。

总之，高职院校要在这激烈竞争的教育市场中立于不败之地，要能够可持续健康地发展，就必须提升自身的核心竞争力，就必须加强校园文化建设，其中重要的就是学习和借鉴企业文化，加强校企文化融合，才能更好地实现高职教育的人才培养目标，凸显出自身特色。

参考文献：

① 郝维钢. 探索校企文化对接途径　培养高素质技能型人才[J]. 中国职业技术教育，2011，30：48—51.

② 陶涛. 高职校园文化与企业文化的融合[J]. 徐州建筑职业技术学院学报，2009，9(4)：66—68.

③ 陈秀香. 立足学生就业实际　加强职业院校校企文化的深度融合[J]. 中国成人教育，2009(4)：85—86.

试论高职院校校园文化与企业文化的互动与耦合

李守可

摘　要：校企合作、产学结合是高职教育发展的必由之路，校企合作过程中高职校园文化与企业文化的碰撞和融合都是一种必然的现象。高职校园文化与企业文化之间是既有联系，又有区别的。高职校园文化与企业文化之间的错位、矛盾和冲突，要求必须通过工学结合人才培养模式的建立、实践基地建设和实践教学制度化建设、文化的交流与互动、管理方式与理念的互融等方式，逐步达到高职校园文化与企业文化的对接与耦合。

关键字：高职院校；校园文化；企业文化

校企合作、产学结合是高职教育发展的必由之路，校企合作过程中高职校园文化与企业文化的碰撞和融合都是一种必然的现象。透视企业文化对高职校园文化的多维影响，实现企业文化与高职校园文化的互动与耦合，是构建和谐、文明的高职校园文化，不断创新、丰富、凝练高职校园文化精神，推动高职院校科学、健康、合理发展的必

作者简介：李守可，男，山东临沂人，硕士研究生，南通航运职业技术学院社科部讲师，马列教研室主任。研究方向：毛邓理论与中国现代化、校园文化研究。

然选择。

一、高职校园文化与企业文化的关系

高职校园文化是指高职院校的管理者和广大师生在高职教育理念的导向下,在特定的高职教育活动中,逐步形成的具有个性化的特定校园文化,是在高职院校特定区域内形成的群体意识、价值观念、行为模式和生活方式等文化现象,是教育和引导高职生健康成长、全面成才的重要途径。[①]总的来说,它主要有三层方面的含义:第一,高职院校文化的主体是管理者、教师与学生,他们的共同努力才造就了持续发展的高职校园文化;第二,它是一种长期传承与创新的结果,是一个学校长期的筛选、积淀而形成的;第三,高职院校文化按照常规可分为物质、制度和精神文化三个层次。它蕴涵着学校的共同价值观,体现了学校的办学理念、办学特色、思维模式、行为规范等,是学校核心竞争力的重要内容之一。企业文化是指企业在经营实践过程中,由企业管理者倡导的,在大部分员工中逐渐形成的共同的价值观念、行为模式、文化氛围、企业形象等的总和。[②]它反映着一个企业特有的、为社会所公认的品格、素质、作风、精神以及公众形象等文化沉淀,是企业的核心精神。

高职校园文化与企业文化二者既有紧密的联系,又有着本质的区别。主要的共同点有以下几点:

一是高职校园文化与企业文化都属于社会文化的业文化,具有文化的一般属性,归根结底,都是以实现人的素质的全面发展为终极价值,都是以人为核心的管理文化,都具有培养人、塑造人、引导人、感染人的功能。高职院校主要是在教育中培养人,企业主要是在使用中培养人,一个是培养人,让人具有使用价值,一个是利用已有的培养功效,让人有进一步发展的空间和能力,其作用力均在人内在的价值上。

二是高职校园文化与企业文化同属于组织文化。学校与企业都是组织,其文化的形成、传播都有自上而下的宣灌,对组织成员的心理和行为产生约束、规范行为,都具有规范、导向和凝聚的功能。

三是高职校园文化与企业文化在结构上类似,都可大致分为物质文化、制度文化与精神文化三个层次。其中物质文化是基础,为高职院校和企业开展文化活动提供基本的场所、平台等载体；制度文化是保障，能够维持学校和企业正常开展文化活动，调动人的积极性；精神文化是核心，在文化活动运行过程中不断地提炼、凝结，形成各具特色的文化品牌。

四是高职校园文化与企业文化的形成过程都存在一个不断吸收其他形式的社会文化且与之相互融合并促进自身发展的过程。高职校园文化的构建，主要通过各种信息传递和其成员的动态流向，吸收外界各种文化，包括政治、科技、经济、民俗、娱乐、企业等文化，并将这些文化整合为以先进文化为主导，以时代精神为核心，以科技文化为特色，以政治和伦理文化为保证的统一文化系统。而企业文化形成过程也是很类似的，以至当今一些高科技企业直接是从高校衍生出来，深受大学文化的熏陶，呈现出大学文化的特性。[3]

五是高职校园文化与企业文化具有类似的功能。它们都是在一定区域内用一种无形的文化力量对本区域内的人的行为准则、价值观念和道德规范起着导向、激励和潜移默化的作用。高职校园文化是学校师生员工为主体，在教学、管理、科研等各种活动过程中所创造和形成的财富，是一个学校历史积淀和底蕴，是一个学校的象征。企业文化是企业在长期的生产经营实践过程中逐步形成的价值观、信念、行为准则，是企业为达到经营成功，在经营过程中所共同遵循的、反映企业意志的价值观念。它是一个企业的灵魂，体现企业独特的文化氛围和核心价值观。因此，从发展的高层次来看，校园文化和企业文化都代表着自己独具特色、最核心的东西。[4]

主要的区别有以下几点。一是校园文化是一种教育文化，学校的最高目标是如何有效地利用各种资源，培养更多更好的人才，以最大限度地满足社会需要，因此，学校追求的最大目标是社会效益。而企业文化是一种经营文化，企业追求的最高目标和最终目的，是在为社会提供良好服务的同时追求利润的最大化。二是校园文化包含着既有明显差异又有机统一的教师文化和学生文化，教风是教师文化的内核，学风则是学生文化的核心，教风和学风的有机统一构成校风。企业文化则没有这样明显的区分。三是校园文化对社会有很强的辐射作用，但企业文化的辐射作用要弱得多。[5]

二、高职校园文化与企业文化的冲突

高职院校与企业从根本上来说,仍然是两种不同的社会组织,在校企合作中,两者之间的文化理念、文化战略、发展模式等方面必然存在着矛盾,甚至在某些方面,存在着较大的冲突。校园文化与企业文化错位的现实明显地表现在高等职业院校的教育中。由于两种文化追求的目标、价值观、人员要求、管理风格、成果要求、工作模式等方面存在许多的差异性,因而校园文化与企业文化的错位阻碍了“人材”向“人才”的转变,这两种隐形力量在传统经验下以二元对立的形态出现。

一是高职校园文化是有研究文化的特征,而企业文化则是一种实践文化。高职院校的校园文化呈现出的,更多的是立足本院校文化开展的特点与特色性的内容,追求的是理性、品味,具有高雅、含蓄、内敛等特点,注重校园文化与大学生思想政治教育的结合,更多的研究重点在于文化活动对大学生教育的影响、提升学校的社会知名度和美誉度等方面。而企业文化的重点在于依据企业的实际发展现状,将文化理念融入生产、管理、经营的实践,通过开展各种企业文化活动,增强员工对企业的认同感、归属感,使企业文化深入员工的价值观,其目的性非常明确。高职校园文化与企业文化不同的文化特征与目的,决定了两者在互动与对接时,难以无缝隙。

二是高职校园文化是一种事业单位文化,比较注重一个人的资历、资格、人际,有尊师重教的传统。而企业文化则是一种生产单位文化,往往关注的是业绩,是一个人收入、晋升的重要依据。两者不同性质的文化产生的观念必须又是不同的,高职校园文化提倡的更多的是以赞颂、教育、励志、提升、爱国主义、集体主义等为主题词的观念与活动,企业文化则更多地关注行为规范、纪律要求、无私奉献、企业精神等方面的内容。因此,二者在对接时,往往容易出现关注内容的真空状态,影响到文化互融的交接点。

三是高职校园文化是一种程序文化,讲求计划、按部就班。因此,高职院校在开展文化活动时,往往具有序列性和延续性,并能够在社会发展过程中与国家文化发展要求相对应。而企业文化则是一种非程序文化,随着市场的变化,更强调速度和灵活性,这决定了企业文化具有多变性和功利性。

四是高职校园文化是一种使命文化,原动力是一种使命感,注重过程。不论是教育管理部门还是学校管理人员,对校园文化的定位始终是围绕着其育人功能及文化活动开展的数量及层次性,营造的是一种积极向上、乐观进取、活泼生动的文化氛围。企业文化是责任文化,强调责任感,更侧重于结果。企业开展文化活动,树立文化品牌的初衷在于以文化为动力、以文化为媒介,推动企业的发展。高职校园文化与企业文化的这种本质区别决定了两者在对接时的嫁接错位。

三、高职校园文化与企业文化的互动与耦合

由于高职院校与企业各自存在的客观环境影响,校园文化形成的认知倾向没有摆脱学历本位的禁锢从而难以向职业文化本位跃迁。两种文化之间的失衡与跨度必然增加了毕业学生的适应成本,这种情况更大地导致就业障碍与转化潜力的提升。两者只有通过文化理念、制度选择、行动倾向使得两种文化相互渗透,深层次地交流与沟通,并最终达成文化层面的相互交融和相互依恋,才能够使校企合作具有持久性和生命力。

(一)工学结合:采用工学结合人才培养模式是促进高职校园文化和企业文化融合的根本途径

工学结合人才培养模式是一种以职业人才培养为主要目的的教育模式。在人才培养的全过程中,以培养学生的全面职业素质、技术应用能力和就业竞争力为主线,充分利用学校和企业两种不同的教育环境和教育资源,通过学校和合作企业双向介入,将在校的理论学习、基本技能训练与在企业实际工作经历的学习有机结合起来,为生产、服务第一线培养实务运作人才。工学结合人才培养模式,具体应体现为“三化”、“四个结合”。“三化”即能力培养专业化、教学环境企业化、教学内容职业化。“四个结合”即学校教学培养目标、教学计划制订与质量评价标准的制定要与企业相结合;教学过程要理论学习与实践操作相结合;学生的角色要与企业员工的角色相结合;学习的内容要与职业岗位的内容相结合。通过校企之间的这种全方位、高深度的工学结合进行人才培养,锤炼学生尽快熟悉企业的职业规范、道德要求、团队意识等文化内容,帮助学生尽快成长。同时,通过

这样的方式，又可以将企业的职业知识、职业道德、职业文化等内容不断地融合到教学内容之中，实现企业文化与校园文化的有效嫁接。

（二）基地建设：实践基地建设和实践教学制度化建设是实现高职校园文化与企业文化“联姻”的重要基础。

坚持培养动手能力强的应用型人才的方针，积极开辟并建立相对稳定的实习实训基地，不断探索“校内外结合，校内实验系列化，校外实习实务化，实习单位基地化”的办学方针，依托规模大、技术强、管理先进的企业建立稳定的校外实习基地，拓宽学生的专业视野，提高学生对新技术的认知和适应能力，是实现理论与实践、教育与生产相结合的有效手段，同时也为有效地将企业文化引进校园文化建设提供了极好的机遇。学生到企业实习，作为企业的一员，会真切、客观地体会企业文化的具体内容。高职院校办学必须面向企业，正视企业文化。高职院校研究企业文化，主动接受企业文化辐射，汲取先进的企业文化或者说企业文化中的优秀成分，不仅对学校的人才培养大有帮助，而且对企业了解校园文化、提高自身建设也大有益处。只要能坚持下去，将会达到一个“利在企业、益在学生、誉在学校”的“三赢”局面。[⑥]

（三）文化交流：文化活动的交流、共享是促进高职校园文化与企业文化的融合的基本平台

高职院校校园文化活动应更多地体现职业文化，更好地实现与企业文化的互动与对接。一是将学生课外文化活动与企业职工的文化活动结合起来，有意识地将企业文化融合渗透在学生课外活动中。二是学校与企业之间构建无障碍的文化交流平台，将企业文化中优秀的创新意识、竞争意识、责任意识及敬业精神、团队精神等引入校园文化建设中，并渗透到学校的校风建设、学风建设当中，形成良好的职业教育氛围，帮助学生树立正确的职业观念、养成良好的职业习惯。三是与企业联合开展丰富多彩的社团活动，举办文化节、科技节，安排各类学术讲座和专业竞赛活动将创新意识、科技意识、市场意识等企业文化的内涵有效地融入校园文化。四是经常举办成功企业家报告会，让学生得到直观的启示，通过他们真实的事迹来感染学生，进一步促进企业文化与校园文化的有机结合。

（四）管理互融：学校与企业管理方式、管理理念的不断交融与借鉴是校园文化与企业文化融合的重要途径

企业管理侧重于纪律、效益、质量、信誉等观念，它体现于企业生产经营管理的全过程。高职院校的管理侧重于责任、爱国主义、集体主义和营造良好的学风、班风、校风等观念，它体现于高职院校的管理制度与文化活动之中。为了加强学生未来的职业适应性，高职院校必须不断地引入企业的管理理念，建立企业仿真的管理平台，把企业的生产质量管理制度引入到学校的教学质量管理之中，建立覆盖面广、深入师生观念的质量管理体系，不断地提升学校的管理水平，从而在教育的过程中，塑造高职学生的职业素养，培养企业文化氛围。

总之，实现高职校园文化与企业文化的互动与耦合，充分发挥校企文化的整合优势，通过各具特色的高职校园文化与优秀的企业文化的互融，能够不断放大文化对高职院建设和企业发展的效应，提高校企文化的品位和内涵，营造出和谐、健康、文明的校企文化氛围。

参考文献：

①② 叶淑先. 高职院校校园文化和企业文化的融合[J]. 天津职业大学学报，2010(1)：89.

③④ 张婷. 高职校园文化与企业文化的对接研究—以天津滨海职业学院为例[D]. 中国优秀硕士论文.

⑤ 朱登胜，俞勇建. 五位一体：高职校园文化与企业文化的互融与拓展[J]. 黑龙江高教研究，2009(1)：128.

⑥ 何力. 企业文化对高职院校校园文化建设的影响[J]. 苏州市职业大学学报，2007(4)：18—19.

高等教育管理研究

全媒体时代背景下大学的现实困境与发展理路

朱景坤

摘　要: 随着科技进步,特别是信息技术、通讯技术与网络技术的发展,人类的媒介接触行为和使用方式发生了革命性的变化,人类社会进入全媒体时代。知识生产、传播和存储方式的转变,对高等教育产生深刻的影响,给以知识为加工对象的大学和以学术为职业的教师带来极大的挑战,随着知识垄断地位的丧失、学术权威的式微,学术共同体面临被解构的危险。大学要独善其身,就必须做出适应性变革和转型,以强化优势,守护其独特性。

关键词: 全媒体;大学;现实困境;发展理路

伴随着科技的进步,信息技术、通讯技术与网络技术日新月异,人类的媒介接触行为和使用方式发生了革命性的变化,人类社会由此进行入"数字化社会"。[①] 以互联网、手机、数字电视等为代表的新媒体层出不穷,与报纸、期刊、图书、广播、电视等传统媒体共同构成了当前的媒介形态,即"全媒体"(omnimedia)。在全媒体时代视域下,知识

作者简介: 朱景坤,男,山东费县人,江苏师范大学教育科学学院副研究员、硕士生导师,南京师范大学教育科学学院博士研究生,主要从事高等教育管理研究。

生产、传播和存储的方式发生了巨大的变化，不仅直接影响着人们的日常生活、思维方式和价值取向，而且对人类生活的重要领域——高等教育产生了深刻的影响。全媒体不仅为高等教育提供了一个崭新的平台，同时对高等教育的观念、方式、体制等产生重大影响，对传统大学的发展带来严峻的挑战，大学需要新的适应性变革和转型。

一、当前大学所处的全媒体时代背景

所谓全媒体，顾名思义，是指综合运用各种表现形式，如文、图、声、光、电，来全方位、立体地展示传播内容，同时通过文字、声像、网络、通信等传播手段来传输的一种新的传播形态。[②]全媒体是随着信息、通讯和网络技术的发展、应用和普及，从以前的"跨媒体"衍生而成的，体现了不同形式和功能的媒体互相融合的趋势。当然，全媒体并不排斥任何单一表现形式的媒体，它视单一形式的媒体为"全媒体"中"全"的重要组成部分，并在整合运用全媒体的同时仍然看重各种单一媒体的核心价值特性和优势。另外，全媒体的"全"还体现在针对不同用户的个性化需求，均能以适合或最佳的媒介形式和内容来展示信息，实现超细分化的服务，以满足和争取尽可能多的用户。

全媒体是伴随着作为数字媒介技术平台下的媒介融合而出现的，旨在建构一种全新的媒介生产和传播技术平台，后来进一步深化为一种全新的媒介运营模式，并由此产生了对媒介内容的生产、传播、消费等传统形式的颠覆和再造。具体而言，全媒体概念的内涵包括以下内容[③]：首先，全媒体是一种全新的媒介观念。就目前的媒介实践而言，对全媒体的理解和应用，就包含着一种全新的媒介理念。它不仅体现为媒介形态的综合应用，也体现为各种不同媒介表现形式的综合应用，同时还体现为媒介内容的生产方式、传播手段、营销方式以及对媒介内容和形态的消费方式等各个方面的综合性应用。全媒体是基于媒介融合基础上的媒介观念的革命，它的出现从观念上颠覆了人们传统的媒介认识基础。其次，全媒体是一种全新的媒介形态。与传统的媒介形态各自为政、互不相干的存在形态不同，全媒体整合了传统媒体与新媒体的所有形态，融合构建起几乎囊括所有媒体形式的传播形态。无论是传播者、渠道、内容、效果，还是受众等传播的基本要素，都可能是全媒体形态中的构成要素,呈现出一种全新的媒介形式。再次,全媒体是一种全新的传播手段。全媒体的出现是技术发展推动人类传播观念变迁的结果。全媒体以信息技术和通讯技术的发展、应用和普及为支撑,在“跨媒体”的基础上通过媒介融合形成的,真正体现了技术对人类全部传播手段的融合和提升。全媒体不仅是“跨形式”的,即可以综合运用文、图、声、光、电等各种表现形式,来全方位、立体展示传播内容;同时也是“跨手段”的,即通过文字、声像、网络、通信等传播手段来传播信息;还是“跨感觉”的,即它可以全面启动人类所有的感官参与信息的认知。总之,只要在技术许可的条件下,它可以不断跨越现有的各种媒介形成的固有藩篱,不断超越现有媒介的信息传播手段。第四,全媒体是一种全新的信息生产方式。传统媒体是以生产工艺的专业化或专门化来组织信息生产的。以此为基础,传统媒体形成了各自不同的媒介形态,如报纸、广播、电视等形式,因其信息生产的工艺不同而设立不同的媒体生产部门。同时,在这些媒介内部,又由于工艺生产的差异,细分为更小的媒介生产机构,如报纸内部有编辑、排版等,编辑还有文字、图片等不同岗位。全媒体则是以生产对象专门化即受众的信息认知为起点来组织媒介内容生产,突破了传统的媒体存在的基本形态。与其说全媒体是一种媒介形态,其实它更像是一个资源平台,在这里各类存贮的信息资源按受众对信息的不同需求,不断组合出新的媒介内容。最后,全媒体是一种全新的媒介运营模式。人类信息传播的发展是媒介融合的结果,传统媒体和新兴媒体的不断融合是媒介本身发展的必然趋势。通过对媒介形态、媒介内容生产、媒介营销手段等的整体融合,从而形成一个可以输出整合传播策略以及整合媒介资源的平台。

二、全媒体时代对大学的现实困境

全媒体时代,媒体的交叉融合发展使信息的生产和传播变得更加丰富多样,随着信息传递时空限制的消弭,海量信息的涌现,学生比以往任何时候都能更加迅速便捷地获取信息。这无疑给以知识为加工对象的大学和以学术为职业的教师带来极大的挑战,随着知识垄断地位的丧失、学术权威的式微,学术共同体面临被解构的危险。

(一) 大学知识垄断地位的丧失

全媒体概念所包含的不仅仅是一种媒介形态、传播手段和运营模式,而是一种全新的信息生产方式和全新的传播观念。现代技术革命极大地突破时空限制,为人类实现信息全方位的满足提供了可能,随着全媒体时代的到来,海量信息充斥我们的日常生活。在过去,特别是在纸质印刷时代,大学是知识的集散地,教师是知识的创造者和传播者,课堂是学生获取知识的主要场所和途径。正是作为人类知识中心地位,大学获得了巨大的权力,"大学的指导者与权力联姻,他们垄断性地决定着专业技巧和知识的标准以及传授方式、速率"④,大学掌握着高深知识的垄断地位,这是大学产生的动力,也是大学身份的标志。进入全媒体时代,信息技术的广泛使用意味着高等教育已经超越了传统意义上的校园在物理和空间上的限制,计算机技术和通讯技术的迅速发展,使全媒体成为一个信息平台,让过去无法设想的信息生产成为可能,越来越多的社会组织参与知识生产、传播等活动,同时也使得知识可以在全球即时传播并作为"学术资本"(academic capital)在信息市场出售。随着在线协作社区、社会化互联工具、移动设备等支持全球互联的技术不断发展,学生更加容易、更加普遍地获取正规校园以外的资源信息,学生们可以在世界范围的杰出教授们那里广泛选择课程,学习过程可以借助信息技术实现互动,而不必拘泥于特定场所面对面的单一方式。学生可以通过多种途径,而且可以在4A(Anyone, Anywhere, Anytime on Anything)环境中不受时空限制地学到他们想学的知识,知道他们想知道的事情。因此,研讨会、讲座礼堂和大学校园不再是进行高深学术活动的必要条件。虽然大学依然保有对文凭授予权的垄断,但其知识的获取已经不囿于大学的高墙深垒,新型"知识"机构的出现,明显与大学构成竞争之势,知识来源的多样性削弱了大学对知识和技能的垄断地位。现在,人们已经能够通过多媒体计算机、远程会议和互联网来进行各种形式的远程学习,在高高的大学院墙之外的虚拟空间,人们还有其他多种获取知识的途径。这种专业技能与能力标准决定权的丧失,对大学地位和威望无疑是一个沉重的打击——当我们迈入信息时代,开始强调科学研究的及时性和针对性、强调知识获取渠道的广泛性时,大学突然发现,其自身能提供的东西少得可怜——大学不再像从前那样拥有传授知识和技能的垄断权。

（二）教师学术权威的式微

过去，教师的权威更多地依赖于对知识资源的集体占有，教师和学生按约定的时间和地点传道、授业和解惑，书本几乎成为文化传播的唯一媒介，教师在教育过程中居于主导和中心地位。因此，在所有通向这些知识资源的道路上，教师具有无可争辩的掌控权。而在全媒体时代，师生角色和学术评价方式都发生了非常大的变化，教师曾经独享的特权开始旁落，学术权威受到削弱。有人将今天的学生称为N-gen（网络的一代）或D-gen（数字的一代），美国教育专家Marc Prensky在2002年提出“数字移民和数字土著”的概念。他认为，“数字土著”（Digital Natives）是指从出生开始就生活在数字世界的人，他们都是说电脑、视频游戏和因特网等数字化语言的“土著人”；而“数字移民”（Digital Immigrants）则是指那些没有出生在数字世界，但在随后生活的某个时刻，已经沉迷和采用大多数新技术，且经常被拿来和数字土著进行比较的人，即成年后才开始接触互联网的一代人。[5]学习者的背景、经验需求等已经不同于以往，学生和教师看待和使用技术的经验有很大的不同。学生已经以前所未有的数量进入社会技术，如FaceBook、QQ以及更多相似的平台，而教师要么不知道这些工具比如Google、百度，要么在将这些技术融入教育的过程中艰难跋涉——作为数字移民的教育者，说着过时的语言，吃力地教育着一种全新语言的人群。根据中国互联网信息中心（CNNIC）的权威统计，截至2010年12月底，我国网民（包括使用电脑和手机上网）规模达到4.57亿，其中20—29岁的青年占29.8%，职业为“学生”的占30.6%，都居各统计类目的第一位。[6]在沿海发达地区的高校，学生拥有手机和电脑的比例几乎达到100%。可见，在全媒体时代，青年人尤其是高校学生是新媒体的主要使用群体，这对知识传授中的师生关系产生很大影响。一方面，大学课堂上教师讲授的内容可以在网上找到下载，结合课本的内容，学生似乎可以脱离教师成为独立的学生。另一方面，学生可以通过多种媒介得到比教师更多的信息，了解更多知识，教师的信息和知识占有优势逐渐消失，学生眼里的教师不再是学术的权威。就学术评价而言，德布雷（Debray）指出：“学术权威曾经是由前来听课的人数多少来决定的；后来，学术权威的决定越来越依赖专著的销售量和评论界的好评;如今,这两种评价方法虽然没有完全消失,但电视上镜时间和报纸版面已经成为新的学术评判标准。"[7]而在众目睽睽之下,学者很难坚忍不拔、不紧不慢地探求真理与正义——这样的学术研究很难引起(更别提吸引)公众的注意力,也肯定不能指望在瞬间赢得喝彩。显然,诞生于大众传媒信息加工过程的学术权威,与通过出版社培育出来的学术权威,以及与那些从大学内部"土生土长"的学术权威十分不同,少有相似性,"媒体学术"的大量涌现恰恰宣告了公共知识分子(至少那些志在对公众普遍关心的问题发表意见的人)的消亡。教师不再是"讲坛上的圣人"、"先学先知"之师和信息的权威拥有者,也不再是知识的唯一传播者。

(三) 师生学术共同体解构

根据《牛津英语辞典》的解释,"大学"一词——正如九百余年前的情形一样——是教师和学生聚集在一起探讨高深学问的地方,人们有足够的理由聚集在某个或一群建筑中,在相同的权威下,遵循相似的规则和制度,一起追求学问。雅斯贝尔斯曾指出:"所谓教育,不过是人对人的主体间灵肉交流活动(尤其是老一代对年轻一代),包括知识内容的传授、生命内涵的领悟、意志行为的规范、并通过文化传递功能,将文化遗产教给年轻一代,使他们自由地生成,并启迪其自由天性。"[8]对话是探索真理与自我认识的途径,可以发现所思之物的逻辑及存在的意义。但在全媒体时代,信息化消解了教师与学生间的亲密关系,传统的以课堂和教师为中心的"面对面"的教育模式受到了严峻挑战,各种基于网络的教育模式如 E-Learning、E-university 等不断出现,"由学生需求推动的交互式的、合作式的学学习和以计算机网络为基础的异步学习将逐渐取代传统的单向传授和课堂学习以及以教师为基础的同步学习,成为主要学习方式"[9]。这种平等的双向交往是"人—机"系统的交往,会造成学生认知和情感的缺失以及师生之间情感交流的减少——当教师无法组织小班化讨论甚至无法面对面授课时,师生间的对话也销声匿迹了,取而代之的是"远程学习"、"自主学习"、"大班教学",教师与学生的亲密关系已荡然无存。丹尼尔·贝尔(Daniel Bell)曾用社会学述评描述了当时美国大学正大规模地从"共同体"(community)世界(教师和学生有着强烈的整体意识),向由不同的陌生人组成的"联合体"(association)世界(人们之间的精神联系极少)转变;“学术社区”(gemeinschaft)正向“学术协会”(gesellschaft)转变。[10]显然,我们的大学也在发生着这种解构。在这样的大学里,人文学科与自然科学格格不入,唯一的共通之处是:所有学科的学生都从相同的学校获得了作为他们成绩证明的文凭,大学已经成了一个专门从事资格认证的机构,而不再是有机的学术共同体。

三、全媒体时代大学的发展理路

如果大学希望独善其身,而不是被其他机构所取代,大学必须做出适应性的变革与转型,以强化优势,守护其独特性。

(一)观念的转变

在信息社会,每个人都是潜在的学生——都能从全球范围获得信息和知识,那么大学不能再拘泥于传道授业的功能,而需要注重文化传承和通识教育,教师不能再拘泥于知识的传播者,更是培养优秀人才的引导者和指导者。正如克里尚·库马尔(Krishan Kumar)教授指出的,“如果大学将其存在的合理性仅仅建立在知识和技能传递的基础之上,大学就无法捍卫自己的地位,因为大学传授的知识和技能随处可以获得,而且容易受到挑战”[11]。高等教育与文化传承之间存在着一种本质的联系,它可以为公民提供所需的共同文化和共同标准,提供一个健康社会所依靠的文化背景和社会习俗。对学生而言,高等教育是一种文化体验。跨学科的知识体系和高校的综合文化对学生的求知和体验富有教益,它是邀约学生分享的一笔共同文化遗产。就所提及的一般心智拓展而言,学生的体验并不局限于仅仅获得知识和技能,而是多方面的发展。大学是来自不同家庭背景、学校教育和社会阶层人才的荟萃之地,它提供的环境可以让这些人找到发展的空间和机会。对社会而言,高等教育文化的可迁移性与价值不在于使学生获得某种具体能力,而在于使他们能对碰到诸如真理探求、思想、价值、前进道路等方面的问题秉持一种怀疑态度和批判精神。相较独自求知而言,不管是与他人互动还是直接与知识本身互动,人们都认为学生将更为积极地亲身参与其中。任何人际互动取决于其经验的支持,而这种经验在网络虚拟世界里是很难获取的。在大学的文化氛围中,无论师生面对面的交流,还是沉浸于追求知识,这种基于知识为交流工具的社会互动和个人与知识的互动都可以发展学生的个性,获得心智的提升,塑造自身的教育进程。

媒介"传播"的世界并不是世界本身,而是被选择和解释过的世界,"这个'世界'可能是扭曲的、变形的,但他总是被当作真实存在的世界传播给受众的"[12]。的确,丰富的网络世界,带给青年学子的不仅仅是知识,还有复杂的花花世界;网络知识的来源并不都是权威的,所提供的信息良莠不齐、泥沙俱下,甚至乾坤颠倒,学生需要对其正确性进行判断,取其精华去其糟粕。对于缺乏社会阅历和经验、自制力不强的年轻学子来说绝非易事。特别是当代大学生,大多出生在中国社会剧烈变迁、经济高速发达的特殊时代,他们掌握了最现代的信息传播途径和手段,但却缺乏独立思考和判断能力。事实上,当信息在一个纷繁复杂的世界上不再是稀缺商品的时候,教师的作用比以往更为重要。另一方面,在知识爆炸的信息时代,知识淘汰的速度正逐渐加快,知识的碎片化突显,知识的遴选难度加大,掌握获取知识的能力比掌握知识本身更为重要。哈佛大学第 25 任校长德里克·博克(Derek Bok)曾指出:"迅速增长的信息和知识对各级教育都有影响,在大学最明显的需要是停止对传授固定知识的强调,转而强调培养学生不断获取知识和理解知识的能力。"[13]因此,教育应该较少地致力于传递和储存知识,而应该更努力寻求获得知识的方法,使学生学会如何在数字化环境中学习与生存。自然,教师的职责现在已越来越少地传递知识,而是越来越多地激励思考;学习是基于教师指导下的发现,而不单是信息的传递。教育应确立以沟通为核心的教学交往,形成师生双方的心智和情感交流,共享教学现代型师生交往的"师生场"。

(二) 优势的强化

大学要认识到自己的力量,即使在全媒体时代,这种力量仍然是巨大的。首先,大学是唯一的学位授予机构。大学对当代社会来说是极其重要的,有越来越多的人渴望接受大学教育。这是因为,无论知识来自何处,只有那些合法的学术机构,才有资格检验学习结果,并确保知识被适当地消化、创造和被个体完全掌握。在向个体传授知识技能方面,大学依旧是唯一具有公信力和交换价值的机构,只有大学有资格颁发对于多数人来说是稳定、舒适生活通行证的学位。埃尔温·戈夫曼(Erving Goffman)指出:“如果没有大学这样的机构对文凭资格进行确认,社会生活就会逐渐停止下来——文凭是检验和评估个人品质的必要手段。”[14]在教育大众化的今天,虽说获得学位仅仅意味着生活的一个起点,但这个起点非常关键,若没有大学学位,你甚至无法走出第一步——即使起步了,也将面对重重困难。公众对大学学位授予权力的广泛认同,表明人们承认构成真正大学的核心品质。对大学来说,至关重要的是保持或不断提高其声誉资本,在与其他类型的高等教育机构竞争“名牌”证书(branded certificate)的过程中,实现大学“产品”(文凭、学士学位、硕士学位、博士学位)价值的最大化,而不能蜕变为功能性、工具性和利益代言者的机构。其次,大学是公民培养的关键环节。一方面,大学提供了一种人生转型的体验。在日益家庭化和个人化的社会里,大学是少数存留下来能够吸引人们走出私人空间的机构——正是这一点让大学卓尔不群:它鼓励人们自由地交流思想,鼓励人们参与共享的公共活动,“使青年和老年人融为一体,对学术进行充满想象力的探索,从而在知识和追求生命的热情之间架起桥梁”[15];它规范个体行为,帮助学生自我定位,学生的身份认同、持久的友谊和人际关系在这段时间将得到重要的发展。也就是说,大学的核心职能是发展个人和社会的身份认同,这种身份不仅仅是一个知识化的人,而且是一个文化化的人和社会化的人。另一方面,大学经历为培养人的思想独立性奠定了基础。在全媒体时代,人们有足够的便捷途径学习处世之道,但大学在终身教育、促进个人与社会发展方面和探寻生活真谛方面,依然占有重要的一席之地。大学是一个“人们相聚一起探寻高深学问的场所”,是一个让青年男女更多地了解世界的地方,大学教育可以提供激发思维所必需的知识手段,为学生更好地分析和评价他们未来生活中即将遇到的各种问题做准备。西奥多·泽尔丁(Theodore Zeldin)形象地把大学比喻为“快乐之屋”——人们可以在人生的不同阶段来到这里“充电”,增进自己的睿智,提高自己的生活品质。[16]

(三)独特的维持

首先,大学是一个统一的知识整体。在全媒体时代,我们得到的很多东西虽然是及时的、快速的,但却是碎片化的,今日教育之困恰恰是信息的表层化和知识的不完整。而“大学”则意味着一个统一的知识整体，“大学的最初含义——教师与学生的共同体——与它作为所有学科的统一体的含义是同等重要的”[17]。当我们把知识割裂开来，并由多个独立的学术职业各行其是时，它使我们回想起这样一种理念，那就是最终所有知识必定统一起来，“知识领域的‘多种声音’使大学愈加需要捍卫自己作为不同形态知识的‘储存库’地位”[18]。大学学科众多、人才荟萃，不同分布的知识库都对知识总量做出贡献，而整个知识集合就成为我们解决问题时能够援引的独特资源。其次，大学有其独特的使命。社会的巨大发展破坏了大学作为新知识的创造者和研究与培训权力中心的特权地位，大学需要与越来越多的各种专业机构竞争，这些机构依靠新的信息技术和明确的经营理念，能够为政府和企业提供堪与大学媲美的甚至品质更佳的服务。因此，大学必须停止简单模仿其他机构的行为，坚守其独特性使命，专心致力于它所擅长的服务职责，即培养人才和促进科学发展。德国大学改革的领导者洪堡说：“国家决不应指望大学同政府的眼前利益直接联系起来；却应相信若能完成它们的真正使命，则不仅能为政府眼前的任务服务而已，还会使大学在学术上不断地提高，从而不断地开创更广阔的事业基地，并且使人力物力得以发挥更大的功用，其成效是远非政府的近前布置所能意料的。”[19]弗莱克斯纳对大学和社会的关系做了精辟的分析。他认为，大学必须做到“明智的变化——根据需求、实施和理想所做的变化。大学不是风向标，不能什么流行就迎合什么。大学应不断满足社会的需要，而不是它的欲望”[20]。高等教育机构不应该让自己的社会职能降格，相反它们应该构建环境，并培养那些能批判性地反思当代社会发展进程的专门技术和品质，也就要求高等教育机构必须有能力提供非功利性的教育、培训和研究。大学必须坚持区别于社会其他机构的特质——不屈从于当下时代的需要，而是要走自己的路，唯其如此，大学才能更好地服务社会。再次，大学是一个自主的机构，其发展的规律和逻辑是大学自治和学术自由。大学自中世纪产生时就是一个具有行会性质，旨在探索学问、追求真理的学者社团。处于对知识学问的共同爱好，希望在互相交流中满足自己的好奇心使人们聚在一起，其组织形式极其松散。大学依照其他行会自行制定行规，实行自我管理，享有很大的自治权。随着规模的扩大和作用的增强，大学日益受到世俗政权、教会及城市当局的关注，并与之发生了一系列冲突，但大学通过灵活的斗争策略,依然获得一系列自治权。大学自治使其相对超越于社会现实,独立于其他社会机构而存在,这就给栖身其中的学者以学术自由,使执著于理性的追求和探求高深学问成为可能。大学自治和学者自我管理使大学成为聚集各种知识,继承科技文化遗产,创新科技文化的场所,成为思想观念和学术思潮的交汇之地,并显示出不屈从外力的叛逆精神,树立起知识权威的地位。正如艾伦·布鲁姆所言:“大学的灵魂在于反抗诗学、神学或市民社会信念等压倒一切的强权,在于对理性的追求。”[21]大学对普遍的理性知识的追求,实际上就是对一切具体直观性存在的超越和否定,也是对以常识为根基的现实生活和社会秩序合理性的批判和超越。正是凭借其对理性的执著追求,大学能够历经数不清的天灾人祸而发展壮大,其基本组织特性并没有为环境所磨灭,没有被其他社会组织所取代。

参考文献:

① 对此问题的阐释,从麦克卢汉、尼葛洛庞帝等提出“地球村”、“数字化生存”等概念开始,已经有丰富的理念和探究. 日本学者水越伸的《数字媒介社会》,则基于对信息技术发展的回顾,深入分析了媒介技术的变迁与社会文化之间的内在关系。具体可参阅尼葛洛庞帝. 数字化生存[M]. 胡泳,范海燕,译. 海口: 海南出版社,1997;马歇尔,麦克卢汉. 理解媒介——人的延伸[M]. 何道宽,译. 北京:商务印书馆,2000;水越伸. 数字媒介社会[M]. 冉华,于小川,译. 武汉:武汉大学出版社,2009.

② 罗鑫. 什么是“全媒体”[J]. 中国记者,2010(3):83.

③ 姚君喜,刘春娟. “全媒体”概念辨析[J]. 新闻与传播研究,2010(6):15.

④ 黄利. 大学的危机[EB/OL]. http://www.gmw.cn/ozblqs/2004-07/07/content_10931.htm.

⑤ (美)Marc Prensky. 数字土著　数字移民[J]. 胡智标,王凯,编译. 远程教育杂志,2009,(2):48.

⑥ 中国互联网络发展状况统计报告(2011 年 1 月)http://cnnic.cn/dtygg/dtgg/201101/p020110119328960192287.pdf.

⑦⑩⑪⑭⑯⑱ (英)安东尼·史密斯,弗兰克·韦伯斯特. 后现代大学来

临?[M]. 侯定凯,赵叶珠,译. 北京:北京大学出版社,2010:38,15—16,9,40—41,15,8—9.

⑧ (德)雅斯贝尔斯. 什么是教育[M]. 邹进,译. 北京:三联书店,1991:3.

⑨ 詹姆斯·杜德斯达. 21世纪的大学[M]. 刘彤,译. 北京:北京大学出版社,2005:271.

⑫ 居延安. 信息、沟通、传播[M]. 上海:上海人民出版社,1986:184—185.

⑬ 眭依凡. 观念更新:大学人才培养改革设计的价值引领[J]. 中国高等教育,2009(12):9.

⑮ (英)怀特海. 教育的目的[M]. 徐汝舟,译. 北京:三联书店,2002:137.

⑰ (德)雅斯贝尔斯. 大学之理念[M]. 邱立波,译. 上海:上海人民出版社,2007:97.

⑲ (德)弗·鲍尔生. 德国教育史[M]. 滕大春,等,译. 北京:人民教育出版社,1986,125.

⑳ (美)弗莱克斯纳. 现代大学论[M]. 徐辉,等,译. 杭州:浙江教育出版社,2001:3.

㉑ 转引龚放·尚诚尚朴 求真求实[J]. 南大报(766).

高职院校内部治理结构改革的探索

王　虹　何万一

摘　要：内部治理结构作为现代大学制度建设的核心内容，其设计理念集中体现了大学的制度文化特性。高职院校内部治理存在主体相对单一、学术权力薄弱、师生参与管理渠道不畅等诸多问题，迫切需要结合高职院校特色，完善内部治理结构，正确处理政治权、行政权、学术权和民主权之间的关系，建立科学的领导—决策—执行—监督机制。南京铁道职业技术学院以参加江苏省教育体制改革为契机，通过做好改革顶层设计，以章程建设为引领，对党委领导下的院长负责制、教授治学体系、民主管理、理事会制度等进行了重点探索，在制度文化建设方面取得了一定成效。

关键词：制度文化；高职院校；内部治理结构；改革试点

通常，大学文化包括精神文化、制度文化和物质文化。制度文化体现着大学精神文化，是大学文化建设的重要内

作者简介：王虹，女，辽宁丹东人，南京铁道职业技术学院党委书记，研究员，主要研究方向：高职教育、学校管理。何万一，男，安徽凤阳人，南京铁道职业技术学院高职教育研究所副所长，助理研究员，主要研究方向：高职教育。

容,也是实现办学理想、办学宗旨和办学目标的重要保障。内部治理结构作为现代大学制度建设的核心内容,其设计理念集中体现了大学的制度文化特性。我国高职教育在经历了十余年大发展之后,目前已从规模扩张向内涵提升、从经验管理向制度建设全面转变。加强制度文化建设,推进内部治理结构改革,已成为高职院校突破发展瓶颈,加快提升办学水平,增强发展活力的一条重要途径。

一、高职院校开展内部治理结构改革的必要性

一是中国特色现代大学制度建设的内在要求。建立中国特色现代大学制度是重要的时代命题,其核心内涵表现在两个方面:一是理顺政府、社会与高校之间的关系;二是完善高校内部治理结构。《国家中长期教育改革和发展规划纲要(2010—2020 年)》对完善高校内部治理结构做出了明确的要求,提出要进一步完善公办高校党委领导下的校长负责制,建立党委领导、校长负责、教授治学、民主管理的现代大学内部治理结构。

二是经济社会发展对高职教育的必然要求。我国经济社会发展方式转变和产业结构优化升级的加快推进,迫切需要大批高素质技能人才。高职教育以培养高技能人才为根本任务,在经历十余年的大发展、大扩张之后,进入发展的"瓶颈区"和"深水区",急需从外延发展向内涵提升全面转变,从政府办学向社会办学全面转变。这就要求高职教育能够通过内部治理结构改革,积极引入行业、企业、产业要素,实现专业设置与产业布局、课程内容与职业标准、教学过程与生产过程、学历证书与资格证书、职业教育与终身学习等"五大对接"①,积极关注相关利益群体需求,调动各方办学积极性,形成支持高职教育发展的社会合力,从而进一步提升人才培养质量,增强服务产业发展能力。

三是高职院校自身发展的迫切要求。在经济社会快速发展和高职教育发展方式转变的大背景下,高职院校办学面临着一系列的新困难和新问题,突出表现在:由于外在形势变化复杂,学院决策风险加大;学术行政化较为普遍,教授治学权力难以落实;师生诉求日益多元,呼唤管理民主化;行企业缺少办学话语权;等等。这些都要求高职院校进一步开放办学,推动从行政管

理为主的单一治理结构向行政与学术平衡、利益相关者参与管理的多元治理结构转变，以调动内外积极性，增强办学活力和可持续发展能力。

二、高职院校的特殊性

与研究型大学相比，由于高职院校以服务为宗旨、就业为导向的办学定位，高技能人才培养目标，科学研究突出应用性，行业企业参与办学等因素，使其具有鲜明的特性。高职院校的特殊性决定了其内部治理结构的特殊性。

首先，高职教育是一种"跨界"教育，它跨越了职业与教育、企业和学校、工作与学习的界域[②]，与经济社会的联系最直接、最紧密。因此，高职院校内部治理结构更为开放，治理主体也应更为多元。

其次，企业是高技能人才培养的主体之一，校企合作是高职教育发展的内在要求，企业成为高职院校内部治理结构的不可或缺的因素。作为高技能人才的使用者，企业在办学中需具有一定的话语权和决策权，应参与人才培养方案制定、教育教学和人才培养质量评价的过程中来。

第三，高职院校办学历史短，学术权力先天不足，行政权力处于绝对权威地位，行政代替学术现象普遍。在相当长的时间范围内，学术权力将处于弱势地位，要实现学术权力与行政权力的平衡，高职院校必须主动进行干预，积极培育学术权力。

第四，高职院校文化属于"实践文化"，具有很强的包容性。高职院校的精神文化体现人文与技术并重，行重于言，知行合一；制度文化以追求效率、注重合作为特征；物质文化融入行业、企业、职业等元素，学校内具有浓厚的职场氛围。

三、高职院校内部治理结构需重点解决的几个问题

高职院校治理结构的建立过程，既是让治理主体到(归)位、理顺关系、完善结构的过程，更是权力重新调整、组织再造、制度优化、回归学术组织本性的过程。目前，高职院校内部治理已具一定雏形，党委领导下的院长负责制日益完善，教授治学力量得到一定程度的发展，行业企业参与办学由松散型

向紧密型发展,但是也存在着相关利益主体缺位、权力不平衡、决策—执行—监督机制不畅等问题,突出表现在以下几个方面。

一是学术权力亟待培育。行政管理是十分必要的,但在高职院校内部由于办学历史短,教授数量少,缺乏学术自治的传统等,学术权力十分薄弱,行政代替学术,造成了学术行政化的倾向。如何发挥学术权力的作用,实现"教授治学",现阶段培育学术权力是关键,在学术权力强大时,才能形成与其他权力的有效制衡和协调,才能更好服务人才培养和科学研究的需要。

二是师生民主管理权亟待加强。教师和学生作为重要的利益相关者,无论是学术事务还是行政事务的决策,普通师生的参与面不广,参与深度不够,导致师生在学校管理中的话语权相对不足,现有的教代会和学代会的相关制度亟待进一步完善。

三是二级管理亟待强化。高职院校已基本形成了校院两级管理架构,但是两级职权关系还没有真正理顺,相关经费使用权、人事管理权、收入分配权等未真正赋予二级学院,管理重心偏高,不利于调动基层组织办学的积极性,也不利于形成管理高效、灵活开放的内部治理结构。

四是行业企业参与办学亟待制度化。校企合作是高职院校办学的重要特色,而现实中行业企业参与高职院校办学积极性不高,行业企业参与高职院校治理的长效机制未能形成,尤其是行业企业不能以举办者身份深层次参与公立高职院校治理,急需国家出台推动行业企业参股公立高职院校的政策法规[③],形成"行业指导、企业参与"的高职教育办学态势。

四、南京铁道职业技术学院对内部治理结构改革的探索与实践

2010 年年底,南京铁道职业技术学院(简称"南铁院")主持的《开展高职院校内部治理结构改革试点》项目被列入江苏省教育体制改革试点项目。两年来,课题组在省教育厅及组织处的指导下,从理论和实践两个方面进行了深入的研究与探索,初步建立了"党委领导、院长负责、教授治学、民主管理"的内部治理结构。

(一)做好改革的顶层设计

1. 设计模型

高职院校内部治理结构改革是一项系统工程,离不开科学的顶层设计。高校内部治理结构具有三个三维特性:(1)横向——达到政治、行政、学术、民主四种权力(利)关系的制衡;(2)纵向——合理划分校院两级职权,关键是放权,降低管理重心;(3)外向——妥善处理学校与政府、社会的关系,三者之间始终保持着必要的张力,自由与控制是张力产生的内在机制。

2. 设计原则

(1)统一领导的原则。坚持社会主义办学方向,坚持党委的统一领导,完善党委领导下的院长负责,系统推进改革、发展与建设。(2)保持特色的原则,结合高职教育的特点,坚持校企合作,保持高职院校内部治理结构的鲜明特色。(3)权力制衡的原则,在分工负责的基础上,实现政治、行政、学术、民主四种权力(利)的统一。(4)以人为本的原则,保护师生权益,促进师生发展,以高校的中心工作——育人为改革出发点和落脚点,想方设法调动师生参与办学的积极性。

(二)科学制定学院章程

章程是高职院校内部治理的最高法则,具有绝对的权威性,在高职院校庞杂的制度体系中,是唯一的纲领性文件,是高职院校的基本法。建立健全章程是构建现代大学制度的基础性工作。[④]所以,南铁院以章程制定为抓手和先导,凝练办学思路与理念,完善治理架构,明确内在运行机制和责权利关系,通过总体规划,来引领推动项目改革。

根据《高等学校章程制定暂行办法》(教育部令第31号)的要求,充分考虑了章程制定的系统化、参与的广泛性、制定程序的科学性和内容的合法合理性,在整个章程的制度过程中,特别要注意处理好以下几对关系:

一是共性与个性。从高等学校发展的共性规律出发,充分考虑高职院校的个性特征,如行业企业要素、人才培养特色等。

二是继承与创新。要全面总结办学经验,充分挖掘和继承办学传统,并结合经济社会发展的要求,围绕办学宗旨,积极创新管理制度、运行机制、实施路径等内容,以适应内外环境的变化。

三是当前与长远。章程作为办学的根本法,一旦建立就应该具有一定的稳定性,既要从当前学院面临的内外环境出发,更要考虑学院的长远发展,具备适度超前性。

(三) 完善党委领导下的院长负责制

党委领导是中国特色现代大学制度建设的核心问题,也是建立高职院校内部治理结构的主要内容与关键。党委是高职院校的领导核心,是学校内部的最高权力机关和决策机构。

一是规范党委与行政之间的职权关系。按照《高等教育法》和《中国共产党普通高等学校基层组织工作条例》的要求,进一步明晰党委与行政的职责,党委重在决策,行政主要负责组织执行,确立两者的合理边界。

二是健全议事和决策机制。根据《江苏省高等学校贯彻党委领导下的校长负责制的若干规定》,制定《党委会及其议事规则》和《院长办公会及其议事规则》,明确党委和行政的议事范围、议事规则,强化决策的科学化和规范化,同时凡属"三重一大"事项在提交党委会和院长办公会决策前,都要经过必要的民主程序进行论证,广泛听取师生、专家等各方意见,确保决策的科学性和民主性。

三是完善决策的民主程序。凡党委与行政的重大决策,在决定前广泛征求学术组织、理事会、教代会以及党代表的意见,决策实施后根据需要组织相关的专业委员会进行评估实施效果。

(四) 试行理事会制度

南铁院积极探索由学院和所在地政府、教育主管部门、行业主管部门(行业协会)、企事业合作单位、校友等代表组成的多元结构的理事会。理事会是学院党委和行政的辅助决策机构,对学院事业发展的重大事项进行咨询和论证,是促进学院与社会建立联系、整合办学资源、推动学院建设与发展的非行政性常设机构。

南铁院从城市轨道交通发展需要出发,首先以地铁学院为平台,对理事会制度进行了先行探索。南铁院联合南京地铁公司组建地铁学院,成立地铁学院理事会,企业老总任理事长,南铁院书记任副理事长。地铁学院实行理事会领导下的院长负责制,地铁公司副总任院长,南铁院常务副院长任执行院长,双方派员组建管理团队和混编教学团队,深入探索校企一体化办学机制,校企双方共同开展人才培养、培训、技术研发与推广。各专业成立了包括企业技术专家在内的专业建设委员会,校企共同进行专业建设、课程开发、教材建设、质量评价等。地铁学院广泛吸收其他城市地铁企业加盟,最终形成"1+1+N"的理事会结构,以提升对外辐射与影响力,更好地服务中国城市轨道交通行业的发展。

(五)建立教授治学体系

"学术自治、学术自由"是世界高等教育机构遵循的普遍原则,当前我国高等教育改革急需解决的主要问题之一是如何使学术权力回归于教授专家,建立教授治学的制度化渠道。为了实现学术自治的目标,南铁院对教授治学体系进行了积极探索。

南铁院坚持"学术自治"的原则,积极探索构建纵横交错的两级教授治学实践体系。在横向上,建立包括教授委员会、学术委员会、教学委员会等多个学术组织,它们分工负责,职责明确。其中,教授委员会为学院改革、建设和发展中的重大问题和重要学术问题的咨询、审议机构;学术委员会为学术咨询、审议、评定机构;教学委员会为教学工作研究、指导、咨询和决策机构。在纵向上,教授治学体系包括学校层面的上述三个委员会和二级院系(部)教授委员会,其中后者是学术权力作用在二级院系层面的聚总,为本院系(部)改革与发展中的重大问题和学术、教学、职称评审事务咨询、审议、决策与执行机构。

整个教授治学体系,越向上到学校层面,其专业化程度越高,拥有的学术决策权力就越大。越向下到二级院系层面,学术决策的综合化程度就越大,自治程度也就越高。目前,学校层面的教授治学体系已经建立,二级院系正在全面开展教授委员会的建立工作,将安排一定比例的企业管理和工程技术人员作为教授委员会委员,参与二级院系的重大决策与管理。

(六)深入推进民主管理

民主的本质体现了"多数人的统治"或"多数人的意志"。在高等教育大众化、文化多样性的当今社会,高校民主管理体现着对师生个性发展、权利和多种知识文化诉求的尊重。为此,南铁院在民主管理方面进行了多途径的探索。

一是探索并完善教代会"3343"运行模式。教职工代表大会是学校民主管理的重要渠道。教代会“3343”运行模式的主要做法是:把好代表选举、培训、履职“三关”,汇聚民意;选准重大事项、中心工作、热点问题“三大议题”,问政于民;落实知情建议权、审议通过权、讨论决定权、评议监督权“四项职权”,推进民主;贯通提案征集、处理、反馈“三环”,关注民生。在教代会闭会期间,充分发挥教代会闭会执委会作用,形成学院重大事项决策经民主审议的制度化渠道。

二是建立党内民主的制度化途径。实现党代表年度会议制度,每年学院党委书记代表党委向党员代表大会代表汇报党委工作年度总结、下一年的工作安排,听取党员代表的意见和建议,扩大党员知情权和参与权;实施党代会代表列席党委会制度,确保党代表对学院党政工作的知情建议权;党代会代表参与重要干部推荐与考核,充分发挥党代表在干部人事任免中的积极作用。

三是完善学代会制度。充分尊重与维护学生参与学院事务管理的民主权利,明确学生代表大会的职能定位,定期听取学代会意见。学生党员代表列席党代会,参与学院重大决策;学生评教、评学,参与教学管理;通过公告、公式等公开办学信息,鼓励学生参与日常管理。在参与学院民主管理的过程,培养学生的民主意识,提高学生的自我管理能力。此外,还设立学生接待日,召开学生座谈会,及时了解和解决学生的困难与需求。

高职院校内部治理结构改革作为中国现代大学制度建设的重要组成部分,因其职业属性,具有治理结构开放性更强、主体更多元等十分鲜明的特色。在项目深入推进的过程中,越是触及到改革的深层次问题,改革的推进越困难,这不仅需要改革者进一步解放思想、坚定信念、勇于实践,更需要得到利益相关者的支持,形成支持改革、参与改革的内外环境。

参考文献:

① 教育部　财政部. 关于支持高等教育学院提升专业服务产业发展能力的通知[Z]. [2011]11 号.

② 姜大源. 职业教育立法的跨界思考——基于德国经验的反思[J]. 教育发展研究,2009(19).

③ 董仁忠. 高职院校治理结构研究[J]. 教育发展研究,2011(7).

④ 顾海良. 完善大学治理结构的四个着力点[J]. 教育文化论坛,2011(1).

文化传承创新:完善现代大学制度之路径依赖

陈泳华

摘　要:文化传承创新是上升为国家意志的中国大学之新使命。文化与现代大学制度有着深远的渊源,文化的传承与创新贯穿于西方现代大学制度演进的全过程。当前我国大学出现的诸多问题,表象为制度,实则有着深刻的文化动因。在完善现代大学制度建设过程中,如何认识文化传承创新的新职能,以文化传承创新引领现代大学制度的建构与完善,既是当前高校应当重视的问题,也是中国特色现代大学制度完善的题中应有之义。

关键词:文化;现代大学制度;文化传承创新

胡锦涛总书记在清华大学百年校庆上提出的大学的第四职能——文化传承创新,对于大学而言,既是一个应然命题,又意味着新使命与新责任。大学作为一种功能独特的社会文化组织,自其诞生之日起,便承载了人类文明传承、融合、研究和创造的使命。正如弗勒德利克·伯得斯通(Frederick E. Balderston)在《管理现代大学》中所称:

作者简介:陈泳华,女,湖南湘潭人,南京理工大学学校办公室秘书科科长,助理研究员。研究方向:高等教育。

"大学是我们最伟大且最恒久的社会机构……大学是唯一能称为历史发展文化积淀的产物。"[①]在当下中国大学正开展以大学章程为载体的"完善中国特色现代大学制度"的实践中,如何实现文化传承创新与现代大学制度完善的有机结合?笔者试图从两者正向关系的维度,探究现代大学制度完善之合理路径。

一、文化:大学制度演进不可或缺的考量维度

文化和制度都是相对复杂的概念,这里所指的均为狭义或曰微观意义上的文化与制度。西班牙思想家奥尔托加·加赛特作出的"文化是时代赖以生存的思想体系"的界定,被学者公认为狭义文化观的代表。文化是一个国家和民族的灵魂,反映在大学,既是一所大学之灵魂所在,也是一所大学个性与特色的体现,是大学软实力或曰"软性核心竞争力"。捷克大教育家夸美纽斯曾说:"制度是学校一切工作的'灵魂'。"制度和文化都被学者称之大学之"灵魂",不由得使我们去考察文化与大学制度究竟有何关联,文化的传承创新在现代大学制度演进过程中充当了什么角色。

分析现代大学发展的历史脉络,我们不难发现,现代大学制度之演进历程氤氲着深刻的文化根源,文化是现代大学制度演进的深层动因,大学文化的传承创新贯穿于现代大学制度演进的全过程。众所周知,1810 年由威廉·冯·洪堡(Wiljelm von Humboldt)主导的德国柏林大学改革开创了现代大学制度的先河。正是其吸纳了文艺复兴理性主义和新人文主义的思想成果,在扬弃中世纪大学自由精神的基础上,创新性地将自由与理性精神相融合,将科学引入大学的殿堂,大学教学与研究并重的理念发端,学院结构出现,从而奠定了现代大学制度的基础,实现了大学由"僧侣的村庄"[②]、"没有窗户的闭塞的城堡"走向社会的蜕变。"二战"以后美国大学的迅速崛起与繁荣,正是其博采英国学院传统与德国科学研究精神之众长,与本土的实用主义思想相融合,创造性地提出"社会服务"的大学新功能,形成了独具特色的现代大学制度——学术性与实用性并举,英才教育与大众教育兼顾,教学、科研与社会服务兼容,实现了大学由社会的边缘向社会中心的完美转身。

应当说,现代大学制度演进的每一步,都镌刻着文化的烙印。文化与大

学制度具有潜在的、历史性的和本质的联系:

文化与制度相伴相生,如同一个人的“心”与“身”、“神”与“形”关系。文化赋予制度以精神和灵魂,决定着制度的方向;制度体系又反过来传承并创造着文化,它们共同塑造着大学的品格。

文化是导致大学制度变革具有个性特征的决定性因素。现代大学史上具有标志性意义的德国模式、英国模式、美国模式,无一不是文化这一深层的看不见的因素的介入,才使得大学制度在演进速度、方式、乃至结果等方面有着显著差异。

文化的传承与创新是现代大学制度演进历程中不可或缺的动因。从中世纪大学制度萌生到现代大学制度之形成与发展,文化的传承创新贯穿于现代大学制度演进的全过程。大学自治与学术自由思想的一脉相承,成就了现代大学制度的生生不息和永恒的生命力。

二、“文化传承创新”新职能之于现代大学制度完善的重要意义

大学在从近代走向现代的历史演变历程中,已逐渐从社会生活的边缘走向中心,成为社会发展的“轴心机构”。然而,随着经济发展热浪下社会功利思想的不断侵蚀,在大学繁荣发达的背后,隐藏着深刻的文化危机。大学这座象征精神净土的“象牙塔”在精神衰微、价值迷失、信仰缺失、人心浮躁、急功近利等中飘摇,岌岌可危。诚如E.格威狄·博格在《高等教育中的质量与问责》一书中所言:“在工具理性盛行的近日社会,大学应成为引领社会理智选择的良知,但是,在社会中不见大学引领文化的发展方向,大学的文化功能在不断消退,正在异化为另一类技术至上的机构。”[③]当前我国大学出现的诸如“跑部钱进”、学术腐败等种种问题,表象是制度,有人归结为大学章程的缺失,但深层的因素,仍然是文化。我国大学本就因为学术自由传统的缺失导致现代大学制度的构建先天不足,加之中国传统文化的官本位、等级观念根深蒂固,使得大学与生俱来的文化特性在强大的社会机器和经济利益的追逐下逐渐消弭殆尽,导致“大学时而在政治的风口浪尖摇摇欲坠,时而陷入经济的漩涡不能自拔,成为‘毫无定见的顺风倒’”[④]。因此,究其本质而言,当今大学的危机,正是文化的危机。在这种情形下,大学文化传承创新新职能的

赋予亦或上升为国家意志的强调，对于大学本身，对于完善现代大学制度，具有特别重要的启示或警醒意义。其含义主要有以下四方面。

（一）文化自觉

“文化自觉”的概念最早由费孝通提出，其意义在于“生活在一定文化中的人对其文化有‘自知之明’……取得决定适应新环境、新时代文化选择的自主地位”⑤。大学从本质而言是一个文化组织，与生俱来地承担着文化传承与创新的重要使命。面对中国为什么培养不出杰出人才的“钱学森之问”，面对“中国何时才能出诺贝尔奖得主”的社会期盼，大学应当自省。相当多的高校在唯指标的评价体系驱使下，忽视甚至漠视人文关怀，一些合并的高校甚至连自身的传统与精神都或丢弃或被稀释，等等。大学亟须文化觉醒和自觉。

（二）文化批判

美国教育家罗伯特·M. 赫钦斯曾指出，批判是大学的本质属性。文化具有反思、质疑和价值批判的功能。一方面作为“思想净地”的高校自身应当抵制庸俗，坚守大学精神家园。当前，大学的文化被市场文化、政治文化同质化，大学里不同程度地存在着教师方向迷失、人心浮躁等大学精神衰微现象，大学沦为一个“名利场”，其对于社会的道德责任，应有的批判精神近乎销声匿迹。另一方面作为“社会良心”的大学理应担负起道德纠偏的职责。当社会精神文化严重滞后于物质文化发展，即出现美国社会学家威廉·费尔丁·奥格本所说的“文化滞差”现象，致使社会上道德滑坡（食品安全事件，“彭宇”案、“小悦悦”事件、拔萝卜事件等）现象日益严重，见利忘义和诚信缺失等现象泛起，网络上低级粗俗的东西大行其道之时，正如复旦大学校长杨玉良所说：“当社会出现失范时，应该发出警世之言。”大学文化传承创新新职能急切呼唤大学价值批判的回归。

（三）文化引领

大学自古以来就是先进文化的策源地和文化创新的主阵地。欧洲中世纪大学挑战宗教神学统治运动、意大利文艺复兴运动、中国20世纪初由北大引领的新文化运动等，无一不是大学引领先进文化的典范。当今中国正处于转型期，一方面大学应当回归其追求真理的学术品格和价值取向，引领高水平大学的建设。另一方面大学需要不断创造、培育出新文化,即胡总书记提出的“扬弃旧义、创立新知”,以高尚的、先进的文化引领社会的进步和发展,在“文化兴国”战略中发挥其应有的功用。时代和社会呼唤大学文化引领作用的发挥。

(四) 文化个性

大学在自身的发展历程中不断积累、积淀着自己的特色和文化。这也正是大学千百年来为莘莘学子所向往之魅力所在。然而,当下中国高校出现了严重的同质化倾向。最为典型的莫过于办学目标的趋同和校训的雷同。众多高校不约而同地将目标定位于“综合性”、“一流”、“研究型”大学。据2007年一项针对256所高校的调查显示,有192所学校的校训为“四词八字”的口号式,比例高达75%。校训中带有“勤奋”字样的有68所,“求实”的为65所,“创新”的为59所,“团结”的为49所,“严谨”的为25所。[⑥]这种千校一面的现象发人深省。正如温家宝在一次高校座谈会上指出的那样:“一所好的大学,在于有自己独特的灵魂,这就是独立的思考、自由的表达。千人一面、千篇一律,不可能出世界一流大学。”中国大学急需文化个性的彰显。

三、文化传承创新乃实现中国特色现代大学制度完善的路径依赖

完善中国特色的现代大学制度是国家对大学提出的紧迫任务。如何处理大学内外部的关系,重构着眼于未来发展的内外部治理结构,是其核心内容。在完善现代大学制度过程中,我们必须把握文化与大学制度的正向关系,正视当前大学制度和文化视域下存在的问题,以文化传承与创新为切入点,立足于中国文化传统的坚守,在制度创新中渗入深层次的文化内核,以文化的传承与创新引领并实现现代大学制度的创新。

(一) 回归大学的文化认同,重塑现代大学制度之魂

文化是大学区别于其他社会组织的根本特性,是一种隐性的因素。我国大学在发展历程中,囿于计划经济思维模式,在制度建设中对大学作为文化组织的本质认识不够,导致制定出的制度成了约束人的“工具”。中国人民大学校长纪宝成对中国大学的诘问振聋发聩:“大学的师生如果不再仰望星空,

不再对先贤往圣的思想和经典著作感兴趣,不再关注人类的命运和社会的未来,不再以追求真理、追求科学、追求进步为己任,那么大学何谈传承文化,更谈不上创新文化。"[⑦]因此,建立和完善有中国特色的现代大学制度,首要的任务就是回归大学作为文化组织的本质认同,尊重"大学人"的主体地位,高扬人文精神,把先进的大学理念作为制度的精神内核,达成师生的文化认同和共识,以现代大学理念引导大学制度的构建;遵循大学自治和学术自由的发展规律和逻辑,突出大学的学术品格,在制度体系完善中高扬"尊崇学术、追求真理、平等正义、真诚仁爱"的价值导向,在体制机制改革中倡导"尊重师生、尊重创造、鼓励创新、宽容失败"的宽松氛围,维护大学之所以存在的精神气质。唯其如此,方能形成有生命力的大学生态,重塑大学制度之魂。

(二)守望大学的文化传统,建构现代大学制度之基

从前述大学制度与文化的关系分析得出的结论可知,大学之所以为大学,在于它历经漫长的岁月形成了一脉相承的文化与传统。这种文化与传统既是大学发展之基石,又是引导大学健康发展之动力。大学与大学之间的本质差别,恰恰就是文化的差别,也是文化个性的展现。然而,与中国大学"拿来主义"甚嚣尘上相对的,是对中国优秀传统文化的制度性忽视。对此,加拿大学者许美德尖锐地指出:"从最根本上讲,这就要求对 1919 年五四运动以来中国的学术历史进行全面的重新审视,因为自那时起儒家文化传统就被当作封建糟粕而抛弃,而且还被视为中国走向现代化的主要障碍,……最近十几年里,世界哲学界对儒家思想的兴趣开始回潮,这的确是对当代中国大学提出了严肃挑战,我们不禁要问,如果抛弃了历史遗产,它们能够创建世界一流大学吗?"毋庸置疑,全球化语境下的中国特色现代大学制度的创新,必须基于一个逻辑起点,即立足于中国优秀传统文化的深厚底蕴。高度重视并充分挖掘民族传统文化的智慧和营养,传承大学自身独特的优良传统和优秀文化,同时在此基点上,以更加开阔的视野,在东西方文化、本土与外来文化、传统与现代文化之间找寻合理坐标,大胆吸纳百家优长,兼采八方精华,充分借鉴人类一切的优秀文化成果文明有益成果,为大学制度的创新提供合理范式。只有传承传统,才有创新的"土壤",方能制定出彰显中国特色与大学个性的制度。

(三) 确立大学的文化自信,提升现代大学制度之境

联合国教科文组织1995年提出了建立“前瞻性大学”的理念,国际21世纪教育委员会进而提出了“教育:必要的乌托邦”这一重大的哲学命题,以及十七届六中全会提出的“文化兴国”战略,都对大学提出新的更高要求。大学在不断提高服务社会能力的同时,应跳出“服务站”的范式,自觉担负起“社会之光”的责任。这就要求大学在坚守大学的知识权威和独立的批判精神的基础上,勇于打破思想禁锢和教条主义,敢于挑战权威和传统观念,大力推进人才培养、科学研究和社会服务创新,在国家协同创新战略中主动作为,以创新性的思想和先进文化引领社会价值取向,从而确立起中华文化和中国大学的文化自信,在广泛参与国际交往和对话中,丰富和发展社会主义先进文化,掌握文化领域的主动权,争取国际学术话语权,增强中华文化的全球影响力。通过文化的批判、创新,引领社会发展,在更高的起点和更新的境界上,完善中国特色现代大学制度之架构,并以此实现担纲大学新职能的历史使命。

参考文献:

① Frederick E. Balderston. Managing Today's University: Strategies for Viability, Change, and Excellence[M]. San Francisco: Jossey-Bass, 1995:1.

② 克拉克·科尔.大学的功用[M].陈学飞、陈恢钦,译.南昌:江西教育出版社,1993:26.

③④ E.格威狄·博格,金伯利·宾汉·霍尔.高等教育中的质量与问责[M].毛亚庆,刘冷馨,译.北京:北京师范大学出版社,2008:7.

⑤ 费孝通.我为什么主张文化自觉[J].冶金政工研究,2003(6):35.

⑥ 刘阳.大学校训,为何似曾相识?[N].人民日报,2007-7-25(11).

⑦ 纪宝成.深刻认识大学的文化传承创新职能[J].中国高等教育,2011(10):9.

人才培养研究

践行大爱　推进高校文化传承创新

刘富文

摘　要：肩负文化传承与创新使命的高等教育，其发展的源动力联系于爱的情感。基于此，切实建树和践行“大爱”理念，在文化传承的基础上创新人才培养方式，有利于更好地推进高校德育，由此优化文化立校的自觉，坚定文化兴校的自信，推动文化强校的自为，从而探索和优化高校建设的立校之本、兴校之魂、强校之路。

关键词：大爱育人；文化传承；德育创新

人类文化与道德演进的秘密深切地联系于爱的情感。高等教育意欲立德树人，因此需要凸显爱的情感；肩负文化传承与创新使命的高等教育，其发展的源动力自然也联系于爱的情感。基于此，切实建树和践行“大爱”理念，在文化传承的基础上创新人才培养方式，有利于更好地推进高校德育，由此探索高校建设的立校之本、兴校之魂、强校之路。

作者简介：刘富文，男，江苏姜堰人，泰州职业技术学院党委书记。研究方向：党建工作、思想政治理论与高等教育。

一、用“大爱”优化文化立校的自觉

胡锦涛总书记在庆祝清华大学建校100周年大会上的讲话指出:“全面提高高等教育质量,必须大力推进文化传承创新。高等教育是优秀文化传承的重要载体和思想文化创新的重要源泉。”高校意欲实现人才培养、科学研究、社会服务的功能,必须依托于文化的传承与创新。而文化的薪火相传,亦唯有通过教育。文化既是目的,也是手段,它使高校获得了灵魂,使高校培养的人才有了立身之本。教育者应当有这样的文化自觉。

“文化自觉,主要指在文化上的觉悟和觉醒,包括对文化在历史进步中地位作用的深刻认识,对文化发展规律的正确把握,对发展文化历史责任的主动担当”①。具体到高等教育领域,既要深刻认识文化在教育活动中的重要地位,也要充分发挥教育对文化传承和发展的重要作用,从而自觉担当起以文化育人、以人传承文化的历史责任。这是对文化的热爱,也是对人的热爱,正是这热切而持续的爱延续着人类文化的火种。这种文化源于对人的爱,源于对幸福良善的生活的追求。这种文化展现了对人的爱,展现了对幸福良善的生活的追求。这种文化展现的同时也传播了爱,并增进了幸福良善的生活的实现的可能。当教育者觉悟到爱与文化的深刻关联,在这由内而外浸润着爱的文化所散发出的神圣光辉的照耀下,将这份爱通过教育交付给下一代新人类的时候,“大爱育人”的自觉苏醒了。当教育者面对何以“育人”与何以“办校”这两大问题时,“大爱育人”给出了明确而坚定的回应,并通过爱将育人的动力和立校的根本联结起来。

根据著名教育家杨福家先生的观点,现代大学需要大楼、大师和大爱。他认为,作为大学文化内涵的大爱,就是“爱国家,急国家所急;爱人民,做好公民;爱真理,求是崇真;爱科学,激励好奇心;爱师爱生,营造环境,点燃火种”②。杨福家先生还认为,当代大学生是社会主义的建设者和接班人,担负着建设国家,服务人民的重任,必须具有“大爱”品质。③很显然,社会主义高校亟须以践行大爱为己任,尤其是高职教育领域那些硬件设施及师资队伍不尽如人意的院校,更需要倡导立德树人、践行“大爱”,建设大爱育人品牌的品质。以此为前提的“大爱育人”,就是要以对国家、对民族、对真理、对科学的

"爱与责任"为统领,把立德树人作为学校的根本任务和首要职责,致力于培养社会主义现代化建设需要的合格建设者和可靠接班人;就是要有"爱生如子"的博大情怀,既要像慈母,把"爱"无私地奉献给每一名学生,又要像严父,把"严"始终贯穿于人才培养的全过程;就是要爱岗敬业、志存高远,刻苦钻研、严谨笃学,不断提高教书育人的本领,在教育的改革发展中勇于创新,建功立业;就是要坚持面向全体学生,不放弃一位学生,关心每一位学生的成长进步,让生命的活力充分涌流,让智慧之花尽情绽放,让每一位学生成人成才;就是要坚持教书育人、管理育人、服务育人,创新方式,搭建平台,同心同德,形成全员、全过程、全方位育人的工作格局;就是要坚持开放办学的理念,利用一切优质社会资源,形成人才培养工作的强大合力,由此倾情培育大爱之人,践行大爱,传承大爱,回报社会,成为构建和谐社会和建设社会主义的强大生力军。

二、因"大爱"坚定文化兴校的自信

"文化自信,是对自身文化价值的充分肯定,对自身文化生命力的坚定信念。只有对自己文化有坚定的信心,才能获得坚持坚守的从容,鼓起奋发进取的勇气,焕发创新创造的活力。"④怀抱着大爱之心的教育者,对以"大爱"为核心的文化充满自我期许,对其生命力有着坚定的信念,故而淡定从容,守望不弃。坚守与自信,源于爱,并经由爱感染每一个人。

首先要树立学生成人成才的自信。泰州职业技术学院作为一所高职院校,入校学生大量存在文化基础薄弱、自信心不足、自主学习能力欠缺、自我约束力不强等问题,也有许多来自贫困家庭。面对不同类型、不同发展阶段的学生,学院教职员工用"捧出一颗心来,不带半根草去"的大爱情怀,通过"帮助家庭经济困难的学生,帮助学习困难的学生,帮助自律能力不强的学生"为主要内容的"三帮"活动和"为优秀学生聘请导师"等务实举措,让每个学生抬起头走路,满怀自信地面对人生和未来。

其次要树立教师成就事业的自信。教育者不必是大人物,但却能成就大事业:教育是以延续人的精神生命为己任的事业,这就是事关人类文化薪火相传的大事业。立志培养人才,传承文化,树立成就大事业的自信,从教师而言，就要坚持以恬淡自守的大爱情怀为重要前提。从学校管理者而言，就要“爱师如己”，视教师为知己，像希望别人尊重自己一样尊重教师，把教师的困难当作自己的困难去解决，从而引导教师践行大爱育人，携手学生同做大爱之人。泰州职业技术学院正是以“大爱”情怀，坚持事业留人、待遇留人、感情留人，把一份份温暖送到教师的心坎上。

再次要树立学校永续发展的自信。教育是百年大计，学校是成就这一事业的载体。很多外在的表象性的因素或许可以左右学校一时的荣辱，但唯有内在的文化才能支持学校长久的命脉。只有形成了富有生命力的学校文化，才能实现学校的长期可持续发展。学校文化的生命力从哪里来？只能从一代又一代的默默耕耘的教育者的爱心中来，只能从一茬又一茬有志有为报效祖国回报社会的学生成长中来。教育事业充满坎坷艰辛，而那些心中有大爱的人们，从容坚守，奋发进取，是学校兴旺发达的根本保证与信心之源。

泰州职业技术学院就是以科学发展观为指导，坚持以学生为本，率先在全国高职院校中提出大爱育人理念，以此作为推进学院创新发展的精神动力，“大爱育人”倾心培育“大爱之人”，致力于培养全面、协调、可持续发展的高素质技能型人才，走出了一条高职人才培养的实践创新之路。多年来，这种大爱情怀，使得该校成为泰州地区技术、管理骨干的摇篮，仅目前泰州的各类企业中，就有300多位企业的老总毕业于泰职院。具有“下得去，留得住，用得上”的素质，展示了毕业生的综合职业素质和就业竞争力，实现了就业率和就业质量的逐年提升，带来了泰职院毕业生就业率始终连年保持在98%以上、在全省高校中名列前茅的良好信誉，做到了学校、社会、学生、家长“四满意”。[5]泰职院人在实践中日益深切地领悟到，只有藉由“大爱”培育起来的并且汇聚“大爱”的自信，才是学生成长的内生动力，才能激发其主体能动性，成为具有“大爱品质”的高素质技能型的职业人，正确认识和关注社会的合格公民人，科学认识和思考生活的高尚道德人。也正是在“大爱育人”理念的引领下，泰州职业技术学院坚定了文化兴校的自信，闯出一条具有中国特色、泰职院特点的文化自强之路。

三、以"大爱"推动文化强校的自为

历史已经告诉人们:一个国家的强大,不仅表现在经济、政治、军事等方面,最终还是决定于民族精神的强大,所谓"仁者无敌"。一个人的强大,不在财富、名誉、权力和地位,而在于心灵的强大;有此,"布衣亦可傲王侯"。同样,一个学校的强大,不在于建了多少大楼,也不在于一时得了多少头衔、荣誉和奖项,而在于其能否以传承着爱的文化,培养了强大的人,并因此为成就强大的国家作出贡献。

因为如此,优质的学校教育,应该集中表现为怀着爱心培育强大的人。有鉴于此,泰州职业技术学院构建了以大爱育人理念为统领的素质教育体系,突出人本核心,增强源头动力,基于生命发展,注重人格教育。树立科学的人才观和成才观,把学会做人、学会求知、学会做事、学会合作作为学生素质教育发展的目标,倾心培养学生成为具有健全的人格,具有适应岗位、适应社会的真本领,具有较高职业素养的人才。贯穿"一根主线":育人。把育人为本作为学校一切工作的出发点和落脚点,贯穿于教书育人、管理育人和服务育人始终。基于"两个发展":职业发展和终身发展。不仅要培养学生具有职业岗位所需的知识能力,更要为学生提供可持续发展的基础。打造"三个平台":德育建设、专业和课程建设、校园文化建设。实现德育为先、职业能力和全面发展三者的有机融合和统一。实施"四项计划":职业生涯发展引领计划、专业和人文素质提升计划、创新和创业素质拓展计划、综合社会实践能力培养计划。

大爱育人,育大爱之人。如今,播下的一颗颗爱心种子,正在生根、发芽,盛开出爱心的花朵。在接受泰州市交巡警支队全体干警捐款资助经济困难学生时,同学们提出了"每天多学一小时,每周义务参加交通协管四小时,劝导人们文明交通、珍爱生命"的想法,并付诸实施,坚持至今,已历数年。这种"滴水之恩当涌泉相报"的情怀,让每一次爱心助学都变成生动的感恩教育,让学生懂得"给予"和"回报"的无上价值。2008 年 6 月,45 名四川地震灾区的伤员来泰州救治时,上千名未来的白衣天使竞相报名加入志愿者行列。在泰州市人民医院的银杏病区,160 多名志愿者整整陪护四川伤员 80 多个日日夜夜,她们用稚嫩的肩膀担当起了社会的重任。

汇聚大爱的优质学校教育资源也能为国家和地方发展提供人才智力支撑。2007年6月,作为泰州市“改善民生十大工程”之一的泰州市退役士兵教育培训中心在泰州职业技术学院挂牌,在全国、全省开创了退役士兵教育培训“学历+技能+就业”的“泰州模式”。学院党委满怀深情地将退役士兵教育培训工作作为一项政治任务,努力为退役士兵插上翱翔的翅膀。2008年江苏省委、省政府全面推广泰州经验,并将其列为全省十大民生工程加以推进,得到了中央军委、中央政治局首长的高度重视,南京军区及国家民政部有关领导先后到学院考察调研,进一步给予充分肯定,在军队和地方产生了重大影响。此后,学院又将服务对象扩大到现役军人,开办了驻泰武警部队现役士兵(官)职业技能培训班,成为学院服务国防部队建设的新亮点。

爱使人更文明,爱使文化更人性,传承着大爱的文化令学校具有了不朽的灵魂。唯有让教育过程洋溢着爱,让学校充满着爱,才能在春风化雨、润物无声的教育环境中重塑文化的自觉、自信、自强,实现人的全面而自由的发展。

参考文献:

① 云杉.文化自觉 文化自信 文化自强[J].红旗文稿,2010(15).

② 杨福家.高教改革和民办教育[J].文汇报,2007-2-13.

③ 杨福家.中国当代教育家文存:杨福家卷[M].上海:华东师范大学出版社,2006.

④ 云杉.文化自觉　文化自信　文化自强[J].红旗文稿,2010(16).

⑤ 刘富文.树立大爱育人理念　培养德才兼备人才[J].中国职业技术教育,2009-9-21(355).

应用型人才培养与通识教育改革

——基于大学的文化传承与创新的视角

何东亮

摘　要： 以教学为主的新建地方本科高校由于升本时间较短，学校缺少深厚的文化积淀及高度的文化自觉，要实现大学文化传承与创新的使命就只有将文化功能与人才培养功能相结合，通过培养具有一定文化素质的应用型人才来实现大学的文化使命。在新建地方本科院校，学生的专业知识和专业能力需要通过专业教育来完成，而文化修养则要通过通识教育来实现。因此，重视和加强通识教育，从大学文化传承和创新的角度进行通识教育改革，提高人才培养质量，是新建本科院校发挥文化传递功能的重要途径。

关键词： 应用型；通识教育；传承；创新

教育具有双重文化属性，教育本身是一种文化现象，作为构成文化本体的要素是整个人类文化的重要有机组成部分。同时，教育几乎与文化现象中所有部分都发生直接联系，任何一种文化特质和文化模式如果不借助于教育

作者简介： 何东亮，男，江苏常熟人，教授，研究方向：心理学、高等教育管理。

的传承和创新,都将影响它的生存厚度,并缩短它存在的历史长度。高等学校是一个教育机构,也是一个文化机构,在人类文化的传承与保存、改造与创新中的地位和作用是不可替代的。文化的传承与创新作为大学的一项重要功能自大学诞生之日起,一直与大学的成长、发展相伴,成为大学的重要历史使命。因此,几乎所有重要的教育理论著作,在探讨教育的基本原理时,都会将教育与文化的相互制约关系作为重要理论问题加以阐述。但一段时期以来,我国大学发展受功利化的影响,急功近利,过度关注学校的扩张和行政权力的提升,对大学本身的文化使命缺少应有的重视。胡锦涛总书记在庆祝清华大学建校 100 周年大会上的讲话,从国家层面把文化的传承创新明确为大学的第四大功能,将文化传承与创新作为国家意识在大学功能中重新归位,这对我们全面提高高等教育质量具有十分重要的历史和现实意义。

高等教育大众化时代,大批新建地方本科院校明确办学定位,将培养地方经济社会事业发展急需的应用型人才作为学校的主要使命。但应用型本科不是职业培训机构,应用型人才也不是简单的工具性人才。地方新建本科院校作为区域内的高等教育机构,同样具有文化传承与创新的重要历史使命,同样需要通过培养具备较高文化修养的应用型人才来体现学校的文化使命。教育部 1998 年 2 号文件《关于加强大学生文化素质教育的若干意见》曾明确指出:“我们所进行的加强文化素质教育工作,重点指人文素质教育。主要是通过对大学生加强文学、历史、哲学、艺术等人文社会科学方面的教育,同时对文科学生加强自然科学方面的教育,以提高全体大学生的文化品位、审美情趣、人文修养和科学素质。”这从国家层面强调了文化素质教育在人才培养中的重要性,强调了人才培养的文化意义。

以教学为主的新建地方本科高校由于升本时间较短,学校缺少深厚的文化积淀及高度的文化自觉,要实现大学文化传承与创新的使命就只有将文化功能与人才培养功能相结合,通过培养具有一定文化素质的应用型人才来实现大学的文化使命。在新建地方本科院校,学生的专业知识和专业能力需要通过专业教育来完成,而文化修养则要通过通识教育来实现。因此,重视和加强通识教育,从大学文化传承和创新的角度进行通识教育改革,提高人才培养质量,是新建本科院校发挥文化传递功能的重要途径。

目前,我国大多数新建本科院校在实施通识教育时普遍存在如下一些问题:一是在价值层面,以工具理性指导人才培养,而忽略了大学本身的人文情怀和价值追求。在人才培养模式的设计中与下游的高等职业教育雷同,“以就业为导向”、“一切为了就业”成了人才培养唯一的指导思想,就业率成了高悬在高校领导头上的“达摩克里斯之剑”,以至于大四成了就业年和“空巢”年,学生为了就业无心学习,到处找场子、通路子。在教学方面,通识教育让位于职业技能教育,通识教育仅仅是专业教育的补充,是游离于专业教育之外的附加部分而得不到应有的重视。

二是在课程设置方面,首先是公共必修课程中的“两课”侧重思想政治教育,形式上重视,实质上没有得到重视;其次是人文精神缺失,课程教学急功近利,学生学习心态浮躁;再次是通选课只重数量,不重质量,学生只求学分,不讲学习效果;四是专业理论课负担过重,学生无法安心通识学习。

三是在师资队伍方面,教师缺少一定的文化底蕴。由于新建本科院校近年来都要面临一个快速发展期,学校连年扩招,规模急剧扩大,对教师队伍资源形成了巨大的压力,高素质教师的补充远远不能跟上学生数量的增加。再加上这些学校引进人才首先考虑的是急需的专业人才,而不是从事通识教育的教师,学校高水平的人文类教师紧缺,加剧了教师队伍学科结构不合理的状况。所以,新建本科院校不可能像国内一流的本科高校那样积聚起一批能开设高质量通识教育课程的教师力量。

四是在操作层面,通识课程建设不到位,教学管理不严格,教学内容没有主要方位,教学方式单调,不能适应应用型人才对通识教育的需要。

一、明确通识教育的理念与目标是有效实施通识教育的前提

“通识教育”的概念源自于欧洲的自由教育,它的原意在于加强学生的人文修养和人格的完善。“通识教育”的成形则在美国,是美国大学在社会发展过程中不断提高自身的适应性的产物。1945 年 7 月,哈佛大学颁布了著名的《红皮书》——《自由社会中的通识教育》。报告强调,通过通识教育应该帮助人们“有效地思考、交流思想,做出适当的判断并区别不同的价值观念”。其目标应该是培养情感和智力全面发展的人,使个人与社会的需要协调起来。2007 年哈佛大学《通识教育特别工作组报告》中又指出:通识教育有四

个目标，分别是：使学生做好参与公共事务的准备，"成为积极投入地区、国家乃至国际活动的公民"；使学生懂得传统艺术、思想和价值观，能够客观看待文化冲突，懂得如何品读文化和表达艺术；使学生做好面对批判和应对改变的准备，在他们离开哈佛时具备与世界发展步伐相匹配的技能；使学生加深对自身道德空间的理解，获得道德判断的能力。国内汪永铨教授和李曼丽博士对此阐释说："就性质而言，通识教育是高等教育的组成部分，是所有大学生都应接受的非专业性教育；就其目的而言，通识教育旨在培养积极参与社会生活的、有社会责任感的、全面发展的社会的人和国家的公民；就其内容而言，通识教育是一种广泛的、非专业性的、非功利性的基本知识、技能和态度的教育。"①

根据以上论述，对于"通识教育"的理解，首先，可以将通识教育理解为是一种教育理念，强调培养完整的人，造就具有博雅精神、通融识见、远大眼光、优美情感、强烈使命感的公民，其本质内涵是精神的自由、心灵的满足、生命的尊重、生活的价值、资源的善用、宇宙的和谐。通识教育所维护的是高等教育的本质和大学的使命，因此，人文教育和人文精神的培养是通识教育的主要内核。其次，通识教育意义在于弥补大学因分科太细而导致的知识面的狭隘，大学教育应给予学生全面的教育和训练，使不同学科的知识能够相互融通。在解决问题时能够从比较开阔的、跨学科、跨专业的视角进行思考，达到不同专业之间的沟通。通识教育应提供更为广泛的跨学科、跨领域、跨文化学习的理论与方法，否则也就失去了现代大学通识教育的价值和意义。第三，通识教育的目标是培养具有健全人格的公民，他们具备的是全面的学识、理性的智慧，追求的是精神的自由、心灵的满足、生命的尊严、生活的价值。

通识教育的理念和目标符合我国全面发展的教育方针，也与国家对大学生素质教育的要求相一致，与大学文化传承创新的功能相吻合。当前，我国已进入高等教育的大众化阶段，基本情况与20世纪30—40年代美国高等教育的状况十分类似。新建本科高校面临着地方经济社会发展对各类应用型人才的需求及学生就业竞争的巨大压力，究竟是全面"育人"，还是功利性地"制器"，这是在人才培养方面摆在这些高校面前需要正确抉择的一个战略问题。其实，培养高素质应用型人才，首先是高素质，然后才是应用型人才，首先要具有健全人格，再具备一定的专业知识和能力，才能更好地为地方经济社会发展服务。失去了人文精神和科学精神滋养的人,不管他是哪一类型的人才,最终只能是失去灵魂、任人利用的工具。而通识教育可以避免新建本科院校因专业结构单一、专业划分过细、专业功利性过强的现状,培养适应性和社会责任感强的人才。因此,新建应用型本科高校要真正理解大学通识教育的要义,将通识教育的理念作为大学办学理念来引领人才培养全过程,不仅要重视"制器",更要重视"育人"。要积极组织实施大学通识教育,重视适应应用型人才培养的通识课程建设,强化专业教育与通识教育之间的整合协调,把通识教育看作应用型人才培养不可缺失的路径,将通识教育改革纳入人才培养模式的整体改革创新体系之中。

二、课程建设和改革是发展通识教育的核心

应用型人才的素质规格必须有严格的课程体系来支撑。目前,大多数新建本科院校的通识教育课程都由公共必修课和公共选修课(通选课)组成。由于历史的原因,公共必修课程中占主要比例的是"两课"、大学英语、计算机和公共体育(一般要占 40 学分),"两课"是对大学生进行政治思想教育,大学英语是培养大学生英语交流能力,这些课程是无法承担通识教育任务和实现通识教育目标的。公共选修课程则是天女散花式地多而杂,数量有数百门之多,课程内容没有深度,课程间没有内在联系,形不成有效支撑专业教育的课程方向,教学要求不严,导致很多学生混学分。很明显,目前所实行的公共选修课方案实际上未达到通识教育的目的,并不是真正意义上的通识教育。

通识教育的核心是通识课程体系的建立,建立核心课程体系是解决上述问题的出路,也是美国和国内高水平大学通识教育课程改革的成功经验。我国清华大学、北京大学、复旦大学、中山大学等高校曾相继学习哈佛大学的经验,推出了自已的核心课程体系。

但问题是,作为一所新建应用型本科高校,其办学理念和办学定位有自身的特殊性,以教学为主、培养应用型人才、为区域经济社会发展服务的使命决定了这类学校不能盲目照搬哈佛和国内一流高校的做法。而新建本科院校学生的学习能力及根深蒂固的学习习惯也不一定能完全适应哈佛大学的做法。相比较,美国麻省理工学院的经验更值得我们借鉴。麻省理工学院的

自然科学通识课程不似哈佛、芝加哥的自然科学课程多为所谓的“非专业的科学课”,而是专业性的数学、物理、化学、生物等课程,类似于我国理工科大学的本科专业课。但不同在于,麻省理工学院对理工科学生的人文社会科学要求远远高于我国理工科大学,它要求理工科学生必须选修至少8门人文社会科学的课程,而且其中至少3门必须集中在某一特定领域(例如历史,或哲学,或文学,等等)。这里所谓8门人文社会科学的课程,其质量、分量和严格性都不亚于前述芝加哥、斯坦福等大学的同类课程的。

基于上述案例,对于新建本科高校,建立自己的通识教育课程体系时要重视以下几点。

一是核心课程要以人文社会科学课程为主,坚持少而精的原则。人文类课程是人类文化精华的主要载体,人文精神是养育大学生健全人格最核心的心理营养,在以理工类专业为主的新建本科高校,理工类学生在其专业基础课程中的科学素养已基本满足学生发展需要,应更加关注学生人文素养的培养,通识教育要以人文社会学科课程为主线,精选包括传统文化(如四书)、伦理学、文学、外国经典、中外历史、哲学等少数课程,通过这种知识教育、道德教育、伦理教育、生命教育等培养学生健全的人格。这类课程特别是要扎根于民族文化传统,使通识教育内容本土化。因为“文化传统是一个民族世世代代积累而成的精神财富,是一个民族发展动力接连不断的源泉。文化传统可以造成一个民族的自尊心、自豪感和自强精神。有了它,一个民族在遇到难以应付的历史环境的挑战的时候,就有可能激发民族活力,解决面临的复杂问题,使民族获得新生”②。我国民族文化传统博大精深,是千百年来中华民族智慧的结晶,也是中国乃至全人类的宝贵精神财富,其特有的道德理想、人生态度、价值追求、思维方式在今天仍有不容忽视的教育价值。

二是要把现有公共必修课加以整合和改进,体现真正意义上的通识教育目标。由于中国的国情和历史原因,目前公共必修课框架还不可能有大的更动,但其教学内容可以加以整合。如思想道德课程可以与传统伦理教育相结合,融入中国传统道德元素;马克思主义基本原理可以与介绍西方经典哲学思想结合起来进行教学;大学语文,可以从文学和传统文化的视角进行课程改革;大学英语课程,不仅仅是一门语言课,不仅仅为了学生考级,更应重视对大学生进行国外先进文化和精神遗产的教育。即使是大学体育课程,也可以体现通识教育的内涵。传统体育课程的目标过于关注人的生物学意义，侧重身体需求和生理需要，而忽略了学生作为"人"的心灵渴望。现代大学体育完全可以渗透"精神、道德、人格"教育，使体育课同样充满人文情怀。

三是要将通识教育和专业教育结合起来，相互支撑。通识教育与专业教育不是完全对立的关系，对于高素质应用型人才的培养，二者应该高度融合。通识教育能使学生获得未来职业生涯中除专业知识和能力外所需要的其他知识，专业教育则满足学生在就业岗位中的职业要求。通识教育要求学生在知识领域上的适度宽广，强调的是横向上的知识面和基本技能；专业教育则是对学生某些专业领知识和能力的深度的要求，主要强调纵向上的理解。作为学生，能以人文和更宽广的科学视野思考和处理专业问题，或能从精深的专业角度来观察适应社会的变迁都是一种非常有益的修养，终身受用。学校的专业教师，要在专业教育中渗透通识教育的理念、精神，把历代科学家和专家在对真理的不懈追求和改造客观世界时的人文情怀、顽强精神，以及自然规律中的美学原则等渗透到教学中。另一方面，不同专业学生的专业教育要与不同的通识课程相配。例如，培养建筑工程师，要学会造房子，就要学习专业课"结构力学"，房子要造得美观，就要学习美学，造的房子质量要好，不要成为"楼歪歪"，应该学习伦理学。因此，美学与伦理学应是建筑类和艺术类学生必修的通识课程。

四是重视公共选修课程建设和管理。目前大部分实行学分制管理的新建本科院校都有公共选修课课程模块，作为通识教育的重要补充。但这类课程多而杂，课程开设随意性大，管理混乱；师资基本以青年教师为主，开课质量不高；学生对选修该类课程积极性不高，听课不认真，考核不严格。因此，学校要将公共选修课列入课程建设整体规划，进入精品计划，并给予一定的经费扶持；要将现有的公共选修课根据学科和专业特点进行疏理，相似的课程进行整合，相近的课程进行归类，以提供不同专业的学生选择；要充分利用网络资源，把优秀的网络课程充实到公共选修课体系中；要加强公共选修课程师资队伍的建设和对课程进行严格管理，提高教师和学生对公选课及通识教育的自觉意识。

第五，开设通识教育系列讲座。新建本科院校在通识教育师资不足的情况下，可以充分挖掘校内外专家教授的潜力，开设系列精品讲座课程，对学生进行相关的通识教育。每位专家教授在自己熟悉的专业或相近领域内精心准备若干讲座，学校建立精品讲座专家库或网站，学生根据不同专业需求选择相应的讲座接受教育，教学管理部门经考核后承认一定的学分。如常熟理工学院在升本前后的多年中，曾开设过教授系列讲座，学生每听完 10 个讲座给予 2 个学分，因而学生听课踊跃。这种活动对于扩大学生的知识面、拓展学生的人生视野起到了较好的作用。

三、严格要求和教学方法改革是通识教育成败的关键

学习国外通识教育经验不能仅停留在形式上，像通识教育概念引入、通识教育课程的分类、通识课程学分的认定等。其实美国大学通识教育课程实施的精华在于它严格的教学方式及对学生严格的训练要求。尽管美国各类大学的核心课程各具风格和特色，反映了这些学校的办学理念和历史传统，但通识教育核心课程都有一个共同的特征，即严格的质量要求和严肃的课程管理机制。如美国南部杜克大学 2008 年秋季学期的一门通选课“人口贸易的过去与现在”，这一课程是教师小组共同主持的一个研讨性课程，课程旨在通过历史研究去真实地揭露移民工作者的移民与强迫劳动产生之间的关系。课程在研讨的前 10 周，学生每周要阅读所有规定的阅读资料，每周的阅读任务是 150 页左右，同时还要调查他们自己的研究主题。研讨的最后 3 周是做论文并对其他同学的研究论文进行批判。在整个研讨过程中，学生需要完成两种论文。第一种论文是针对每周的讨论主题，在阅读后对问题进行的解释。第二种论文是自己的一篇研究论文，要求篇幅在 15 页到 25 页之间。学生要结合特定的历史背景，运用一手资料和二手资料分析某一种人口贸易现象。两种论文都要被打分，在研究论文交流的过程中，学生要做研讨的主持人。[③]

所以，学习国外经验，最值得参考借鉴的是他们的通识教育制度，因为这种制度对学生高度负责任，而且确实非常有效地达到了通识教育的目标。新建本科高校发展通识教育刚刚起步，在学习和借鉴国内外通识教育经验时不能只重形式，不重实质，只看重通选课程的数量，不注重课程的质量。学校要根据应用型人才的培养特点，结合专业教育，精选少量“核心”课程，明确课程

目标和精选课程内容;要挑选最好的教师或配备最好的教学团队进行通识教学;要实行真正意义上的学分制来为通识教育的实施提供教学管理制度的保障,要制订严格的课程执行计划,加强课程教学各环节的衔接,对学生进行严格的教学训练,实行严肃的多样化的课程评价标准;人文类课程要为学生提供一定量的阅读和进行充分的课堂讨论,并向学生提供全面细致的学业指导。

教学方法的改革和创新是实现通识教育目标的重要途径。从 20 世纪 80 年代开始,美国大学就重视通识教育教学方法的改革,开发实验多种主动学习教学法。以哥伦比亚大学历史学教授卡尼斯于 1995 年开创的"历史回应教学法"(简称 RTTP 教学法)为例,学生的学习主要是参加一种或多种经过精心设计的游戏。游戏以经典文本中的某一历史情景为背景,学生被指定扮演该历史情景中的一个人物角色。每一种游戏大约持续 10 课时(每课时 75 分钟)。教师的角色是游戏的管理者、协调者和促进者;学生负责组织安排课堂辩论,并实践历史上的议会、法庭及科学社团活动的程序。游戏的核心是说服,每一个承担特定角色的学生,都必须尽力说明自己的观点比对手更有道理,以此来说服他人。RTTP 教学法有三个要素。一是对重要文本的批判阅读,要求学生根据名著出现的历史背景来审视这些经典文本;二是有效且有目的的写作,每个游戏通常要求学生写 2 到 3 篇论文,每篇 10 到 12 页;三是有目的的课堂参与,学生必须通过在全班同学的面前表达自己的观点来实现游戏的教学目标并赢得比赛。目前,RTTP 教学法已被西方国家 300 多所高校使用。[④]

新建本科高校培养应用型人才需要大量的实践性环节,其通识教育的课程和学分不可能占有较大的比例。要在较短的单位时间内实现最优的教学效果,就要进行教学方法的改革和创新,要通过研究性教学、案例教学、基于问题解决的项目式教学、小组合作性教学、讨论参与式教学、角色扮演式教学、学科竞赛中教学、社会现场互动式教学等多种教学方式来达成通识教育的目标。有的新建本科院校这几年利用大学生参与省和全国性学科竞赛活动,围绕参赛项目,配备强有力的教师团队,共同组成教学小组,学生在教师指导下参与课题设计,分析解决问题,进行团队协同创新,在完成竞赛项目的过程中增长了知识,培养了能力。这种教学方式在新建本科院校中不失为一种较为经济有效的通识教育的教学方法。

每一个人的生活是一个完整的整体，我们的学生毕业后将面临着一个充满变数的生活工作环境，在生产、管理、服务第一线的应用型本科人才，除了专业知识和技能之外，他还要处理整个复杂的生活事件，而只有具备健全人格的高素质的公民才能在面对复杂的生存环境时，始终坚守自己心中的价值追求，做出最有利于人类的选择，这正是通过通识教育所要实现的人才培养目标。正如美国教育家赫钦斯所言："它将培养人们阅读的习惯、个人的品位和批判精神，使成年人在他的正规教育结束后，能够对当前生活中的思想和各种运动进行明智的思考，并作出明智的选择。它会有助于人们参与到他的时代的理智活动中去。"⑤

参考文献：

① 李曼丽，汪永铨. 关于"通识教育"概念内涵的讨论[J]. 清华大学教育研究，1999(1)：96—101.

② 张岱年，方克立. 中国文化概论[M]. 北京：北京师范大学出版社，2004：362—363.

③ http. //www. aas. duke. edm/reg/synopsis/view. cgi? term = 1260&s = 17& = subj = PUBPOL&course = 195.

④ 顾露雯，汪霞. 回应历史教学法——美国大学通识教育实施的创新途径，复旦教育论坛，2011(6).

⑤ 美赫钦斯. 美国高等教育[M]. 汪利兵，译. 杭州：浙江教育出版社，2001：48.

高职系域文化建设与高端技能型人才培养

——基于产学研用结合的视角

马 斌

摘　要：高职系域文化是高职校园文化的重要组成部分，是体现专业系部特色和“精气神”的符号体系。创建富有个性的特色系域文化，是构建和谐部门的重要举措，也是培养高端技能型人才不可或缺的重要方面。系域文化建设主要表现为精神文化、制度文化、物质文化和行为文化建设等。在系域文化建设中，必须充分发挥系部党政和团学组织的作用，传扬传统文化，对接企业文化，使学生在浓郁的文化环境中“诗意地栖居”。

关键词：高职；校园文化；系域文化；高端技能型人才

一、高职系域文化的内涵

高职校园文化是高职院校的大学精神在物质、制度和行为等层面的蕴涵

作者简介：马斌，男，江苏如东人，南通纺织职业技术学院高教室主任、教授，研究方向：高职教育研究。

和积淀，它以培养生产、建设、管理、服务第一线的高端技能型人才为目标，以校园文化环境、文化产品、校企合作文化制度以及文化娱乐活动为载体，以多年积淀的办学特色、专业特点、区域特征、行业特性为表征，融传统文化、企业文化、创新文化于一炉，集物质文化、精神文化、制度文化和行为文化于一体。高职校园文化是一个庞大的系统，是由系域文化构成并极大地影响着系域文化的形成和发展。换句话说，高职系域文化是高职校园文化的重要组成部分，是具有自身特质的校园文化的子系统。就宽泛的涵义而言，高职系域文化是专业系部物质财富和精神财富的总和；在这里，系域文化不单纯是专业系部的文学艺术、科学教育等精神文化活动，更是特指专业系部长期积淀所自成一家的集体意识、核心价值、共同品格、行为习惯和与此相关的制度规范，是专业系部凝聚而成的一种特质、风骨、气度、底蕴、环境和与此密不可分的行为方式及其规范。“大学文化是流淌在大学人血液里的思维方式和生活方式，是一代代大学人共同缔造的，又是为一代代大学人共享共染的”[①]。

系域文化是高职校园文化的子系统，而高职校园文化具有产学研用结合的优良传统，因此系域文化就必然具有产学研用结合的基因及其要素，具有本行业本专业基于校企合作、工学结合的丰富脉络与生命机理。也就是说，系域文化是专业系部在产学研用结合中所形成的具有本行业本专业特色的物质文化、精神文化、制度文化和行为文化的总和。文化就其实质意义而言，是一套蕴含生命意义和承载生存价值的符号体系，赋予事物、人生以非凡的意义和价值，表示对人的性情的陶冶、品德的教养，所谓以文化人。因此，高职院校的系域文化是专业系部通过产学研用经纬交织、政企校社同频共振所形成并藉以潜移默化地影响系部师生员工的价值理念、人文环境及其行为规范。一般说来，高校的大学文化具有共同的文化表象，诸如大楼、大树、大师、大德，大爱、大智、大气、大任等，以大学精神为核心，构筑了大学的人文环境和精神家园。高职院校与此拥有共同的文化脉象，同时又具有产业文化、工业文化、企业文化、专业文化的渗透因子，系域文化就是这一“合金”体的重要组成部分。简单地说，系域文化就是体现专业系部特色和“精气神”的符号体系。

系域文化中的“有文化”，其含义与一般意义中的“有文化”不尽相同。一般意义中，“有文化”不外乎三个方面：具有科学文化知识，具有高雅文明之举,具有文学艺术才情。而系域文化中的“有文化”指的是:具有包括专业知识并以专业知识和才能为主的科学文化知识,具有包括产学研用结合并以产学研用结合为主的高雅文明之举,具有促进职业生涯和人的全面发展的各种才艺。就系域文化的特征而言,系域文化具有承继性、自生性、独特性、引领性。首先,系域文化具有承继性。系域文化一方面受到所属院校校园文化的深刻影响,另一方面也与所在地地域文化气息息息相关。以南通纺院服装系为例,一方面以“自强不息,敢为人先”精神为核心的校园文化,对服装系的师生员工产生了深刻影响,另一方面以张謇创业创新创优“三创”精神为代表的南通江海文化,则使服装系产生了发愤图强、争先恐后的浓郁氛围,形成了产学研用结合中的“三创”热潮,因此,“争先创优”就成为服装系系域文化中的主体精神 。其次,系域文化具有自生性。系域文化不是派生的,而是师生员工在校企合作、工学结合的长期实践中不断磨合所形成的理念认同、价值认知、心理共鸣及其行为习惯。再次,系域文化具有独特性。不同的系域具有各自的文化特性,所谓风气不同、性情迥异、爱好相抵、雅俗有别。最后,系域文化具有引领性。不管人们承认不承认、喜欢不喜欢,系域文化都是客观存在并且发挥作用的。系域文化中,既有积极向上、催人奋进的“善文化”,诸如包容和谐、昂扬进取、生动活泼、严谨勤奋、教书育人等,亦有尔虞我诈、争名夺利、拉帮结伙、自私自利、学风不正、学术腐败等“恶文化”。因此,建设积极、和谐、向上的系域文化,发挥系域文化的引领作用,对于实现高端技能型人才培养目标具有特别重要的意义。

二、高职系域文化建设的价值选择与主要内容

创建富有个性的特色系域文化,是构建和谐校园、和谐部门的重要举措,是培养高端技能型人才不可或缺的重要方面。在高职院校,没有健康向上的校园文化的积极引领,就不可能形成强劲的、可持续的发展局面,同样,专业系部的文化引领包括价值导航、精神鼓舞、榜样示范、典型激励、氛围熏染、环境陶冶、制度保障等是至关重要的。“培育大学文化,主旨在于凝聚大学内在精神品格,内核体现在精神、价值、风尚和理想信念的追求上,实现文明教化、以文化人”[②]。特色系域文化的创建,一是有利于克服“只懂得工程而缺少人

文修养"的"半个人"[③]式技能教育、忽视素质培养的褊狭,二是有利于形成风清气顺、生动活泼、心情舒畅的系部气场,三是有利于形成团结包容、互助协作、公平竞争的良好氛围,四是有利于形成敬业进取、严谨勤奋、八仙过海的学习环境,五是有利于形成合作办学、合作育人、合作就业、合作发展、合作评价的良性机制,从而提升高端技能型人才的培养质量。"一所缺乏文化品位和崇高理想的大学,丢魂落魄是迟早的事"[④]。同样,一个缺少文化品位、人文气息和审美情趣的系部,一盘散沙、萎靡不振也是注定的。善于不善于培植系域文化,关乎系部事业能否科学发展、学生能否全面的成长成才。

系域文化建设主要表现为精神文化、制度文化、物质文化和行为文化建设等。一是精神文化建设。精神文化是学校的灵魂,同样每个系部也有各自的"精气神"。以在产学研用结合中创业创新创优实践为主题,以团结和谐、包容谦和、仁爱正派、发愤图强、健康高雅为主基调,以促进师生在校企合作、工学结合中建功立业、成长成才为诉求,是精神文化建设的主旨。一种可取的做法是,认真总结、归纳和提炼反映专业系部精神风貌与价值共识的精神用语,藉以探寻专业系部屡创辉煌的精神动因,挖掘先进典型背后共同的价值支撑,定格引领系部在教育改革中创树特色与业绩的文化基因。如南通纺院社会科学部所提炼的"传播科学思想、提升生活素质、培育良好品行、指点健康人生"部门理念和"严谨、生动、和谐、创新"的部训,较好反映了该部门教育教学的主旨与团结奋进的作风、态度和面貌;服装系则提炼了服装专业人才培养的"一句话理念",即"育我三创人才,提振服装产业",系训为"求实、创先、关爱、公正",形成服装系特有的风格与气度;建工系的系训为"求实、向上、开拓、发展",一句话理念为"建工建功,其乐无穷!",系的标语则为"天生我材必有用,空中楼阁平地起!","江山如此多娇,建工因我自豪!",体现了建工系师生的风采与气度。通过长期教育和引领,使得斤斤计较、自由散漫、弄虚作假、不思进取的精神懈怠现象及其"恶文化"不再有传播市场。

二是制度文化建设。系域制度文化建设不能脱离产学研用结合,必须充分体现"产业、行业、企业、职业和实践"的五大特征。系部是培养面向生产、建设、服务和管理一线需要的高端技能型人才的前沿阵地,是专业建设、人才培养模式和产学研用合作机制创新的试验区,在实践探索基础上的建章立制,必须"报废"僵化的有碍校企合作、工学结合的陈规陋习,推动适应工学结合、产学研用合作、项目教学要求的管理制度及其质量标准体系和监控体系的建立，促进学生学业考核方式和教师科研奖励等制度体系的重构，引导师生创新人才培养模式及其教学模式，进行富有成效的自主学习和创新创业。南通纺院服装系结合重点专业建设、基于工作过程和生活过程的课程体系建设和人才培养模式的创新，建立了有企业参与制定的质量管理标准体系，制定了“工作室和项目团队管理制度”、“旭荣时尚空间实体店管理制度”以及台湾旭荣集团——南通纺院“服饰设计联合开发基地”、“品牌孵化基地”、“前店后校”合作平台及校内外生产性实训基地等一整套管理制度。针对工学交替、“教、学、做”一体化等教学模式设计监控方案，重点加强对校内外实训、顶岗实习等环节的质量监控，确保实践教学管理规范化，进一步强化教学督导机制，建立健全学生顶岗实习、工学交替“跟进式”管理制度，改革学生学业考核方式和考核管理制度，建立了以能力考核为核心、过程考核和作品考核为重点的考核评价体系。

三是物质文化建设。除了教室、工作室和校内外生产性实训基地按照产学研用结合的真实的工作环境加以建设外，还基于“以文化人”的需要，布置产学研用结合的名言警句以及人才培养的“一句话理念”、系训等，使平面的、凝固的文化艺术变成立体的、鲜活的教育载体，“使每一幢建筑都蕴含着历史的厚重，一草一木都渗透着浓郁的人文气息”[⑤]。同时，注重开发专业系识别系统，使每个物件都打上专业文化的烙印。系徽、系旗的设计与制作，行业、专业文化长廊的构筑，师生创意作品的展陈，系部形象代言人的评选，体现系部特征的雕塑以及传统文化底蕴与时代气息相融合的文化产品的生产与使用，可以极大地激发师生员工的自豪感、归属感、集体荣誉感与创造热情。

四是行为文化建设。以践行“自强不息、敢为人先”的学院精神和系训为抓手，以在产学研用结合中建功立业为动力，进一步推进教风、学风和工作作风建设，推动形成校企文化熏陶背景下师生员工健康向上的学习、工作、活动等行为方式。通过开展校企共建的“生活多美好”和“我的青春别样红”品牌活动、志愿者服务活动、宿舍文化评比活动、科技研发与作品设计比赛活动以及“一班一品”的特色活动，通过组建系合唱团、舞蹈队等各种学生社团等，潜移默化，润物无声，师生员工在快乐和谐、紧张有序中形成了求实、精进的生活态度及其行为习惯。

三、高职系域文化建设的路径与策略

高职系域文化建设并非一蹴而就、一日之功,也不是单枪匹马就能达到的,而是需要通过长期、艰苦和大量的工作,师生广泛参与才能完成。

首先,必须充分发挥系部党政和团学组织的作用。系级基层党组织要把系域文化建设作为党的建设的要务来抓,"文化立系、文化强系"战略是系级党的建设的主战略,而系部行政更要从高职生的成长成才出发,从提升师资队伍产学研用结合的质量和水平出发,在系域文化建设中有更自觉的担当,承担起更重大的责任和使命,把文化立系工作作为重中之重放在心上、置于案头、抓在手里,付诸行动之中,使之成为系部党政的中心工作、常规工作而常抓不懈。既要有顶层设计、计划部署、明确规定,又要有清晰思路、操作规程、微观路径,善于进行组织和策划、设计和运筹、管理和协调,带领党员和团学组织成员在文化活动中引领方向,发挥模范带头作用,通过团学组织及其各个社团,开展和举办形式多样、丰富多彩的各种文化活动,构筑系部学习工作生活靓丽的文化风景线,培育专业系部生机勃勃、生龙活虎、生动活泼的局面,提升生活品位和境界。

其次,传扬传统文化,对接企业文化。一方面传承好校本历史文化,另一方面注重校企文化的对接融合。南通纺院服装系以张謇"实业与教育迭相为用"、"学必期于用,用必适于地"职教思想的承继和创新为文化活动的动脉,探索学院"知行并进、学做合一"人才培养模式在该系校企合作中的有效实现方式,形成了"6-4-3"系部模式,即依托"旭荣时尚空间"实体店、校内生产性实训中心、校内实训室、校外实训基地、师生工作室、服饰设计联合开发基地等六个载体,完成项目作品制作、企业产品生产、比赛作品创新及创业作品营销等四组典型工作任务,培养通用职业能力、创新能力和创业能力等三种能力,使张謇职教思想成为高职生学习、思考和创新实践的重要内容。与此同时,与企业文化对接起来,使系域文化注入更强劲的动力与活力,以摆脱浓郁的"书卷气"。实施产业文化进教育、工业文化进校园、专业文化进车间,有利于师生增强质量意识、市场意识、效率意识、纪律意识,实现"社会人"、"职业人"角色的尽快转换,这是夯实学生社会生活素质之基的必由之路。系域文化中产业、行业、职业情愫和工作情境的有效注入和渗透，使系域文化更为丰富、饱满，亦在与企业文化融合的过程中，引领和提高了企业文化建设的质量和水平。以“人才共享、设备共享、技术共享、成果共享”和“教学场所与生产车间融合、学习过程与工作过程融合、教师与师傅融合、学生与徒弟融合、学生作业与实际产品融合”的“四共享五融合”为背景，实施系域文化年度“双十百千”工程，即举办10场左右的文化讲座，建设10个左右的文化活动基地，培养100个左右的文化活动骨干，评比100个左右的文化作品，组织1000人次左右的师生参与对象，拥有1000人次左右的企业（社区）观众（受益者），以建构具有专业特色的系域文化传统及其活动系统，使学生形成稳定的人文素质、开放型个性特征、竞争力和社会适应性，成为创业创新创优精神的火炬传递者。

最后，使学生在浓郁的文化环境中“诗意地栖居”。文化不只是停留在陶冶情感上，更重要的是培养和提升人的感性素质，减少和净化人的负面情绪，让人们拥有健康和谐的心灵，获得惬意、幸福的感受，提高生活的质量及其美的创造力。马克思曾经指出：“每一个有拉斐尔才能的人都应当有不受阻碍的发展的可能。”⑥而系域文化建设正是促进学生全面自由发展的不可或缺的路径与策略。通过系域文化建设，使广大学生转变观念，转换学习、工作、生活模式，在新的人才培养模式及其教学模式中，更富有成效地学习和锻炼，使学生身心健康快乐地成长，学会在校园生活和未来社会生活中“充满劳绩，然而人诗意地栖居在这片大地上”⑦。就专业系部而言，在思想教育、知识学习、文体比赛、趣缘活动、社会实践、志愿服务和技能比武等系域文化的各方面都应积极作为，创造出富有生命力的组织活动形式，使师生洋溢青春活力。系部的一切工作都要应该服从和服务于高职生职业素质和社会生活能力培育的客观需要，必须“以就业为导向，搞活专业性文化活动，建立师生课题或项目组，改变传统的流于形式的一般性文化活动，发挥专业优势及其文化功效，突出高职专业性特征，实现人文教育和专业教育的有机整合，积极开展以就业为导向的针对性、实效性更强的社团活动”⑧。系部党政在积极组织开展雅俗共赏、健康活泼的各项活动时，应以此为主线和中心，精心策划、设计和运作。一是以专业设计创意比赛、专业文化进企业（社区）等活动为载体，组织师生员工深入校企合作、工学结合第一线搜集素材，创作和表演具有浓厚生活气息、反映专业系产学研用结合典型案例和场景的文化作品，使系域文化活动成为师生学习、生活、工作的主旋律和兴奋点，激扬生活情趣，共育人文情怀；二是以创建学习型系部为平台，通过“沐浴经典读书会”、“美育论坛”、“艺术角”、“精品屋”以及作品展、书展等，烘托学习研究高职教育理论、文史哲艺知识的浓厚氛围，构筑融专业教育与素质教育于一体的“文化立人”优良环境，使学生的专业技能与人文素养同步增长；三是以名家大师进校园为契机，邀请政治精英、科学巨匠、商界领袖、文化巨擘、学界泰斗和艺体明星等为学生们讲述成长历程、人生感悟，提供一份心灵鸡汤，让学生们站在巨人们的肩膀上学会观察人生与世界，为学生现在及将来的幸福生活培养高度的文化自信与文化自觉。

参考文献：

①②④ 向和．培育大学文化　再铸大学精魂［J］．中国高等教育，2010(19)：1，1，1.

③ 纪宝成．发挥好大学文化交融与创新的功能［J］．中国高等教育，2011(24)：12.

⑤ 刘延东．深化高等教育改革，走以提高质量为核心的内涵式发展道路［L］．中国高等教育，2012(11)：4.

⑥ 马克思恩格斯全集(23 卷)［M］．北京：人民出版社，1960：356.

⑦ 海德格尔．荷尔德林诗的阐释［M］．北京：商务印书馆，2002：35.

⑧ 马斌．略论高职生的职业素质及其培养［J］．职业教育研究，2008(5)：26.

中西教育文化比较

中西教育哲学渊源比较与启示

张红霞

摘　要：由于得天独厚的自然环境，以经验主义为主导、理性主义做调节的西方教育思想，由古希腊三杰奠定了基础，在近代得到长足发展，在20世纪走向成熟。而中国由于人口众多、资源匮乏，与西方文化极其不同的儒家文化在汉代就获得其适者生存的独尊地位，但在19世纪开始逐步让位于西方文化。人类文明史选择了代表西方文化的科学技术为社会发展的主导动力，因此以科学和民主思想为核心的杜威教育理论在21世纪必将继续具有重要价值。然而，当人口和资源环境问题成为约束人类进步的关键因素时，以擅长于调整人际关系、共同分享有限资源为特点的中国文化，必将获得新的教育价值。

关键词：教育哲学；中西文化比较；中国伦理

一、引言

在人类早期，由于交流条件的限制，遂独立发展出不

作者简介：张红霞，江苏淮安人。南京大学教育研究院教授、博导、院长。

同类型的文明,如东西方两种文明。由于生产力的决定作用,人类文明史自近代以来选择了以西方文化为主导方向。然而,在21世纪或更远的未来,当人口与资源环境问题成为约束人类进步的关键因素的时候,产生于资源贫乏、环境恶劣条件下,以擅长调整人际关系或生产关系、共同分享有限资源为特点的中国文化将发挥特殊作用。本文将通过对哲学教育、哲学历史过程的回顾和现实改革实践的反思来探讨这个问题。

二、西方知识论与教育思想的演进

作为西方文化起源的古希腊文明诞生于面积只有两个江苏省大小的爱琴海,却星罗棋布了6000多个岛屿的环境。其文化中心雅典城邦多山、靠海,多天然良港,平原小而分散。丰富的资源包括葡萄、橄榄、大理石、高岭土。当时的古希腊已经有发达的商业、渔业、盐业、航海业、农业、畜牧业。思想上有山地派、平原派、海岸派,因此多种文化交融、冲突。真可谓"当自然形态较小而变化较多时,如希腊,就使人早期发展了理智"[①]。钱穆说:"游牧文化发源在高寒的草原地带,农耕文化发源于河流灌溉的平原,商业文化发源在滨海地带及近海之岛屿。三种自然环境决定了三种生活方式,三种生活方式形成了三种文化类型。"[②]

可以推论,由于市场带来的诱惑和挑战并存,人类战胜自然的信心、勇气和智慧便同步发展,于是天文、数学、科学技术也会产生,如浮力定律和早期的天文学知识的发现与海上运输必定具有密切关联,进而刺激公平规则和民主制度的形成。[③]遂出现了亚里士多德的《物理学》、《政治学》、《伦理学》、《工具论》等系列巨作近乎一气呵成的历史奇观。下面集中对古希腊知识论发展脉络进行考察。

爱琴海东岸米利都人泰勒斯(624—546 BC)被哲学界公认为西方哲学史上第一人,也是最早的科学家。虽然没有留下对教育学贡献的记录,但他开创了借助经验观察和理性思维来解释世界的先河,并提出"万物源于水"的本体论问题,这不仅标志着人类摆脱神创论而开始物我两分的理性探究世界的开端,也标志着教育的文化传承使命的起点。但由于当时人们认识能力有限,泰勒斯的思想难以被众多人领会和发展,于是引起了激烈的争论,尤其是当来自于希腊群岛以外的具有不同文化背景的智者派的出现。“见多”却非“识广”的智者派对包括希腊文化在内的各种文化难以进行是非评判，于是持相对主义态度，对真理的存在持怀疑观点。④

雅典人苏格拉底(470—399 BC)出生于孔子谢世9年之后。他旗帜鲜明地反对相对主义，打破了相对主义的僵局，推动了希腊文明向前发展，并开创了对人的认识能力和认识方法的探究历史。他批评智者派的“三艺”——语法、修辞、雄辩术，有利于训练“口才”而不能获得新知。要获得知识应该通过影响至今的结构独特的苏格拉底“对话法”：由表及里、由浅入深、定义清晰、推理严谨。他常常从学生错误的观点出发，运用常识性的逻辑，层层推理，步步修正，最后出其不意地使对方不得不放弃原有的观点。苏格拉底相信，面对错综复杂的世界，只要运用分析和定义的方法，就能够产生清晰而确定的概念。此外，他还首次明确提出了“美德即知识”的名言，构成经验主义教育理论基本公理之一。

柏拉图(427—347 BC)继承导师的遗愿，继续探究知识的性质和认识的确定性问题，但由于亲历导师被民主政体误判死刑的过程，于是对民主产生失望，转而强调理性主义的教育思想。他认为，人的灵魂三分：欲望、情感、理性。与之相关，人分三等，金、银、铜三质。知识同样有等级之分，哲学和数学是最高层次的知识，适合于统治者，而依靠经验的知识适合于低等人。他提出，教育就是“沉思”；就是使灵魂转向，转离变动不居的情感世界，转向永恒不变的理性世界。与智者派不同，柏拉图的雅典学院设“四艺”课程：数学、几何、天文、声学。⑤柏拉图对教育的贡献在于对智力因素的重视，对逻辑推理能力的重视。近两千年后，在近代科学和工业发展推动下，笛卡尔发展了理性主义，提出经验知识需要系统化的“质疑”。他提出的四条著名质疑规则对后来的经验主义方法向更加严谨、全面、系统的方向发展有很大影响，也为19世纪的康德及20世纪的奎因等综合、协调两个学派的工作奠定了基础。

柏拉图的学生亚里士多德(384—322 BC)践行了他自己的名言“吾爱吾师，吾更爱真理”，在肯定数学和逻辑知识的同时，认为知识不仅来自于“沉思”，而且更多“依靠我们的感觉进行观察”。他还亲自深入到自然界去发现新知识，所以尽管他的《工具论》主要谈形式逻辑，但为后来培根在《新工具》(1620)中提出的基于观察之上的归纳逻辑奠定了基础。方法找对了，成果便层出不穷。而且,亚里士多德的教育内容包罗万象,集古人的“三艺”和老师的“四艺”为“七艺”,再加上自己的创新:伦理学、政治学、生物学、心理学等。特别应该提及的是,他在《尼克马可伦理学》中提出了与儒家伦理分道扬镳的观点:正义是一切美德的前提。在教学法上他增加了实习与野外考察。应该说,亚里士多德是科学教育的鼻祖。两千年后牛顿的《自然哲学的数学原理》(1687)主要依据的仍然是亚里士多德的框架,即在前人和自己大量的观察数据基础上,从定义、公理出发,导出定理和命题。在此基础上,19 世纪英国皇家学会又进一步确定今天我们常见的科学论文格式。

综上所述,古希腊短短两百年时光就一举奠定了今天西方哲学体系的坚实基础:泰勒斯创造了本体论,苏格拉底开创了认识论雏形,柏拉图发明了理性主义认识论的严谨与审慎;亚里士多德则提出了影响深远的经验主义及其方法论原型。近代以后,人口的增长、生产规模的扩大、交通运输量的增加、资本主义的出现,必然导致物理学的发展和蒸汽机的诞生;在社会科学领域,也必然出现了《新工具》、《契约论》、《法哲学原理》等一系列阐述自然科学和社会科学理论的著作。当然,这时自然环境的决定作用已经开始减小,而人造环境的影响逐步增大。

西方源远流长的理性主义和经验主义知识论两大哲学流派在后来的历史长河中既相互冲突又相互促进、共同发展。在教育上同样如此。亚里士多德的经验主义教育思想在近代资本主义大发展时期得到进一步发展。培根的教育学著作《新大西岛》(1627)提出理想王国的繁荣和幸福取决于而且直接来自于科学教育和集中精力从事科学研究的机构。国王应该是科学家。夸美纽斯的《大教学论》(1632 年)主张教育应该遵守人的天性,经验是学习的基础。洛克的《教育漫话》(1693)提出著名的“白板说”,为教育普及提供了舆论基础。卢梭的《爱弥尔》强调了儿童的自然人性。斯宾塞在《教育论》中提出,无论对于生存、健康、养育后代,还是参与社交、政治活动乃至艺术鉴赏,最具教育价值的知识是科学。近代以来,除了 C. 沃尔夫等一些教育心理学家主张理性主义的“官能训练说”外,西方教育思想总体以经验主义为主导,而理性主义起到了调节与监督的作用。

20 世纪的约翰·杜威学说顺应了美国 19 世纪末到 20 世纪初的社会变革,将前人经验主义的教育理论进行全面审查和融合与发展,提出了自然主义的教育目的、科学的教育内容、民主的教学方法。[6]其基本原理是将人看成是其生存环境的一个部分。生命的本质就是适应环境的过程,教育的本质就是传递适应环境的经验。因此,在一个民主政体的国家,教育的真正挑战在于教会学生生活在一个多元文化的社会环境里。而实现这个目的的最佳方法是科学探究过程的亲身经历。正如著名教育史家阿香博称,"要理解杜威哲学的任何内容,必须先理解杜威有关科学的概念","不仅是实际的科学内容与方法使杜威感兴趣,实际可以说是统治了他,而且是科学的内在精神:客观、诚实、自由、开放"。[7]科学探究既是教育内容又是教学方法。[8]由于探究内容与学生的经验紧密联系,因而学生学习动机强烈,所以学习自然地发生了,知识自然地增加了,学生自然地"成长"了。所以学习的过程就是不断地"经验"(experiencing)的过程,而检验知识的过程是伴随着以民主探讨的组织方式进行的,这无论对于职业科学家还是学生都是如此。那么平等交流必然成为重要的道德教育内容。[9]

综上所述,由于得天独厚的自然环境,以经验主义为主导、理性主义做调节的西方教育思想由古希腊三杰奠定了基础,在近代得到长足发展,在20世纪走向成熟。杜威教育理论的知识论基础是强调世界是可知的,科学方法是获得确定性知识的较好的工具。杜威将科学看成是一个探究真理的过程,而这个过程永无止境,不断完善,所以要求学生在"看"的同时想到"变",在"理解"的同时想到"变革",在"认知"的同时想到"再造"。在美国,杜威的教育思想至今影响巨大。例如,哈佛大学2009年的教育目标表述为教育是为了"动摇陈见,是使'习惯的'变成'不习惯的'"[10]。该校的校训"以柏拉图为友,以亚里士多德为友,更以真理为友",更是与古希腊师徒三代"超越重于传承"的关系一脉相承。

三、中国知识论及其教育思想

与西方经验主义、理性主义体系完全不同的中华文明诞生于黄河流域。在生产力极其落后的原始社会,与岛屿环境相比,以广袤的平原为主的气候宜人的黄河流域,较容易发展以家庭为单位的自给自足的个体农业,所以有大唐盛世等出现。另一方面,由于农产品数量和种类有限,物品的交易需求就小,加之平原上小规模交通运输难度不大,所以科技发展的动力就小。然而,随着人口继续增多,食物短缺逐渐严重,加之人口的流动性不大,于是局限于小范围的人与人的联系就频繁而复杂起来,人际关系的处理就显得十分重要,情感交流往往重于物品交易。

另一方面,由于人口众多,以分割现有有限资源为目的的管理模式必然产生,这样等级制就成为提高效率的自然选择。进而,儒家克己复礼的伦理思想必然在汉代民族危亡的关键时期从诸子百家中胜出,老子消极的“天人合一”理念由于顺应了潮流,也得以残存。而墨子早期的科学思想,对于解决如此庞大人口的需求问题实在是杯水车薪或远水解不了近渴,换句话说,科学技术的生产力属性没有得到体现。后期墨家不得已而采取的残酷的自我牺牲精神自然也不可持续。随着资源越来越紧缺,这种等级组织结构越来越严密、发达。甚至有人认为,这是中国文化产生的特殊知识:组织化的伦理教育知识。[11]所以,中国传统教育理论必然是伦理中心的、教师中心的;教育目的必然是仁、义、礼、智、信。

尽管历史上也有过外来文化,如唐宋时期的佛教,但它们都不能比儒家更好地解决人口众多、资源匮乏的难题。而且佛教出世的思想还不及儒家思想对发展生产力有利。为了抵抗外来文化的入侵,儒家思想经过宋代朱熹的改造和提炼,等级制的伦理思想得到进一步强化,教育内容集中于经、史、子、集四部。这与孔子的“六艺”(礼、乐、射、御、书、数)相比,科学技术内容已经片甲不留。而且通过进一步限制人性、加强等级制,达到限制消费资源的目的。另一方面,为了进一步宣传巩固这种新儒家的思想,宋代对隋唐以来的科举制进行了改革,以保证考试制度的公正性。可以说,到了明末清初,在高度发达的张扬个性的西方文明入侵面前,这种限制人性的制度已经发展到不堪一击的地步。

如果将知识论定义为对人类是否能够认识世界及其认识的确定性问题进行理性建构的话,那么,严格地讲,儒家思想只有知识而没有知识论。儒家的典籍《论语》充满以公理形式呈现的知识,但既没有关于知识的确定性论述,也没有交代这些知识自身来源的可靠性。“在中国哲学思想的整个系统中,中国的知识哲学是比较次要的。”[12]香港大学著名中国哲学教授陈汉生认为,从提出统一的本体论、认识论、方法论和价值论来看,“墨子是中国第一个真正的哲学家”[13]。但包括墨子在内的诸子百家未能发展到与儒家势均力敌的对立面,也就不能得到进一步壮大。怀疑论与实在论是相反相成的,没有一方就无所谓另一方;没有对立与冲突,也就没有进步。正因为如此,孔子的学生无法否定和发展导师的知识,始终停留在说教或故事层面。而且,导师的教导即是“信而好古,述而不作”、“师道尊严”。

从知识的性质来看,以儒家为主导的中国知识实际上是一元论的,即知识与人是一体的,知识与实践也是一体的。《庄子·大宗师》中“且有真人而后有真知”。后来的朱熹虽然从汉代儒家经典《礼记·大学》中挖掘出“格物致知”并身体力行,但由于缺乏从本体论、认识论到方法论等统一的理论体系,“格物致知”始终徘徊在心与物之间:“‘致知在格物’,非由外铄我也,我固有之也。因物有迁,迷而不知,则天理灭矣,故圣人欲格之。”更因为朱熹把“格物”看成是“明明德”的工具,致使中国文化仍然停留在一元论的框架里。[14]

老子、庄子、孔子的一些思辨的思维方式与古希腊的智者派非常相似。庄子的“惠施与鱼”、“庄子梦蝶”充分反映其相对主义的思想,而且没有明确地提出对“实在”的怀疑,更没有对人的认知的追根究底的兴趣。儒家的知识就是道德,道德以外几乎没有其他知识,这点与苏格拉底的道德即知识不完全相同,也与老子的道即“善”不同,因为后两者的知识指的是“实在”,可惜老子及后期道家并没有深入探讨。儒家综合的、思辨的思维方式对后世学者热衷于政治的“口才”训练作用可谓达到了极致,以至来自于美国的科学教师培训专家婉转地批评道,“中国教师口才好”,课堂上说的太多,而让学生独立思考、动手的机会太少。

儒家探究知识的方法几千年没有实质性的发展。孔子曾经要求学生“每事问”,因为“疑是思之始,学之端”,“学而不思则罔,思而不学则殆”。然而,孔子未对怎样思、怎样评价思的可靠性等方法论问题进行阐述。孔子的学生子夏提出“博学、笃志、切问、而近思”的学习方法,孟子也说过“尽信书,则不如无书”,但都没有超过孔子。朱熹也曾说:“读书无疑者,须教有疑;有疑者却要无疑,到这里方是长进。”此话可谓辩证,但在认识论上并没有本质上的长进。稍后陆九渊也提倡学习要创新:“为学患无疑,疑则有进,小疑则小进,大疑则大进。”但与“疑是思之始,学之端”相比,似乎没有什么创新。其原因在于,中国古人虽然有怀疑思想,却没有明确的怀疑对象:世界的客观性和人的认知能力,更谈不上怀疑的方法,因此没有发展到笛卡尔的“四条规则”。

春秋战国时期的百家争鸣局面与苏格拉底时代很相似。墨子似乎扮演了苏格拉底的角色,而其他各家则扮演了智者派角色。墨子强调“定义”对探究知识的作用,如《墨子》有“力,形之所奋也”,而且多以问题的形式进行教学,追根究底,如《墨子》中有许多问号:“何自”、“何以知之”、“是何故也”、“何以为”。而《论语》中罕见问句。[15]墨子把人的感觉经验看作是认识的主要来源,也是判断认识的确定性的唯一标准。他指出:“是与天下之所以察知有与无之道者,必以众之耳目之实知有与无为仪者也。”[16]这里用“众之耳目”而不是少数人的观察,符合现代科学重复实验的原理。而且,墨子还将亲自实践获得的客观知识与通过推理得到的知识以及从前人那里继承的间接知识加以区别,所谓“知:闻、说、亲”也。[17]此外,墨家“辩学”代表了中国古代第一个较为完整的逻辑学体系。“辩学”有三项重要贡献,一是重视概念与定义在科学思维中的作用。事实上《墨子》中的《经上》、《经上说》、《经下》、《经下说》几乎全部都是概念与定义。二是强调“知类”,即分类方法。三是注重“明故”,即因果关系推理过程。所谓“以名举实,以辞抒意,以说出故”,说是要用概念定义事物,用准确的谓词进行判断,用逻辑揭示因果联系。[18]“辩学”中“有许多概念和理论,与西方大约同时期的欧几里德所著《几何原本》极相符合”[19]。墨学“用定义、命题、经验公式等形式表现出来的初步理论形态,反映了从直观的经验判断式的实用科学形态向理论科学形态发展的倾向”[20]。

虽然最终适者生存的自然法则使中国文化选择了“独尊儒术”,几千年的文化惯性对现代以杜威科学与民主思想和当代以批判性思维为核心的教育改革带来巨大阻力,但墨家的出现给我们一个意义重大的启示:中国在合适的环境下是可以产生科学文化的,那么,在可以摆脱自然环境束缚的时候,也完全可以移植和发展科学文化。

三、展望

人类文明史选择了代表西方文化的科学技术为社会发展的主导动力,因此以科学和民主思想为核心的杜威教育理论在21世纪必将继续具有重要价值。然而,根据杜威"教育是对环境的适应过程"、"教育即成长,学校即社会"为逻辑起点的教育理论,21 世纪全球化时代显然应该有新的教育理论。那么首先看 21 世纪究竟会发生什么变化。

第一,资源环境问题,而不仅仅是科技问题已经或将要成为约束人类进步的关键因素。因此以擅长调整人际关系或生产关系、共同分享有限资源为特点的中国文化将对西方人一味地问鼎自然界的思路是一个有益的补充。第二,全球化进程使国际社会更加多元。仅中国而言,占世界人口五分之一多的人口大国与经济大国必然导致中国人参与全球化进程的重要性。与 20 世纪的美国社会相比,参与民主建设的人群规模、多样性大大提高,持异质文化的人的数量和竞争力大大加强,因此 20 世纪的"多元性"在 21 世纪已经发生了质的变化。而且,由此可能引发出 21 世纪的第三个特点:社会发展模式从自然资源的依赖向文化资源的开发转变。那么,以擅长于调整人际关系、共同分享有限资源为特点的中国文化,必将获得新的教育价值。先秦儒家的宽容、忍让的伦理道德可以缓解杜威没有解决的矛盾:怎样在一个自由社会里进行集体探索的悖论。

随着跨文化交流的不断深入,不同国家、不同人群之间的交流与其说是理解问题,倒不如说是宽容与忍让问题。21 世纪不仅需要创新人才,还需要能够宽容、忍让、节俭,具有跨文化有效交流的人才,只有这样的人才才能使创新的成果得到正确应用与推广。因此,将科学与民主思想与中国伦理教育思想相结合,将成为塑造 21 世纪教育思想的根本途径。

参考文献:

① Henry Thomas Buckle. History of Civilization[M]. General Books. 2009.

② 钱穆. 中国文化史导论[M]. 北京:三联书店,1988.

③ 叶秀山. 康德的"批判哲学"与"形而上学"[J]. 南京大学报,2010(5):61—74.

④⑤ 撒穆尔·伊诺克·斯通普夫. 西方哲学史——从苏格拉底到萨特及其后[M]. 匡宏,邓晓芝,译. 北京:世界图书出版公司,2009.

⑥ 腾大春. 杜威和他的《民主主义和教育》[M]//民主主义和教育,王承绪,译. 北京:人民教育出版社,2001.

⑦ R. D. Archambault. Introduction [M] John Deway. On Education. Chicago University Press, 1964: p. xv.

⑧ John Dewey. 民主主义与教育[M]. 王承绪,译. 北京:人民教育出版社,2001.

⑨ John Dewey.《民主主义与教育》(Democracy and Education—An Introduction to the Philosophy of Education). 王承绪,译. 人民教育出版社,2001.

⑩ The Task Force on General Education, Harvard University, 2007. Report of the Task Force on General Education. http://www. harvard. edu/

⑪ 王焕琛. 教育与儒家文化传统[C]. 比较教育学会. 文化传统与教育的现代化. 师大书院发行,2009:11—65.

⑫ (美)成中英. 中国哲学中的知识论(上)[J]. 安徽师范大学学报,2001(1):7, 8.

⑬ Chad Hansen. Mozi (Mo-Tzu). http://www. hku. hk/philodep/ch/moencyred. html,2010 年 1 月 20 日.

⑭ 薛富兴. 格物致知——程朱理学悲剧命运的个案透视[J]. 南开学报(哲学社会科学版),2007(3):125—126.

⑮ 胡适. 胡适学术文集[M]. 北京:中华书局,1991:262.

⑯ 孙诒让. 墨子间诂[M]. 明鬼下(第三十一). 北京:中华书局,2009:223.

⑰ 孙诒让. 墨子间诂[M]. 经上(第四十). 北京:中华书局,2009:316.

⑱ 邢兆良. 墨子评传[M]. 匡亚明. 中国思想家评传丛书. 南京:南京大学出版社,1993:302.

⑲ 方孝博. 墨经中的数学和物理学[M]. 北京:中国社会科学出版社,1983:1.

⑳ 邢兆良. 墨子评传[M]. 匡亚明主编,《中国思想家评传丛书》,南京:南京大学出版社,1993:156.

高教成果展示

“做强省一级高等教育”课题研究报告摘要

丁晓昌

中华民族的伟大复兴要求我国高等教育加快由大国向强国转变。建设高等教育强国,除了要加快建设世界一流大学,还需加快做强省一级高等教育。做强省一级高等教育是建设高等教育强国的重要基础。研究做强省一级高等教育是当前和未来我国高等教育发展的重要战略课题。

为加强对这一战略课题的研究,由江苏省教育厅和北京教科院共同牵头,联合申报了中国高教学会重大研究课题、国家社会基金教育部重大课题“建设高等教育强国之十三:做强省一级高等教育”。本课题旨在建设中国高等教育强国总体战略下,开展对做强省一级高等教育的研究,提出做强省域高等教育、推进区域高等教育协调发展的战略思路和对策建议。根据任务分工,在研究取向上,江苏的研究团队主要从加强省级政府对省域内各类高等教育的统筹入手,立足于行政区划,又不拘泥于行政区划,强调以做强省域高等教育促推区域协调发展,因而将“省

作者简介:丁晓昌,男,江苏常州人,文学博士,现任江苏省教育厅副厅长、省教科院院长、中国高教学会副会长、省高教学会会长。

一级高等教育”界定为省域范围内各级各类高等教育。北京教科院的研究团队则主要从全国主体功能区规划入手，强调打破传统行政区划，推动区域高等教育协调发展。因而各有侧重，相互补充，相得益彰。上述研究取向随着研究过程的深入，逐步趋于明晰，并在2009年9月中期检查及阶段性成果报告会上，得到专家广泛认同，由此形成的共识主导了此后的研究进程。

几年来，江苏课题组采用总分结合的思路，一方面根据研究的需要，在东部、中部和西部地区分别部署了江苏、湖南、云南以及长三角和西部地区的个案研究，分别对做强其所在省域、区域的高等教育进行专题研究；另一方面，强化课题顶层设计，对我国省域高等教育现状、境外区域高等教育发展和做强省域高等教育的战略思路、对策建议等进行综合研究。研究过程中形成的一些调查报告和政策建议，许多已被行政部门采纳，对提升相关省域高教内涵发展水平起到了积极的促进作用。

一、做强省域高等教育具有重要的战略意义

本课题将“省一级高等教育”界定为省级行政区划内各级各类高等教育共同构成的有机整体。“省一级高等教育”即省域范围内各级各类高等教育，简称省域高等教育。“做强”省域高等教育中的“强”，是一个相对的概念。可以从纵横两个维度去考察。纵向上，根据各个省的实际情况，采取切实有效的措施，推动各个省高等教育在原有基础上不断发展、壮大、提高，为当地经济和社会发展提供强有力的支撑，满足当地人民群众对高等教育多样化的需求，并形成独具特色的高等教育文化，这就是“强”，做强省域高等教育首先是纵向做强；横向上，是把省域高等教育放到国内和国际高等教育的范围进行比较，高等教育“强”省应该是同期综合实力国内领先，部分高校、部分学科等重点领域达到世界先进水平的省份。建设高等教育强省的参照系应该是世界高等教育的先进水平。做强省域高等教育是过程与结果的统一，既包含预期的结果，更强调推进的过程。根据对“强”的界定，做强省域高等教育，主要是着力提升省域高等教育的满意度、契合度、贡献度、领先度和开放度的过程。做强省域高等教育，既是建设创新型国家的内在要求，也是建设高教强国的重要基础，更是推进省域高等教育内涵发展的必然选择，同时又是促进

区域高等教育协调发展的关键所在。

第一,做强省域高等教育是建设创新型国家的内在要求。改革开放以来特别是进入新世纪以来,中国经济在高速增长的同时,也不断积累矛盾,突出表现为内需动力不足,创新能力不强。以江苏省为例,据《中国区域创新能力报告 2011》的数据,2011 年江苏区域创新能力综合排名位居全国各省域之首,但与发达国家和地区相比差距很大。在 2011 年世界大学学术排行榜中,江苏排名最前的南京大学还排在 200 位之外。同期发布的世界大学学科领域排名和世界大学学科排名中,仅在学科排名中有南京大学进入化学学科世界百强。科技创新能力难以满足为转变经济发展方式提供坚强人才和科技支撑的要求,迫切需要加快做强省域高等教育。

第二,做强省域高等教育是建设高教强国的重要基础。首先,从高校数和在校生数所占的比例看,省域高等教育是我国高等教育的主体。其次,高等教育以省级政府统筹管理为主,基本形成了中央和地方政府两级管理、分工负责,在国家政策指导下以省级政府统筹为主的高等教育体制。第三,财政性高教经费投入的 90% 以上来自地方政府。中国高等教育办学和管理体制的新格局,增强了地方政府为本地经济和社会发展培养人才的能力,扩大了本地青年接受高等教育的机会,同时也增加了地方政府发展高等教育的责任。地方高等教育发展状况与我国高教发展整体水平直接相关。

第三,做强省域高等教育是高教内涵发展的必然选择。自 20 世纪末实行高校扩招以来,中国高等教育规模在 10 年时间内扩大了三倍。实现了跨越,也引发了许多问题,在"量"的需求缓解之后,"质"的要求日渐强烈。随着生源减少,全球高等教育生源竞争日趋激烈。2008 年全国高考人数 1050 万人,2011 年下降至 933 万人。每年有近 1/10 的应届高中毕业生弃考,这其中约 20% 的学生选择了留学。过去是高校选学生,现在是学生选高校,高等教育领域开始出现"买方市场"。在此情形下,迫切需要推进高等教育发展转型,加快做强省域高等教育。

第四,做强省域高等教育是促进省域间高等教育协调发展的关键所在。近年来,在科学发展观的指引下,国家印发《全国主体功能区规划》,将全国国土空间分为若干发展区域,并根据主体功能的不同,相互分工协作,共同富裕、共同发展。如何根据主体功能区的要求搞好省域高等教育规划,是省域高等教育发展面临的新要求。一方面,省域属于区域范畴,但又不同于区域。不能要求在每一个省域内不计资源、条件和代价发展同构化的高等教育。另一方面,教育等社会事业的发展和管理、国民经济的核算等仍将以省域为单位进行。在我国的国情条件下,只有省级政府积极作为,努力做强省域高等教育,才能推动省域间高等教育联动发展和错位发展,建设更大范围的高等教育强区。

二、做强省域高等教育的主要着力点

做强省域高等教育需要妥善处理的问题很多,根据现有的做法和经验,课题研究主要从上下(中央与省)、内外(省域与区域)和内部(各类高校之间)三个维度入手,着重提炼了体系结构、资源配置、机制体制、质量保障和区域联动等五个着力点,以此进一步推动做强省域高等教育。

一是优化省域高等教育体系结构。优化省域高等教育体系必须着力抓好关键环节,逐步消解"双轨制"结构,确定分层发展的合理比例,完善分类管理的制度设计,建立上下层次之间的沟通机制,切实加强学科专业建设等。

二是优质高效地配置省域高等教育资源。处理好政府、市场和高校的三者关系,完善"二元配置",充分发挥政府与市场在高等教育资源配置中作用,同时加强"一元集成",强化高校作为资源配置主体的作用。进一步完善"存量保公平与增量促发展"相结合的财政拨款机制,加大经常性投入的比重,提高以学校为单位的整体投入水平。以竞争拨款应体现机会公平,打破"圈层结构",引导各类高校有序竞争。

三是加强省域高等教育改革发展的省级统筹。加强省级政府统筹管理十分必要。课题研究了省级政府统筹管理高等教育的内涵、原则与内容,论证了有效实施省域高等教育统筹管理的关键在于合理调整中央和地方管理高等教育的权限,注重推进横向分权,明确省域中心城市的管理职责,着力发挥高校办学主体作用。

四是建立省域高等教育质量保障体系。主要提出了两个方面的重要观点。一方面要依据国家相关标准,结合省域经济社会发展和各类高校的办学实际,深入研究制定各类高校的基本办学标准,进一步明确各类高校办学条件、教师编制、招生规模、成本分担等基本标准等；另一方面要建立健全高等教育质量监测、评估机制，定期发布监测评估报告。大力推进管、办、评分离，建立健全教育中介组织准入、监管和行业自律制度，充分发挥行业协会、专业学会、基金会等中介机构和社会组织在高校治理中的作用。加强对教育标准执行情况的监督检查，完善教育问责机制。

五是大力推进省域间高等教育联动发展。做强省域高等教育是推进区域高教联动发展的基础，新阶段进一步推进区域高等教育联动发展，关键是要突破不利于区域教育联动发展的约束环境与行政壁垒，必须以转变观念为先导，充分发挥省级政府的主导作用，加快建立省际联动机制，共建、共享公共基础设施和师资力量，逐步实行跨省学分互认和合作培养人才。

三、主要内容

本书分为导论、现状研究篇、比较研究篇、对策研究篇和案例研究篇等五个部分。现状研究篇主要分析和研究做强省域高等教育的基础与条件、探索与进展、问题与挑战等。比较研究篇主要探讨美国加州、日本大东京地区、德国巴符州以及中国台湾等地区做强区域高等教育的历程、经验及其借鉴与启示。对策研究篇主要围绕中央政府和省级政府在做强省域高等教育中的角色定位和职权限划分以及区域高等教育的资源配置和协调发展等问题，提出可操作的对策建议。案例研究篇主要对具有典型意义的"两区三省"高等教育进行了专题研究，其中"两区"分别为东部长三角地区和西部地区，这两区之中，江苏省和云南省分别是其中较具代表性的省份。中部地区则选择了湖南省进行专题研究。

首先，分析大陆31个省域高教发展的现状与特点。在比较分析各省域高等教育现状的基础上，择取高等教育投入、产出、效益等维度的指标，对各省域高等教育发展水平进行大致分类，进而指出造成不同省域高等教育发展水平差异的原因。

其次，研究了做强省域高等教育面临的问题与挑战。现阶段，我国省域高等教育发展主要面临以下五个方面问题：一是省域高等教育体系与经济社会发展需要之间尚有许多不相适应的这方面；二是省级政府统筹区域高等教育发展的责权还不够明确,市(地)级政府对做强省域高等教育的积极性不高,支持力度不大;三是高校自身发展与地方经济社会发展的契合度不高;四是做强省域高等教育的制度和政策环境有待改善;五是省域高等教育发展缺乏科学的评价机制和导向。

第三,比较了部分国家和地区高教发展的机制与特点。报告比较研究了四种不同类型的区域高等教育,并对其发展机制与特点进行了初步探析。一是以日本"大东京地区"为代表的政治、经济、文化中心衍生的高等教育中心。二是基于高教系统内部协调所形成区域性高等教育体系。这方面的典型案例是1960年"加州高等教育总体规划"。三是以台湾地区为例,探讨地方政府主导和推动卓越大学计划。四是欧洲"博洛尼亚进程"背景下的德国巴符州高等教育发展。

第四,提出了做强省域高等教育的战略思路与对策。譬如,优化省域高等教育体系结构,建立公平配置与竞争择优相结合的省域高等教育资源投入机制,加强对省域高等教育改革发展的省级统筹,完善省域高等教育质量标准和评估督导机制,推进省域间高等教育联动发展等。

第五,剖析了有代表性的省域和区域高教发展案例。本篇对具有典型意义的"两区三省"进行专题研究,其中"两区"分别为东部长三角地区和西部地区,这两区之中,江苏省和云南省分别是其中较具代表性的省份。中部地区则选择了湖南省进行专题研究。

四、主要特点

本书从建设高教强国的战略高度,审视地方高等教育发展问题,从建设高教强国与做强省域高等教育、做强东部地区省域高等教育与做强中西部省域高等教育、做强省域高等教育与做强区域高等教育、注重自主探索与借鉴境外经验、加强省级政府统筹与中央放权支持以及理论研究与实践探索等六个方面的结合上,探讨了做强省域高等教育的理论框架、战略举措和实践模式,提出一系列具有战略性、全局性和前瞻性的制度框架和政策体系,以期推动相关省域高等教育改革发展产生重要促进作用。

主要创新点。研究提出了以"双翼"并举、"两强"并重、"三维"突破、"四度"提升为主要标志的做强省域高等教育的创新思路与战略构想。一是从建设高教强国的战略高度提出问题,将做强省域高教与建设高教强国联系起来,首次提出,在建设高教强国的路径选择上,必须"双翼"并举,在建设高水平大学的同时,加快做强省域高等教育;二是在对"做强"的含义进行深入研究的基础上,创造性地提出,在做强省域高教的目标追求上,必须"两强"并重,既重视东部某些发达省份建设高教强省,又关注中西部绝大多数省份打造局部优势,既重视高教自身属性之强,又关注服务经济社会功能之强;三是在突破口的选择上,提出从上下、内外和内部等三个维度,从体系结构、资源配置、体制体制、质量保障和区域联动等五个方面入手,着力破解制约省域高等教育发展的难题;四是结合省域高等教育发展转型的实际,率先提出做强省域高等教育的重点,着力提升"四度",即满意度、契合度、贡献度、开放度。

实践成效。课题组坚持理论与实践相结合,边研究,边试点,边总结,边推广,许多课题成果已经转化为试点方案或政策性文件,对于推动省域高等教育改革发展产生了显著的积极影响。其实际成效和实践价值主要体现在以下三个方面。一是课题研究过程中形成的调研报告、咨询报告等阶段性成果,成为相关省域制定教育中长期规划纲要和"十二五"规划的重要基础。江苏、湖南、云南、陕西等省的子课题组成员,参与了其所在省份教育中长期规划纲要的研制,子课题研究过程中形成的许多政策性意见和建议,直接被有关文件吸收,成为相关文件的重要亮点。二是课题研究与省域高教改革试点相结合,推动试点工作不断深化。2010 年以来,课题研究与实施国家教育体制改革试点项目相结合,开创了课题研究工作的新阶段。比如,在国家教改办将江苏、湖北、黑龙江三省确定为高等教育综合改革试点省之后,江苏课题组专门成立了"加强省域高等教育改革发展省级统筹"专题研究子课题组,其许多研究成果已经直接转化为试点方案和项目,对推动江苏高教综合改革起到了重要促进作用。课题组核心成员多次配合国家教育咨询委员会专家组在江苏的调研工作,国家教育体制改革简报在 2011 年第 10 期以《江苏大力推进高等教育综合改革工作》为题对江苏省教改工作进行了专门介绍。2011 年 7 月,教育部在京召开教育规划纲要颁布实施一周年座谈会,江苏就推进高教综合改革、提高高等教育质量作了大会交流发言。在 2011 年第二届全国教育改革创新奖的评选中,江苏省教育厅"高等教育综合改革试验区"项目获得了特别奖。

三是课题研究对于推进长三角高等教育联动发展起到了重要促进作用。2009 年 3 月，苏、浙、沪三省（市）教育行政部门共同举办了首届“长三角教育联动发展研讨会”，签订了《关于建立长三角地区教育协作发展会商机制的协议书》，长三角教育联动发展正式启动。这次会议之后，课题组结合工作需要，实施了一批专题研究项目，取得了一批阶段性成果，如《长三角高等教育联动发展的实践与思考》（丁晓昌）、《省域统筹视角下的高等教育内涵发展》（丁晓昌）、《推进协同育人 提升教学质量》（丁晓昌）、《做强长三角地区高等教育的案例研究》（王卓君）、《长三角教育联动发展研究》（冯大生）、《区域高等教育联动改革与协调发展的经济意义——基于长三角地区的分析》（崔玉平）等，这些成果对深化和拓展长三角高教联动发展产生了广泛的影响。

2012 年 7 月 23 日，中国高教学会在北京会议中心组织专家对课题研究成果进行了评审鉴定。专家鉴定组认为，课题组根据“遵循科学发展，建设高等教育强国”重大研究项目的目标要求，突破了惯性思维，从理论和实践两方面，着力探寻我国高等教育发展新战略，具有特别重大的意义。课题组以强烈的责任感，紧紧围绕做强区域和省域高等教育的重大问题，分别从理论基础、现实状况、国际比较和战略措施等方面，进行了富有创新性的研究。在做强省一级高等教育的突破口的选择上，提出了加强省级政府对省域高等教育的统筹管理，并从三个维度、五个方面着力破解制约省一级高等教育发展的难题，其理论成果和政策措施建议有很强的政策导向作用。总体而言，课题组很好地完成了各项研究任务，达到了预期目标。

长期以来，我省教育行政部门和各高校高度重视建设高教强省的理论和实践问题研究，在江苏高教发展的不同阶段先后取得了一系列有影响的研究成果。就做强省域高等教育这个问题而言，已做的工作只是开头，需要继续深入研究和实践探索，尤其是要加强“分类发展”、“指标体系”和“制度创新”等问题的研究，以期有更多的突破。希望我们的研究能够起到抛砖引玉的作用，引起领导和更多有识之士对这一问题的重视。相信随着省域高教综合改革的不断深化，必将有更多的研究成果不断涌现出来。

后 记

本书由江苏省高等教育学会秘书处组织编辑出版。编入本书的论文主要是从江苏省高等教育学会2012年学术年会“高等教育现代化:大学文化的传承与创新”的参会论文中评选出来的。

江苏省教育厅副厅长、省高教学会会长丁晓昌和教育厅高教处处长徐子敏等领导对论文的评选和修改提出了重要的指导意见。省高教学会名誉会长葛锁网,秘书长严燕,副秘书长龚放、胡建华、徐子敏、邱梅生等对学术年会上提交的论文进行了认真评选。

江苏省教育厅厅长沈健在学术年会上所作的主旨报告,华中科技大学院士杨叔子、南京大学党委副书记朱庆葆、厦门大学教科院教授王洪才等所作的特邀学术报告,以及常熟理工学院院长朱士中、盐城师范学院党委书记成长春、江苏食品职业技术学院院长赵炳起、南京铁道职业技术学院党委书记王虹、南京大学教科院院长张红霞等所作的主题学术报告均编入书中。

本书还特别开辟了“高教成果展示”栏目,展示了由丁晓昌教授主持的国家社科基金、中国高等教育学会重大研究项目“做强省一级高等教育”课题的研究报告摘要。

全书由省高教学会秘书长严燕、南京信息工程大学《阅江学刊》副主编渠红岩统稿。南京农业大学研究生王凯、南京信息工程大学研究生孙婷和省高教学会秘书处赵亚萍等参与了书稿的整理与联络工作。苏州大学出版社对本书的出版给予了大力支持,在此一并表示衷心感谢。

江苏省高等教育学会

2012年12月1日